巴蜀汉阙图像母题及视觉符号研究

任雯 著

电子科技大学出版社
·成都·

图书在版编目（CIP）数据

巴蜀汉阙图像母题及视觉符号研究/任雯著.—成都：电子科技大学出版社，2024.8
ISBN 978-7-5647-1457-4

Ⅰ.①巴 Ⅱ.①任 Ⅲ.①画像石－研究－四川－汉代 Ⅳ.① K879.424

中国版本图书馆 CIP 数据核字（2021）第 242181 号

巴蜀汉阙图像母题及视觉符号研究
BASHU HANQUE TUXIANG MUTI JI SHIJUE FUHAO YANJIU
任 雯 著

策划编辑	熊晶晶 陈松明
责任编辑	罗国良
责任校对	熊晶晶
责任印制	段晓静

出版发行	电子科技大学出版社
	成都市一环路东一段 159 号电子信息产业大厦九楼　邮编 610051
主　　页	www.uestcp.com.cn
服务电话	028-83203399
邮购电话	028-83201495

印　　刷	成都市火炬印务有限公司
成品尺寸	140mm×255mm
印　　张	25.25
字　　数	303 千字
版　　次	2024 年 8 月第 1 版
印　　次	2024 年 8 月第 1 次印刷
书　　号	ISBN 978-7-5647-1457-4
定　　价	198.00 元

版权所有，侵权必究

前言

　　中华优秀传统文化是中华文明的智慧结晶和精华所在，是中华民族的根和魂，是中国人民在长期生产生活中积累的宇宙观、世界观、社会观、道德观的重要体现，同科学社会主义价值观主张具有高度契合性，是中国特色社会主义植根的文化沃土，因此，当代中国发展社会先进文化离不开对中华优秀传统文化的继承与发扬。中华优秀传统文化广博深厚，不同地域、不同民族的文化都是其重要组成部分，体现了我国文化的多元性、创新性和强大生命力，巴蜀文化则是地方文化的重要代表之一。

　　汉朝是中国历史上一个重要的时代，这一时期所形成的气势磅礴、充满生机的汉文化对后世影响极为深远，它奠定了两千多年来中华传统文化的基础。从秦灭六国到汉朝一统天下的这段历史时期，封建帝国版图内的各少数民族加快了融入中原文化的步伐，并逐渐形成了以汉民族为主体的、多元一体的中华民族结构雏形。在封建政权起伏更迭和民族大融合的潮流中，随着中原文化在西南地区的深入传播，汉阙文化亦传播到了巴蜀地区。

　　汉代是阙文化发展的鼎盛时期。阙，是一种矗立于宫廷、祠庙、陵墓等建筑入口两侧,以表威仪尊卑的礼制性、装饰性的独特建筑形式;是汉晋时期中原文化中的典型建筑形式之一。目前尚存的较完整的中国汉阙仅 29 处,巴蜀地区就占了 20 余处,是汉阙数量最多、最集中的地区。古巴蜀文化重鬼尚巫、浪漫好仙,这使巴蜀汉阙成为一种集古巴蜀艺术精神、民间宗教信仰于一体的综合产物。巴蜀汉阙图像艺术生动地记录了古巴蜀地区在政治、经济、文化及社会习俗、思想观念、图腾崇拜、精神信仰等方面的真实状态。巴蜀汉阙图像母题及视觉符号生动地体现出汉代巴蜀先民乐观豁达、坚韧顽强、灵性浪漫、刚勇剽悍的民族性格,以及心怀天下、忧国忧民的爱国情怀和朴实深厚的孝养之义。这正是当代巴蜀文化需要传承和弘扬的地域传统文化精神。

  本书通过对巴蜀汉阙图像艺术文化内涵的深度挖掘,有利于促进巴蜀地区的汉、藏、羌、彝等民族古代文化的保护与传承;有利于巴蜀地区的民族团结与融合,进一步增强巴蜀地区的文化自信力和文化影响力;有利于发展巴蜀地区在"一带一路"倡议下的对外文化交流与建设,为巴蜀地域文化艺术设计宣传提供有力的理论支撑。对于推动将巴蜀汉阙文化根植于巴蜀地区的环境艺术、广告设计、包装设计、服饰设计、产品设计等艺术设计领域的发展进程,发掘和打造更多以弘扬巴蜀文化为诉求点的人文旅游新景点,借助巴蜀汉阙旅游业大力拓展巴蜀文化的传播渠道,尤其是对于如何将巴蜀汉阙图像艺术巧妙恰当地应用于巴蜀地区博物馆的文创产品设计开发中,实现巴蜀地区博物馆的优秀地方文化传播教育功能,促进巴蜀文化的传承保护与创新应用,甚至对于巴蜀汉阙图像艺术模型制造、图像复原等问题,本书都有着重要的研究价值和探讨意义。

目前，学界关于巴蜀汉阙文化的学术研究取得了一定成果，但数量并不多，且关注点多集中于汉阙的建筑艺术、书法艺术等方面，而对汉阙的图像艺术方面往往只是略有涉及，多侧重于汉阙图像资料及其拓片的收集整理。虽然部分研究成果对巴蜀汉阙的图像题材、雕刻技法有一些笼统简略、零散浅显的论述，但其中不少观点存在着片面、模糊的认知，还有待深究。

有关巴蜀汉阙文化研究的学术著作主要有：徐文彬、谭遥等人的《四川汉代石阙》除了详细介绍了巴蜀汉阙建筑艺术之外，亦对其图像题材和雕刻技法作了简述；张孜江、高文的《中国汉阙全集》收集了大量的巴蜀汉阙图像及纹饰的图片及拓片，并对部分图像作了简释；高文的《四川汉代画像石》对巴蜀汉阙中的高颐阙、沈府君阙、平阳府君阙等石阙的铭文及图像拓片进行了简释；罗洪忠的《賨人故里：一幅用賨人文化碎片拼成的图》对川东渠县汉阙部分图像艺术作了简略浅显的介绍；张道一的《汉画故事》、王洪震的《汉画像石》等著作中亦有少量巴蜀汉阙图像、图案拓片图样。

有关巴蜀汉阙文化研究的论文主要有：陈绪春的《巴蜀汉代石阙艺术比较研究》简述了巴地、蜀地汉阙在审美取向、题材内容、垒砌结构、雕刻技艺等方面的差异；孙中雯的《四川汉阙装饰图案初探》略述了蜀地汉阙的图像题材类型及含义；覃英练、贾宇林等人的《巴蜀汉阙分类比较研究初探》对巴蜀汉阙的图像内容及雕刻技法作了简述；陈旭春、甘露的《再论巴蜀汉代石阙艺术的价值》简述了巴蜀汉阙图像艺术价值及造型手法；陈佳星的《礼仪与习俗——高颐阙的图像选择与营建》对高颐阙的图像程式、空间关系等作了论述；秦臻的《图画天地——沈府君阙的视觉程序与象征结构》对渠县沈府君阙图像的叙事结构与位置关系作了深入论述；余慧娟、高一丹的《渠县汉阙艺术研究》对渠县汉阙图像艺术进行了略述；叶萍的《民族艺术的丰碑——渠县汉阙》简述了渠县汉阙图像艺术；张菊的《四川渠县汉阙雕刻图形探析》从汉文化视角简述了渠县汉阙图像艺术；幸晓峰的《四川汉阙与<师旷鼓琴>》将高颐阙图像与著名历史典故相结合进行了论述；刘玉安、刘玥的《西风残照川鲁汉阙——工匠迁徙对汉阙造型艺术风格的影响》将川东渠县汉阙与山东嘉祥武氏阙的图像内容作了简略比较。

  上述著作及论文对本书具有重要的参考价值及借鉴学习意义，但这些研究多是从汉代中原文化或汉代画像石艺术的宏观视角来阐述巴蜀汉阙图像艺术，只有极个别研究涉及了巴蜀汉阙的图像母题问题。比如，陈佳星的《礼仪与习俗——高颐阙的图像选择与营建》提到了高颐阙的图像母题问题，对高颐阙的图像程式及空间关系等作了较为全面的论述，但却并未正式提出"巴蜀汉阙图像母题及其视觉符号"这个总结性问题，未能进一步揭示巴蜀汉阙图像母题及视觉符号与巴人、蜀人及巴蜀文化之间紧密的内在联系，也未能提出"巴蜀与其他地区的汉阙图像母题及视觉符号的重要区别及其根本原因所在"等深层次问题。可见，目前学界对巴蜀汉阙图像艺术的研究还没有形成全面深入的认知体系，这使本书能够另辟蹊径，立足于本课题研究的空白地带，以透过现象看本质和内涵的独特视角来深入研究巴蜀汉阙中的图像母题及其视觉符号成为可能。同时，本书对上述学术研究中值得商权的很多观点提出了大胆质疑，也提出了新的看法及论据支撑，以深度揭示巴蜀汉阙所蕴含的深刻文化内涵，并且本书通过对巴蜀汉阙图像母题及视觉符号的研究，明确了巴、蜀之间，以及巴蜀地区与其他地区的汉阙图像艺术的个性特征差异，从而揭示了汉代巴蜀地区与其他地区的地域文化的重要差别及形成原因。因此，本书可以说是填补了目前还未有专门针对巴蜀汉阙图像艺术研究专著的空白。

本书的主要内容为：巴蜀汉阙图像母题及视觉符号的分类整理归纳与文化内涵解读，巴蜀文化、中原文化、南亚异域文化在巴蜀汉阙图像艺术中的碰撞与融合；古蜀文化中的神巫文化、用杖习俗、大石崇拜、力士崇拜，古代巴賨文化中的白虎崇拜、尚武精神、巫鬼文化等古代巴蜀文化遗风，以及西蜀地区羌、藏文化中的胡巫文化、猴图腾崇拜等地域民族文化在巴蜀汉阙图像母题中的生动反映；巴蜀汉阙图像艺术的美学特征及应用意义，以及它在当代艺术设计中，尤其是巴蜀汉阙文创产品开发设计中的应用研究等。

任 雯

2023 年 8 月于成都

任雯，艺术硕士，副教授，四川省美术家协会会员，就职于四川文理学院美术学院。主要从事视觉传达专业教学，热爱中国民间美术，多年来潜心研究中国古代图案艺术，前后主持完成市厅级、校级课题 10 余项，其中与图案艺术相关的有"巴蜀汉阙图像母题及视觉符号研究""巴賨文化视阈下的渠县汉阙石刻图案艺术研究""吉祥图案在标志设计中的应用现状研究"等重点项目，并在国家核心期刊、省级期刊发表论文 20 余篇、作品 30 余幅。

第四章 巴賨文化视阈下的渠县汉阙图像艺术

096 第一节 渠县汉阙图像布局与巴賨干栏式建筑

104 第二节 渠县汉阙图像母题中的巴賨文化色彩

110 第三节 渠县汉阙图像母题与巴賨炼丹术

114 第四节 渠县汉阙图像母题中的巴人白虎图腾崇拜遗风

第五章 渠县汉阙图像母题及其视觉符号解读

128 第一节 渠县汉阙图像题材类型研究

134 第二节 渠县汉阙图像母题分类

138 第三节 渠县汉阙部分图像母题及视觉符号解读

第一章 中国古建筑——阙与汉阙

- 002 第一节 阙的演变历史、形制、分类
- 008 第二节 中国汉阙的基本结构、分布地区、保护现状

第二章 升天之门——巴蜀汉阙

- 018 第一节 巴蜀汉阙产生的历史背景、分布区域、艺术价值
- 024 第二节 巴蜀汉阙图像艺术整体风格特征
- 040 第三节 巴蜀汉阙与山东、河南汉阙图像艺术之比较

第三章 賨人辉煌历史的见证者——渠县汉阙

- 054 第一节 渠县汉阙与宕渠賨人的关系
- 060 第二节 渠县汉阙产生的巴賨社会背景
- 066 第三节 渠县汉阙概述

第八章 巴蜀汉阙图像艺术美学特征

- 306 第一节 巴蜀汉阙图像艺术雕刻技法与造型特点
- 318 第二节 巴蜀汉阙图像时空混合构图模式
- 324 第三节 巴蜀汉阙图像的视觉程序结构
- 332 第四节 巴蜀汉阙图像等距离散点透视构图法
- 338 第五节 巴蜀汉阙图像艺术特征差异及原因分析

第九章 巴蜀汉阙图像艺术在现代艺术设计中的应用研究

- 348 第一节 巴蜀汉阙图像艺术在当代艺术设计中的应用意义和探索法则
- 354 第二节 巴蜀汉阙图像艺术在视觉传达设计中的造型研究
- 360 第三节 巴蜀汉阙图像艺术在博物馆文创产品设计中的应用研究

第六章 蜀地汉阙图像母题及其视觉符号研究

158 第一节 蜀地汉阙概述
186 第二节 蜀地汉阙图像布局及题材类型特点
192 第三节 蜀地汉阙图像母题及视觉符号解读

第七章 巴蜀汉阙共有图像母题及其视觉符号研究

222 第一节 图像母题之一——四神图像
234 第二节 图像母题之二——狮形辟邪与天禄兽首
246 第三节 图像母题之三——角神
264 第四节 图像母题之四——西王母仙班图
270 第五节 图像母题之五——仙境云气纹
274 第六节 图像母题之六——持节拜谒献礼西王母图
284 第七节 图像母题之七——女仙启门图
296 第八节 图像母题之八——射猴射雀图

阙，常见于中国历代著名的诗词歌赋中，如李白的"西风残照，汉家陵阙"、白居易的"九重城阙烟尘生，千乘万骑西南行"、苏轼的"不知天上宫阙，今夕是何年"、马致远的"想秦宫汉阙，都做了衰草牛羊野"等。"秦宫汉阙"既指代秦汉帝国的雄图霸业，又是对秦汉古建筑特色的高度概括。虽然现在大家只能在脑海里想象秦宫汉室的宏伟气魄，但还可感受汉阙的千古魅力，实属幸运。

目前，学界对汉阙研究较为突出的是徐文彬、谭遥等人编著的《四川汉代石阙》，其第一章序论的第一部分内容为"门阙考"，专门对汉阙进行了深入的考据和论述[1]。另外，张孜江、高文主编的《中国汉阙全集》概论部分对"阙"作了图文并茂的详细论述[2]。本书侧重于对汉阙图像艺术的研究，故而对于阙的演变历史、形制、分类及中国汉阙的基本结构、分布地区、保护现状等内容仅予以简述。

---

[1] 徐文彬，谭遥，龚廷万，等.四川汉代石阙[M].北京：文物出版社，1992：1-6.
[2] 张孜江，高文.中国汉阙全集[M].北京：中国建筑工业出版社，2017：10-15.

第一章

中国古建筑——阙与汉阙

第一节

阙的演变历史、形制、分类

阙，是中国古代独有的一种建筑。学界普遍认为，阙的雏形可追溯至新石器时代修建于人类部落聚居地周围的围栏缺口两侧的简易木楼，它具有瞭望和守卫等军事防御实用功能。中国古代的奴隶制国家建立后，阙逐渐演变为耸立于城门或宫门两侧的高大雄伟的城阙或华贵气派的宫阙，其下筑夯土、上建木阁，具防卫性和礼制性双重意义，用于维护政权和巩固统治，在一定程度上象征着国家威严。

《诗经·子衿》有"挑兮达兮，在城阙兮。一日不见，如三月兮"，古人注解"城阙"为置于城门外的高台观，是城门建筑的重要组成部分[1]，可见先秦或更早时期就已经出现了城阙。东汉训诂学家刘熙的《释名·释宫室》曰："观，观也，于上观望也。"又载："阙，阙也，在门两旁，中央阙然为道也。"《周礼》曰："悬治象之法于象魏，使万民观治象。"东汉郑众注："象魏，阙也。"南唐徐锴《说文解字系传》曰："盖为二台于门外，作楼观于上，上员下方。以其阙然为道，谓之阙，以其上可远观，谓之观，以其县（悬）法谓之象魏。"[2]这说明象魏是古代天子、诸侯宫门外的一对高台建筑，是统治者悬示教令的地方。上述文献既说明了"阙"的前身是"观"，又阐述了周朝时"观"的形制，即"观"是成双立于宫门或城门两侧，既可居住又可眺望的实用性高台建筑，或者说"阙"是兼有实用性和礼制性双重意义的"象魏"，在一定语境中，它可以指代朝廷、宫室、宫门。

据中国古籍记载，周代已经存在以宫阙和城阙为主的阙门建筑形式。东周时，洛邑王城宫殿的雉门外立有双阙；秦孝公迁都咸阳之后，使商鞅"筑冀阙宫廷"。"冀阙"即城阙，既是都城的标志，又可作为防御的哨所，这说明秦国咸阳的王宫曾筑有阙门❸。西汉高祖所建长安未央宫有东阙和北阙，孝武帝所造建章宫东、北两门之外有"凤阙"和"圆阙"，"凤阙"的夯土台基址至今尚存，这是我国地面现存最早的古代宫阙基址❹。隋唐至明清时期，各宫城南门外均建有阙门，从唐朝大明宫含元殿遗址看，其"栖凤"和"鸾翔"左右两阁即为唐代李华的《含元殿赋》中所云"翘两阙以为翼"的阙门建筑❺。明清时期北京紫禁城的午门，在其东西雁翅楼南北两端各建有一座重檐攒尖顶阙亭，此为古代宫阙发展的最终形式。

阙在整体建筑形式上，皆以中轴线作左右对称式布局。中国历史上的城阙和宫阙一般都是位于都城中廓城、宫城的正门或宫殿位置❻。早在先秦时期，阙就已是象征着礼制等级的重要建筑之一，《公羊传·昭公二十五年》记载"子家驹曰：ّ'设两观，乘大路，朱干，玉戚，以舞大夏，八佾以舞大武，此皆天子之礼也'"，《白虎通义》曰："门必有阙者何？阙者，所以饰门，别尊卑也"❼。

阙以城门或宫门（如图1-1、图1-2所示）为中轴线呈左右对称布局，在视觉效果上能够营造出一种威严肃穆、

图 1-1
东魏、北齐河北临漳邺南城朱明门双阙

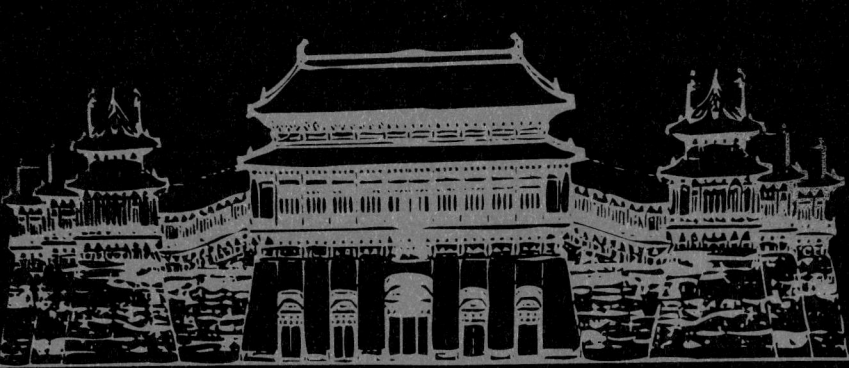

雄伟壮观的震撼气势，进而使人产生强大的力场感受和敬畏心理。后来中国历史上的邸宅阙、祠庙阙、陵阙、墓阙等各种阙建筑，亦皆遵循着这种以中轴线为左右对称的建筑布局形式。这表明，阙是一种标志着进入中国古代皇宫、城池、邸宅、祠庙、陵墓等不同建筑群领地范围的高规格的礼制性建筑。

从西汉早期开始，邸宅阙（又称第宅阙）盛行，它通常立于贵族府邸大门入口两侧，不仅是大门的标志性建筑，更是府邸主人尊贵身份的礼制象征。至西汉末期，人们开始在祠庙入口两侧建阙，此类阙主要用以表示人对鬼神的敬重，如现存河南嵩山的太室阙、少室阙、启母阙等祠庙阙，它们是中国古代祭祀礼制建筑的典范。西汉晚期兴起了修建于陵墓前或神道两侧的墓阙，它既是茔域入口的标志性建筑，又是陵墓主人显赫身份的标识。汉代前期，等级制度森严，按规定凡官俸两千石以下的官员不得在墓前立阙，因此，太守、县令以下的官员及地方显贵纷纷将双阙的形象雕刻于墓室中的画像砖（石）中，以及石棺前挡头、墓门等显眼位置。至东汉，不仅县令、太守以上的官吏可在墓前建阙，而且无官职的庶民死后，也可在墓前立阙，而这一情况在西汉时已出现，西汉桓宽的《盐铁论·散不足》载"中者垣阙罳罳"，即中等家庭的人死后墓前也普遍立阙。❽

综上所述，"阙"是中国古代成双矗立于建筑物入口两侧的标志性建筑，经过几千年的演变，到后世发展为具有不同形制、规模、功能和意义的城阙、宫阙、邸宅阙、祠庙阙、陵阙、墓阙等建筑的统称。其中，中国古代城阙在西周时期就已经出现，根据其平面形制可分为单阙、双阙和三出阙三种类型。城阙最初具有防卫功能。随着时间的推移，春秋时期，城阙已有等级上的区别，成为标识身份的礼仪象征。❾ 阙发展到两汉时期，已经由最初的军事防御实用性建筑，逐渐演变为宫殿、邸宅、祠庙、陵墓等建筑中的一种高规格、礼制性建筑。其中，墓阙是汉代墓葬体系的重要组成部分，在汉代人的心中，它象征着通天之门，具有引导墓主升仙、保护墓主不受恶鬼侵扰的功能。汉代以后，阙逐渐退出历史舞台，之后墓阙仅用于帝王的陵墓。

第一章

中国古建筑与汉阙

❶ 韩建华. 中国古代城阙的考古学观察 [J]. 中原文物,2005(1):53.

❷ 夏征农. 辞海(中)[M]. 上海:上海辞书出版社,1979.

❸ 同 ❶.

❹ 刘庆柱. 汉长安城未央宫布局形制初论 [J]. 考古,1995(12):6.

❺ 同 ❶.

❻ 同 ❶.

❼ 班固. 白虎通义 [M]. 北京:中国书店出版社,2018.

❽ 张孜江,高文. 中国汉阙全集 [M]. 北京:中国建筑工业出版社,2017:14-61.

❾ 同 ❶.

第二节

中国汉阙的基本结构、分布地区、保护现状

汉代是中国历史上"阙"的极盛时代。梁思成在《中国雕塑史》中感慨："在雕塑史上，直可称两汉为享堂碑阙时代，亦无不当也。"❶ 经过近两千年的沧桑岁月，幸存的汉阙大多为陵墓前的神道阙，它们虽为石质（极个别为土质），却通常具有汉代仿木结构建筑特征，因此被学界统称为汉阙。汉阙是我国现存的时代最早、保存最完整的仿木结构建筑地表遗存，拥有石质"汉书"之美誉。这些古老的汉阙真实地展现了中国汉晋时期优秀成熟的建筑艺术、书法艺术，尤其是生动优美的石刻图像艺术。汉阙保留着汉代先民的精神信仰、图腾崇拜、官职制度、社会习俗、生产生活等极为丰富的时代信息，是祖先留给我们极为珍贵的历史资源，是研究汉代社会的"活化石"之一。同时，不同地区的汉阙具有各自不同的艺术特征，这对研究汉代不同地域、民族的文化差异具有重要的参考价值。

完整有序的阙制形成于秦统一六国前后。秦灭亡之后，汉承秦制，基本沿袭了秦阙制度。按其等级及形制，汉阙大致可分为单阙、双阙、三出阙三种类型❷（如图1-3、图1-4、图1-5、图1-6所示），后两种阙是在单阙的基础上

第一章 中国古建筑与汉阙

图 1-3
四川彭州太平出土画像砖中的单阙

图 1-4
四川大邑县安仁出土画像砖中的双阙

图 1-5
唐代石刻中的双阙

组合成更为复杂的高规格建筑形式。单阙，属独立式，多成对立于宫门或陵园的司马门外，为一般官吏所用，其礼制等级较低。双阙，又称为子母阙或双重阙，阙如其名，它是由一座高大的母阙和一座矮小的子阙相依组成，为诸侯及两千石以上官吏所用，其礼制等级非常高，是仅次于天子等级的高规格阙制。三出阙，由一母阙和两子阙相依构成，阙顶三座屋檐，母阙最高，母阙外侧的两子阙依次降低，是最尊贵的天子专用阙制，它成对耸立于帝王居住的宫廷大门前面或帝陵城门之间，是天下独尊的标志性建筑❸。《汉书·霍光传》载："太夫人显改光时所自造茔制而侈大之，起三出阙，筑神道，北临昭灵、南出承恩……"❹由此可知，除天子之外的人是不能使用三出阙的，霍光之妻在陵墓神道前建造三出阙"侈大"僭上，属僭越礼制之举，这恐怕亦是霍家最终被汉宣帝灭门的诸多罪名之一。

汉阙的基本结构可分为仿木型和土石型两种，但绝大多数汉阙都属仿木型，所以无论是单阙、双阙，还是三出阙，其基本结构皆大同小异。通常说来，汉阙由下至上大致由阙基（亦称阙座）、阙身、阙楼（亦称楼部）、阙顶（亦称顶盖）等四部分组成（如图 1-7、图 1-8 所示），各部分之间多以

图 1-6
北宋大晟府铜钟上的汴梁宣德门的三出阙

图 1-7
渠县沈府君阙基本结构图

图 1-8
忠县丁房阙基本结构图

榫卯或垒积方式相结合。阙基通常先以石板或卵石白泥层作为地基,再在其上放置整块或多块石料作为阙座。阙基之上为阙身,由整块或多块石料垒砌而成,不同地区汉阙的阙身所雕刻的图像题材、内容或繁简程度皆有差别。再往上是阙楼,由多层整石构成,从下而上又可细分为枋子、介石、斗拱、椽子等,其上通常集中分布着大量优美生动的画像石、浮雕及圆雕,因此阙楼是汉阙最引人注目的部位,也是本书的研究重点。最上面是阙顶,由整石雕刻而成或多块石料分层垒筑,多为单檐或重檐的庑殿顶,顶上有筒瓦、瓦垄、瓦当、瓦口等构件造型,巴蜀汉阙的阙顶还常刻有鹰衔绶带等脊饰。

经过近年学者们的深入调研,至 2017 年全国尚存可辨认的汉阙 37 处(见表 1-1 所列),包括石阙 36 处、土坯阙 1 处,其中保存较完好者有 29 处,大多为东汉遗存,个别稍晚至蜀汉或魏晋。除少量分布于河南、山东外,汉阙多集中在川渝两地,多达 20 余处❺。除了这 37 处汉阙之外,还有诸如四川剑阁的蜀道阙、山东曲阜的多处汉阙、江苏徐州贾汪的无铭阙等阙,皆为一些零散、破碎的汉阙残件或者因风化漫漶至面目皆非。

由于石质汉阙的体量通常都较为巨大,阙体表面风化酥粉的状况较为普遍,将其移动至异地进行保护的难度较大,因此,目前仅有三分之一的汉阙因其残件较为分散、零碎而被移入博物馆进行修复、保护或移入库房保存。如重庆的万州区武陵阙,忠县乌杨阙;四川的西昌市无铭阙,芦山县石箱村无铭阙;山东的泰安市师旷墓阙,平邑县功曹阙、黄圣卿阙,莒南县孙氏阙皆移动至异地进行保护。其余的如四川的渠县诸汉阙,梓潼县李业阙;山东嘉祥县的武氏祠双阙等

表1-1 全国现存37处汉阙一览表（该表中部分数据参照《中国汉阙全集》）

序号	汉阙名称	出土原址	阙数	风化状况	图像状况	保护现状
1	渠县蒲家湾无铭阙	四川达州市渠县土溪镇团林村	单	重度	部分	亭院保护
2	渠县王家坪无铭阙	四川达州市渠县青神乡平六村	单	重度	部分	亭院保护
3	渠县沈府君阙	四川达州市渠县土溪镇汉亭村	双	重度	部分	亭院保护
4	渠县冯焕阙	四川达州市渠县土溪镇赵家村	单	重度	较完整	亭院保护
5	渠县赵家村西无铭阙	四川达州市渠县土溪镇赵家村	单	重度	部分	亭院保护
6	渠县赵家村东无铭阙	四川达州市渠县土溪镇赵家村	单	重度	部分	亭院保护
7	雅安市高颐阙	四川雅安市姚桥镇	双	中度	较完整	亭院保护
8	绵阳市平阳府君阙	四川绵阳市游仙区科技馆	双	重度	部分	顶部遮盖
9	德阳市司马孟台阙	四川德阳市黄许镇蒋家坝	单	重度	少量	砌墙保护
10	芦山县樊敏阙	四川雅安市芦山县沫东镇石马坝	双	中度	部分	四川芦山县东汉石刻馆露天存放
11	芦山县石箱村无铭阙	四川雅安市芦山县甘溪镇石箱村	单	濒危	无	室内
12	夹江县杨公阙	四川乐山市夹江县甘露乡双碑村	双	濒危	少量	院内露天存放
13	梓潼县李业阙	四川绵阳市梓潼县长卿镇南桥村	单	一般	较完整	围栏顶盖
14	梓潼县贾氏阙	四川绵阳市梓潼县城南郊外	双	濒危	无	室外
15	梓潼县杨公阙	四川绵阳市梓潼县城北宏仁堰	单	濒危	无	室外
16	梓潼县无铭阙	四川绵阳市梓潼县城西川陕公路侧	单	重度	无	建亭保护
17	西昌市无铭阙	四川西昌市西郊乡南坛村	单	重度	少量	西昌市文管所
18	昭觉阙	四川凉山州昭觉县四开区好谷乡	单	重度	少量	西昌昭觉县图书馆保存
19	成都市王平君阙	四川成都市金牛区圣灯乡猛追村	单	严重	少量	成都博物馆保存
20	忠县邓家沱阙	重庆忠县新生镇邓家村	单	轻微	少量	重庆中国三峡博物馆保存
21	忠县丁房阙	重庆忠县东门土主庙	双	重度	部分	忠县白公祠露天
22	忠县㽏井沟阙	重庆忠县千井乡佑溪口	单	重度	部分	忠县白公祠露天
23	忠县乌杨阙	重庆忠县乌杨镇将军村	双	轻微	部分	重庆中国三峡博物馆保存
24	万州区武陵阙	重庆万州区武陵镇	单	轻微	少量	重庆中国三峡博物馆保存
25	江北区盘溪无铭阙	重庆嘉陵江北岸盘溪香炉湾	单	重度	少量	建亭保护
26	嘉祥县武氏祠阙	山东济宁市嘉祥县武翟山	双	轻微	较完整	武氏墓群石刻博物馆保存
27	莒南县孙氏阙	山东临沂市莒南县东兰墩村	单	轻微	部分	山东博物馆保存
28	平邑县功曹阙	山东临沂市平邑县城北八埠顶	单	轻微	部分	平邑县博物馆保存
29	平邑县黄圣卿阙	山东临沂市平邑县城北八埠顶	双	轻微	少量	平邑县博物馆保存
30	泰安市师旷墓阙	山东泰安市新泰市青云街南啸所村	单	中度	部分	泰安市博物馆保存
31	登封市少室阙	河南郑州市登封市少室山庙	双	轻微	少量	建房保护
32	登封市太室阙	河南郑州市登封市太室山中岳庙	双	轻微	少量	建房保护
33	登封市启母阙	河南郑州市登封市太室山启母庙	双	一般	少量	建房保护
34	正阳县正阳阙	河南驻马店市正阳县城东关烈士陵园	单	中度	少量	院房保护
35	太君阙	北京市石景山区上庄村	单	一般	少量	北京石刻艺术博物馆保存
36	瓜州县踏实嘉峪	甘肃酒泉市瓜州县踏实乡	单	濒危	无	室内
37	淮北市无铭阙	安徽淮北市相山公园	不详	濒危	少量	室外

汉阙皆作为不可移动文物留在原址，多采取了院墙圈围、顶部遮盖或修建保护室等保护措施。但目前还有少数汉阙暴露于室外，承受着日晒雨淋、生物侵害，如四川的芦山县樊敏阙、夹江县杨公阙，甘肃的瓜州县踏实县阙，安徽的淮北市无铭阙等。

❶ 梁思成. 中国雕塑史 [M]. 北京：中华书局，2014：35.

❷ 韩建华. 中国古代城阙的考古学观察 [J]. 中原文物，2005（1）：59.

❸ 段清波. 古代阙制研究——以秦始皇帝陵三出阙为基础 [J]. 西部考古，2006（1）：34.

❹ 班固. 汉书 [M]. 马玉山，胡抽琳，注析. 太原：三晋出版社，2008：126.

❺ 张孜江，高文. 中国汉阙全集 [M]. 北京：中国建筑工业出版社，2017：115.

巴蜀地区是目前中国汉阙遗存数量最多、分布最集中的地区，全国仅存较完好的汉阙 29 处，巴蜀地区就占 20 多处，真可谓天下汉阙大半在巴蜀。巴蜀汉阙图像艺术作为古代巴蜀文化的重要组成部分，是对汉代巴蜀地方文化的发掘研究、深入考察的重要内容之一，也是实现当今巴蜀地域文化资源保护与开发的研究前提。法国考古学家色伽兰在《中国西部考古记·西域考古记举要》中认为："霍去病之墓及陕西诸墓皆无石阙，四川则不然，据其数比较之多、其重要、其建筑之复杂诸点而言，得谓为铭刻建物之最有价值者，亦不为过。"[1] 因此，本章将简析巴蜀汉阙产生的历史背景、分布区域及艺术价值，并从巴蜀地域文化的巫鬼仙道文化色彩、异域文化因素影响等方面阐述巴蜀汉阙图像艺术整体风格特征，并将巴蜀汉阙图像艺术与山东、河南的汉阙图像艺术进行差异化比较。

[1]〔法〕色伽兰,〔法〕郭鲁柏.中国西部考古记·西域考古记举要[M].冯承钧,译.郑州：中州古籍出版社,2017：6.

第二章
升天之门——
巴蜀汉阙

第一节

| 巴蜀汉阙产生的历史背景、
| 分布区域、艺术价值

  巴蜀汉阙产生及留存至今的历史背景大致可概括为五个方面：第一，从目前考古发掘的三星堆、金沙等古蜀文化遗址，以及宣汉罗家坝、渠县城坝等巴人文化遗址来看，巴蜀地区尤其是蜀地很早就有灿烂发达的高度文明，秦灭巴、蜀后，秦朝在巴蜀地区苦心经营，汉亡秦后，汉朝长期施行休养生息政策，这些都进一步促进了巴蜀地区经济、文化的繁荣兴盛；第二，秦灭巴、蜀之后，巴蜀地区的生活习俗和社会风气逐渐染秦化❶，到了汉代，大一统政策的持续深入加快了西南夷地区融入汉文化圈的进程，因此，巴蜀汉阙是汉代巴蜀地区深受中原地区重孝道、尚厚葬之风的丧葬习俗思想影响的产物，亦是受盛行于汉代的神仙思想影响的时代产物；第三，两汉时期是民族大融合时期，统治者的民族观念较为包容开放，巴蜀地区人才辈出，涌现出了大批官至千石及千石以上的朝廷重臣，能够以军功封侯或入仕为官的人杰亦不在少数，因此才会有如此多的巴蜀汉阙；第四，巴蜀地区经济、文化的发达又促进了城市的繁荣、社会的相对安定和人民的生活富足，使该地区出现了大量技艺精湛的从事墓葬艺术工作的工匠，这为巴蜀汉阙的大量建造奠定了基础；第五，因巴蜀地区地理位置相对封闭独立，山高路险，偏远难行，相对战乱较少，巴蜀汉阙得以免受毁灭性的摧残破坏。

从地理位置看，巴蜀汉阙大致可划分为四个较为集中的片区。按照方位顺序来描述，第一个是川东渠县片区，此处共有六处七尊汉阙，分别是冯焕阙、沈府君阙、蒲家湾无铭阙、王家坪无铭阙、赵家村西无铭阙、赵家村东无铭阙等；第二个是重庆片区，主要包括忠县的丁房阙、无铭阙、乌杨阙、邓家沱阙，万州区武陵阙，江北区盘溪无铭阙等；第三个是川北片区，主要包括绵阳市平阳府君阙，德阳市司马孟台阙等；第四个是川西片区，主要有雅安市高颐阙，芦山县樊敏阙，夹江县杨公阙等。其中，重庆片区的忠县丁房阙、无铭阙、乌杨阙的楼部皆为非常独特的两层阙楼造型，这一点与其他巴蜀汉阙大相径庭。但是，这些汉阙的整体形制、图像雕刻布局等仍然与其他三个片区基本一致，且重庆在先秦时期属巴国疆域，汉时为巴郡，东汉末期为巴西郡，故将重庆汉阙一并统称为巴蜀汉阙是合理的。

巴蜀汉阙建筑艺术历来受到学界的高度关注。受西南地区干栏式建筑的影响，巴蜀汉阙体现出了独特的巴蜀建筑特色。巴蜀地区是早期道教思想的发源地之一，神仙信仰盛行，阙在汉代巴蜀人心中是神仙登临之所，是死者灵魂通往昆仑仙界的必经之路。巴蜀地区汉代墓葬中出土的大量汉画及摇钱树座中有汉阙与西王母并存的场景，这表明阙是汉代巴蜀丧俗文化中的一种具有象征性意义的升仙符号。古巴蜀人认为阙与昆仑仙界女神西王母有着密不可分的关系，只要进入阙，就意味着可以飞升至昆仑仙界，拜谒西王母，求她

图 2-1

图 2-2

漢謁者北屯司馬左都俟沈府君神道

其浪漫的一种艺术精神！虽经过千年风雨沧桑，我们仍然能够从中真切感受到一种爽朗清新、势无阻滞、畅快淋漓的书写气息。就此而言，渠县冯焕阙、沈府君阙无疑是东汉隶书浪漫抒情性的典型代表。❸

  从整体来看，巴蜀汉阙的图像艺术题材广泛、内容丰富多彩、造型优美生动、雕刻技艺高超，对于我们研究汉代巴蜀文化具有十分重要的参考价值和探讨意义，这也是本书的研究重点。但有一部分巴蜀汉阙损毁情况较为严重，如重庆忠县邓家沱阙、万州区武陵阙、江北区盘溪无铭阙，四川芦山县石箱村无铭阙等；还有少部分蜀地汉阙由于石质硬度低，石阙、铭文及图像已风化漫漶至所剩无几，如四川梓潼县的贾公阙、杨公阙、无铭阙等。另外，对于四川梓潼县李业阙，学者龚廷万、龚玉等指出："李业阙粗大的钻痕较新，顶上疑为后期添加上的四不像顶盖，它一点都没有巴蜀汉阙上那丰富多彩的人物和神话故事的雕塑；亦没有汉代石阙仿木建筑的基本特征和雕刻，总之，它完全没有体现汉阙的风格和特色。"❹《四川汉代汉阙》亦提出了"李业阙，此独石本身为后造是有可能的，形非石阙、铭文非汉刻、显然不当以阙论"的观点❺。对于以上论点，笔者亦持相同意见。故本书在对巴蜀汉阙图像艺术的论述中，将简述或省略以上三类巴蜀汉阙。

❶ 徐文彬, 谭遥, 龚廷万, 等. 四川汉代石阙 [M]. 北京: 文物出版社, 1992: 8-10.

❷ 何应辉. 中国书法全集·秦汉刻石卷编纂札记 [J]. 中国书法, 1994 (5): 48.

❸ 侯忠明. 四川渠县汉阙隶书艺术研究 [J]. 中国书画, 2010 (8): 123.

❹ 龚廷万, 龚玉. 关于汉阙研究尚待商榷的问题 [J]. 四川文物, 2011 (3): 65.

❺ 同 ❶: 31.

第二节

巴蜀汉阙图像艺术整体风格特征

就本质而论，汉阙是中国古代封建社会用于区别上下尊卑的阶级思想的产物，是典型的用于标榜墓主的尊贵身份、非凡功勋、优良品行的"牌坊"，强调的是阙在现实社会的象征意义和礼制等级的宣传功能。虽然巴蜀汉阙的产生深受中原汉阙文化的影响，但巴蜀人却"倔强"地将巴蜀地域文化融入汉阙之中，让看似冰冷无情的一堆堆石头成为真实记录汉代巴蜀人的精神信仰、宇宙观念、图腾崇拜等独特的意识形态的"活化石"。最明显的是，巴蜀汉阙比山东、河南地区的汉阙更注重神仙思想的表现，更强调阙在巴蜀葬俗文化中的升仙功能。

目前，考古界在汉代巴蜀墓葬中发现的大量汉阙形象多见于画像石（砖）、画像石棺、镏金铜牌、摇钱树座中。其中，出土于三峡地区巫山的多枚镏金铜牌上，以及在简阳鬼头山东汉崖墓3号画像石棺上，皆带有"天门"榜题文字❶。蒙文通先生在其论著《巴蜀古史论述》中提及《蜀王本纪》曰：'李冰谓彭山为天彭阙，号曰天彭门，云亡者悉过其中，鬼神精灵数见'，巴蜀说魂魄归天彭门，这都是原始宗教巫师的说法，从这一点来看，巴蜀神仙宗教不妨是独立的，别自为系"❷。天彭门极有可能就是汉代巴蜀地区墓葬中"天门"一词的来源，可见，阙、魂魄、天门三者之间的关系密切。汉代巴蜀人认为，人死后没有墓室、神道和墓阙，其魂魄就找不到入冥升天的路径，因此，豪族权贵们不惜重金修建他们到达极乐世界的中转站——墓室，建造象征从人间升入天界的神道入口标志——阙❸。这就决定了巴蜀汉阙是一种注重表达汉代巴蜀人渴求灵魂飞升、永生不死的特殊建筑符号，是一种凸显汉代巴蜀人浪漫好仙、重鬼尚巫的地域文化特征的石质载体。

一、巴蜀汉阙图像艺术的巫鬼仙道文化色彩

总的来讲，巴蜀汉阙是求仙升天、长生不老的早期道教思想的生动体现，这种奇特大胆的艺术想象力赋予了巴蜀汉阙图像艺术独特的神秘浪漫、变幻莫测的地方文化色彩，这也是巴蜀汉阙与山东、河南汉阙在艺术气质上的最大差异。狭义的巴蜀文化是指中国西南地区古代巴、蜀两族先民留下的物质文化。巴与蜀自古以来毗邻而居，文化交流频繁。从考古出土的东周至春秋战国时期的大量印章、图像、船棺、青铜器、玉器等巴蜀墓葬物看，巴、蜀两地在文化属性上难分彼此，这表明巴与蜀早在先秦时期就已经具有很大的文化趋同性，到秦汉时期已基本一致，这种文化的同一性也反映在巴蜀汉阙图像艺术中。

自古以来，巴地巫鬼文化异常发达，它在世界巫术文化中亦是别具一格的，在中国南方巫术文化中具有不可替代的特殊地位。丰富的神话传说、发达的巫鬼信仰是巴文化

的基本特点。段渝先生指出,川渝地区异常发达的原生巫文化早在楚文化之前就已发展起来,在川东、鄂西,尤其是三峡地区形成了一个颇引人注目的巫文化圈,传奇甚多,来源甚古,与众不同❹。《后汉书·南蛮西南夷列传》载:"巴郡南郡蛮⋯⋯是为廪君。乃乘土船,从夷水至盐阳。盐水有神女,谓廪君曰:'此地广大,鱼盐所出,愿留共居。'廪君不许。盐神暮辄来取宿,旦即化虫⋯⋯,被射杀⋯⋯廪君于是君乎夷城⋯⋯廪君死,魂魄世为白虎。巴氏以虎饮人血,遂以人祠焉。"❺可见,巴人先祖传说充满浓郁的浪漫神话色彩。巴文化自春秋战国之际形成后,其文化区域架构便基本稳定下来,历经秦汉魏晋南北朝,基本没有大的变动,隋唐以后变化较多,但在峡区及岭谷之间的基本文化面貌则一直持续发展到近代。❻因此,巴地汉阙图像艺术神秘浪漫的艺术气息与久盛不衰的巴地巫鬼文化有密切关系。

　　学界有观点认为,古蜀尤其是西蜀是仙学的起源地之一。闻一多、顾颉刚等著名学者均认为中国神仙传说、仙道、仙学以古蜀起源最早。学者金秉骏亦指出,四川是昆仑神话的形成及早期流传的中国西部及西部边境地区之一,三星堆文化里有与西王母或者昆仑山神话比较类似的色彩及因素。❼巴蜀人自由自在、神仙逍遥的生活方式和生活态度是从西部昆仑神话的古蜀仙道文化中生发和传承而来的❽。蒙文通先生指出,从来巴蜀文化有它的特殊性,辞赋、黄老、律历、灾祥是巴蜀固有的文化元素,在两汉时巴蜀颇以此见称,这些文化与秦人的迁入和汉五经博士的学术无甚关系❾。这种以"鬼""仙"为特色的巴蜀地域文化,对于巴蜀艺术风格和艺术精神的神秘浪漫气质的形成具有不可否认的主导性。

　　古蜀神话中,蚕丛、柏灌、鱼凫三代蜀王皆得仙道,望帝杜宇啼血化鹃，开明帝鳖灵升天。三星堆及金沙遗址的祭祀坑所出神树、神坛、青铜面具及人像等大量遗物是古蜀人对神话世界的艺术想象的生动体现。古蜀人的浪漫性情和丰富的想象力、强大的创造力令人惊叹，蜀人将这种"仙"的艺术精神一直延续至后世，形成了蜀人的仙道文化和仙源思维。"仙"是蜀人文化想象力的核心[⑩]。因此，蜀地汉阙图像艺术亦不可避免地留有"仙"文化印迹，这种"仙"的艺术精神播染至巴地，与巴地浓厚的巫鬼文化相互渗透与融合，从而使巴蜀汉阙图像艺术浸透着神秘浪漫、天马行空的巫鬼仙道文化色彩。

二、巴蜀汉阙图像艺术的共同文化因素

巴、蜀两地的汉阙图像艺术具有许多共同的文化因素。

首先，从图像刻饰位置看，巴蜀汉阙均具有上密下疏的图像布局规律，多数图像集中刻饰于楼部，楼部拱下及拱间是最为重要的图像布局位置，且多为刻饰升仙题材类型的图像。例如，巴蜀汉阙中的仙境云气纹、西王母仙班图等图像多围绕楼部底层呈带状分布；仙人骑白鹿（翼龙）、谒见献礼西王母、女仙启门等图像均居于楼部正面或最上层等重要位置；狮形天禄、辟邪兽首图像则皆位于楼部正面、背面居中的拱间位置；而表现仙界的仙人、双龙、双虎、异兽等图像则刻饰于阙楼顶层或顶层转角处；角神皆雕刻于楼部偏下层的四隅。

其次，从图案题材类型看，巴、蜀两地的汉阙均有着大量相同的图像母题，其中神仙题材和祥瑞寓意的图像内容相似度极高，如仙境云气纹、仙人执节、拜谒献礼、女仙启

门、射猴射雀、辈辈封侯、天禄辟邪、角神、双虎等图像皆为巴蜀汉阙中最普遍常见的程式化图像母题。巴蜀汉阙图像以羽化登仙、长生不死为核心主题，因此，神仙题材类图像是巴蜀汉阙图案的最核心题材，占巴蜀汉阙图案的比例最大，内容亦最为丰富多彩。不仅如此，巴蜀汉阙图像中的人物、仙禽、异兽的造型细节及具体构图等皆较为相似。

再次，巴蜀汉阙图像艺术皆有明显的虎崇拜文化因素。古时的虎常常出现于《山海经》的昆仑神话中。张勋燎先生曾论证古蜀王族"鱼凫"为巴系统民族，其来源地为三峡地区。考古工作者也在三星堆遗址发现青铜虎形器与黄金虎形器，这表明三星堆文化亦含有巴文化因素[11]。以上学者观点及考古实物表明，巴、蜀同属中国古代重要的昆仑神话产生及流播之地，两地均有虎崇拜，双虎图是巴蜀汉阙中最为重要的图像母题之一。不仅如此，巴、蜀汉阙的所有双虎图的造型细节和构图形式几近相同，只有一些细微差别。

此外，巴蜀汉阙具有诸多相同的建筑造型特点。例如，渠县诸阙，西昌市无铭阙，夹江县杨公阙和德阳市司马孟台阙等，阙身皆具有上窄下宽侧脚式的西南干栏式建筑造型特征，并且都非常重视楼部斗拱造型的细节刻饰。在巴、蜀出土的汉画中，阙往往是不可或缺的仙界象征符号，起着渲

图 2-3
四川彭山双河一号石棺双阙图

染、烘托仙界环境的作用[12]。在这些关于汉阙的图像中,很多双阙均刻饰伏羲、女娲、飞仙、朱雀,或者门吏、亭长等形象。较为典型的是四川彭山双河一号石棺双阙图(如图 2-3 所示),在双阙之间刻画了上下两个不同的世界,上层是天界,画有仙人、翼龙、翼马以及正在浇灌不死树的玉兔;下层中间是神道入口,神道左右各立一生翼的天禄和朱雀,其左右又各立一名双手捧盾的门吏。可见,汉阙虽是一种体现封建等级观念的礼制性建筑,但它在巴蜀地区的丧葬文化中,更重要的是作为一种升仙符号而存在,它很可能是当时巴蜀地区丧葬活动中重要的巫术道具之一。

综上所述，巴蜀汉阙仕图像位置布局、图像题材类型、图像母题、建筑结构等方面皆具有许多相同的文化因素，这种共性凸显了巴、蜀自古以来就发达的巫文化。两地"信鬼神、重淫祀"的风俗古老而悠久。因此，巴蜀汉阙图像艺术既带有古蜀仙道文化的浓厚底色，又受到古代巴地巫鬼文化的深刻影响，同时亦可见东汉中后期神仙思想在巴、蜀两地的盛行。

三、巴蜀汉阙图像艺术中的异域文化元素

巴蜀汉阙中，有一些独特的，既不属于中原文化，亦非巴蜀文化的异域文化图像因子，这是我们管窥巴蜀地区与异域进行文化交流的一扇窗口。其一，渠县赵家村西无铭阙和雅安市高颐阙的楼部角神位置皆雕有一名吹笛胡人，他们常被学者误认为是抚摸长胡须的老者（如图 2-4 所示）。"胡"曾指匈奴，后延伸为对深目、高鼻、多须的所有非华夏异族的统称。东汉中后期，汉、羌之间的战争接连不断，且巴地板楯蛮与羌人接触非常频繁。《华阳国志》载"阴平郡，本广汉北部都尉，永平后，羌虏数反，遂置为郡……多氐傁。有黑、白水羌，紫羌，胡虏"[13] "永初中，广汉、汉中羌反，虐及巴郡"[14] "孝安帝永初三年，凉州羌入汉中，杀太守董炳，扰动巴中……益州诸郡皆起兵御之"[15] "昔羌数入汉中……后得板楯，来虏殄尽，号为神兵，羌人畏忌，传语种辈，勿复南行。后建和二年，羌复入汉，牧守遑遑，赖板楯破之"[16]。以上史料表明，汉代羌人广泛活动于巴蜀地区，是巴、蜀人接触最多的少数民族之一。据此推测，巴蜀汉阙中的吹笛胡人或为羌人。

图 2-4
雅安市高颐阙中的吹笛胡人角神

学者张晓杰指出:"我国各地发现的吹笛胡人形象主要来自汉代墓葬陶俑,尤以巴蜀地区最为集中。吹笛胡人是作为帮助墓主升仙的引魂胡巫形象出现于巴蜀墓中的。"[17] 重庆境内长江沿线出土的吹笛胡人俑数量甚多,主要集中于忠县花灯坟墓群(如图 2-5 所示),其典型特征是头戴尖顶帽,双手执笛吹奏,这应该与汉代巴蜀地区鼓吹送葬的习俗有关。以这种少见的胡俑随葬,应是用以炫耀墓主显赫的社会

图 2-5
忠县花灯坟墓群吹笛胡人俑

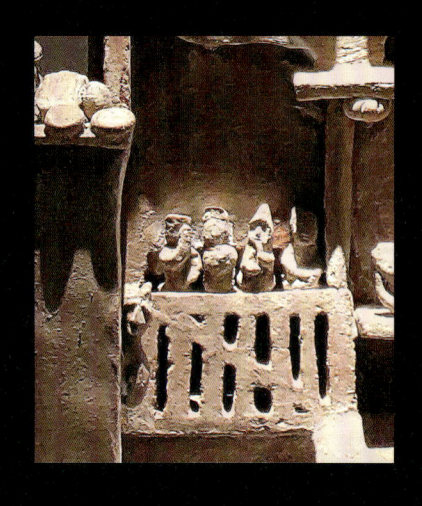

图 2-6 忠县涂井崖墓蜀汉陶楼及其细节

地位和雄厚的经济实力。巴蜀地区出土的吹笛胡人形象正是巴蜀文化与羌族文化互动交融的直接表现。遗憾的是，由于风化漫漶严重，巴蜀汉阙中的吹笛胡人所戴冠帽已残损，无法辨识细节。

据史书记载，早在西汉时期，中原地区已出现了专事祭祀的胡巫，西汉武帝时期的胡巫还参与了著名的宫廷政治事件——巫蛊之祸。[18] 从汉代以声乐事丧葬的传统和巴蜀地区吹笛胡人所在墓葬中的位置来看，胡巫参与了墓主的丧葬仪式，吹笛胡人可以引导墓主的灵魂进入墓室并升入仙境。[19] 忠县博物馆所藏的一件涂井崖墓出土陶楼尤为珍贵，其楼上右边是一名从头到脚被遮盖着的卧于榻上的亡者，左边阳台上立有为死者送行的四人，其中左边第一人正掩面哭泣，第三人为一名头戴尖顶帽的吹笛胡人，他们似乎正在等待仙界使者前来接引死者的灵魂（如图 2-6 所示）。忠县古称南宾（因大量资料与本地人均用"賨"，本书除采用他人出版物书名外，其余皆用"賨"字）。[20] 该陶楼所展示的场景蕴含的文化寓意很可能与墓主升仙有关，即是一种巴蜀神仙崇拜与胡人巫术杂糅的巫文化观念在巴賨地区丧葬活动中最生动的艺术表现。

令人惊讶的是，巴蜀汉阙中还出现了白象图像元素，这从侧面反映了汉代巴蜀地区与东亚、南亚文化的碰撞与融汇。川西的芦山县樊敏阙中，其楼部正面顶部刻有一幅场面热闹壮观、人物众多的"迎仙"图（如图2-7所示），图中最左边为一白象，其右边有执钩象奴（即训象人），另外两人为其开道，多人坐于树下伴乐，还有神山及众多仙人等。除了樊敏阙之外，山东平邑县的黄圣卿阙、功曹阙皆刻有"骆驼象奴"图，河南登封市的少室阙亦刻有"牵马训象"图，四川绵阳何家山二号墓摇钱树上亦刻有"高鼻胡人执钩训象"图。但山东、河南地区的大象造型并不准确，甚至有的形似巨型老鼠或貘，尤其是象腿造型多似牛腿，而芦山县樊敏阙中的大象形象无疑是最为生动形象的，似乎并非来自中原文化。

俞伟超先生指出："汉画中的'仙人骑白象'图源于印度佛本行关于释迦牟尼是由白象转世降生的'乘象入胎'传说，白象在佛教中具有特殊的祥瑞意义。"[21]巫鸿先生认为，早在公元前2世纪，中国人已经有了一个流行概念，即白象是来自西方的祥瑞。[22]张衡的《西京赋》曰："白象行孕。"《汉书·礼乐志》曰："象载瑜，白集西。食甘露，饮荣泉……神所见，施祉福。登蓬莱，结无极。"学者朱浒亦认为，汉代艺术中的大象图像是汉画中神异和祥瑞世界的一部分，在山东、江苏、河南、陕西等地区均有发现，它往往与骆驼、训象人组合出现，训象人与尖帽胡人、光头僧人混杂，形成了胡人与象的固定组合图式，这一源自印度佛教的艺术母题通过丝绸之路渐次传播至中国，进入汉代的祠堂和墓葬中，成为一种神异的祥瑞符号，可视为汉代中外交流的产物[23]。

白象崇拜习俗广泛存在于亚洲象的分布地，即印度、泰

图 2-7 芦山县樊敏阙白象迎仙图(部分)

国、缅甸、柬埔寨、越南等南亚、东南亚国家及我国云南西双版纳地区。云南傣族的白象之神崇拜习俗渗透其社会生活的各个领域。白象在佛教文化中是佛祖的化身,是君主圣明、国家昌盛、和平安宁的象征。而在三星堆、金沙遗址中,数量庞大的象牙祭品的出土,表明了大象在古蜀文化中已是尊贵、祥瑞的象征,再结合川西雅安市等地在汉代南方丝绸之路上的特殊地理位置,本书推测芦山县樊敏阙中的白象图像元素很有可能是由东南亚经南方丝绸之路传入蜀地,

而并非受中原地区影响。

　　芦山县樊敏阙的白象图因其风化漫漶严重而无法辨识图中之人是否有胡人或僧人，但细看其拓片，白象右边有一人头戴山形高冠，身着交襟及膝长服及长裤，其装束与渠县王家坪无铭阙和雅安市高颐阙中的持节、持蜀杖的巫师非常一致，不同的是他手执一钩，正指向白象头部。汉代画像石中，大象多与象奴构成图像组合，象奴的标志是手中执钩[24]，据此，此人的身份可能既是巫师又是训象人。白象在

图 2-8 绵阳市平阳府君阙左阙主阙右前角雄狮追兔图

蜀地可能被视为承载墓主灵魂、引其升仙的交通工具,是一种神异的仙界祥瑞符号,可见,芦山县樊敏阙的白象图是汉代印度佛教文化与蜀地仙道文化杂糅的早期产物。有学

图 2-9　绵阳市平阳府君阙左阙主阙背面雄狮图

图 2-10　绵阳市平阳府君阙
右阙子阙正面雄狮图

图 2-11　绵阳市平阳府君阙
右阙主阙背面雄狮兽首图

素不一定是来自北方西域丝绸之路，而很可能是由南亚、西亚经蜀身毒道、茶马古道的南方丝绸之路传入蜀地，而后又分化演变出了带有异域文化色彩的汉代瑞兽形象——天禄与辟邪。这三种图像元素在川西蜀地墓葬文化中异常流行，以致雅安市等地成为中国现存汉代大型狮形石兽重要的分布地区之一。狮形的天禄、辟邪兽首图像也是巴蜀汉阙重要的图像母题之一。

❶ 张孜江，高文. 中国汉阙全集 [M]. 北京：中国建筑工业出版社，2017：62-65.

❷ 蒙文通. 巴蜀古史论述 [M]. 成都：四川人民出版社，1981：100.

❸ 陈绪春. 巴蜀汉代石阙艺术比较研究 [J]. 民族艺术研究，2015（2）：132.

❹ 段渝. 巴蜀文化史 [M]. 成都：四川人民出版社，2012：68.

❺ 范晔. 二十四史·后汉书 [M]. 李贤，等注. 北京：中华书局，1965：774.

❻ 段渝. 先秦巴文化与巴楚文化的形成 [J]. 华中师范大学学报（人文社会科学版），2004（6）：15.

❼ 〔韩〕金秉骏. 巴蜀文化中的昆仑山文化因素与早期中外关系 [J]. 中华文化论坛，2006（2）：211.

❽ 谭继和. 古蜀人文化想象力的"创新" [J]. 西华大学学报（哲学社会科学版），2009（6）：4.

❾ 同❷：97-111.

❿ 同❽.

⓫ 陈文武，杨华. 巴人时代的美术寻源 [C]. 巴蜀文化研究集刊（第四卷），2008（3）：31-34.

⓬ 高文. 四川汉代画像石 [M]. 成都：巴蜀书社，1987.

⓭ 常璩. 华阳国志译注 [M]. 王启明，赵静，译注. 成都：四川大学出版社，2007：76.

⓮ 同⓭：15.

⓯ 同⓭：18.

⓰ 同⓭：24.

⓱ 张晓杰. 汉代巴蜀吹笛胡人形象研究 [D]. 北京：中央民族大学，2012：1.

⓲ 王子今. 秦汉边疆与民族问题 [M]. 北京：中国人民大学出版社，2011：319-331.

⓳ 张晓杰. 汉代巴蜀吹笛胡人形象的造型特征与文化意涵 [J]. 雕塑，2014（1）：33.

⓴ 地方志编纂委员会. 忠县志（民国）[M]. 成都：四川辞书出版社，1994.

㉑ 俞伟超. 东汉佛教图像考 [J]. 文物，1980（5）：69-72.

㉒ 〔美〕巫鸿. 礼仪中的美术：巫鸿中国古代美术史文编 [M]. 郑岩，王睿，编；郑岩，等译. 北京：生活·读书·新知三联书店，2016：301-303.

㉓ 朱浒. 大象有形垂鼻辚囷：汉代中外交流视野中的大象图像研究 [J]. 故宫博物院刊，2016（6）：77-94.

㉔ 同㉓：89.

㉕ 高文. 四川汉代画像石 [M]. 成都：巴蜀书社，1987：28.

㉖ 同❶：286.

㉗ 林移刚. 狮子入华考 [J]. 民俗研究，2014（1）：69.

第三节

巴蜀汉阙与山东、河南汉阙图像艺术之比较

山东、河南是中国汉阙的另外两个主要分布地区。山东以嘉祥县武氏祠双阙为代表，此外还有平邑县的功曹阙和黄圣卿阙、莒南县孙氏阙、泰安市师旷墓阙等。河南地区以登封市的少室阙、太室阙、启母阙三阙为代表。山东、河南的汉阙具有地域代表性，是研究两汉时期山东、河南地区的政治、经济、文化、民间习俗等状况的珍贵资料。巴蜀汉阙与山东、河南的汉阙虽然有非常明显的地域文化特征差异，但是仍然存在一部分共同的文化因素。

一、巴蜀汉阙与山东、河南汉阙图像艺术之差异

第一，从图像刻饰位置看，巴蜀汉阙与山东、河南汉阙的差异非常明显。前文已提及巴蜀汉阙图像布局整体呈上密下疏的特点，升仙题材类型的图像总是集中分布于楼部正面拱间居中或顶层等最醒目位置，这样的布局使图像类型主次分明、重点突出，凸显了巴蜀汉阙以墓主升仙为主题的核心思想。而山东的嘉祥县武氏祠双阙，莒南县孙氏阙，平

邑县功曹阙及黄圣卿阙等，其图像布局皆呈整体上疏下密的特点，图像均匀分布于阙身四面，阙身偏上方位置多为明君贤臣等人物故事类的图像。显然，山东汉阙更注重对儒家文化、礼教观念、等级思想的推崇与宣扬。河南登封市的太室阙、少室阙、启母阙等的图像集中刻饰于阙身四面，分布较为均匀，阙身侧面的图像较细碎繁多。总体来说，山东、河南汉阙的楼部图像不多，一般仅刻饰少量简单、抽象的圆圈纹、穿璧纹等几何图案，其阙楼顶部拱间亦少有图像，而此处却是巴蜀汉阙最重要的图像刻饰位置之一。

第二，巴蜀汉阙与山东、河南汉阙在图像题材上具有部分共同因素，其图像内容亦具有较高的相似性。例如，雅安市高颐阙、绵阳市平阳府君阙、雅安芦山县樊敏阙等蜀地汉阙中刻饰着周公辅成王、高祖斩白蛇、博浪沙锤秦王、季札挂剑、师旷鼓琴等两汉时期广为流传的历史人物故事图像，而这类图像母题正是山东汉阙图像艺术的一个显著特征；蜀地汉阙刻饰有大量的车骑出行图，这亦是山东、河南汉阙最为常见的图像母题之一；巴地渠县诸阙与河南登封三阙有相同的青龙、白虎、朱雀、铺首衔环、蟾蜍、执杖方士、仙人等图案题材，其中，渠县的沈府君阙、王家坪无铭阙的玉兔捣药图与河南登封市的少室阙、启母阙中的月宫图非常相似，渠县王家坪无铭阙还刻有一女仙取药图，其造型竟然与河南登封市启母阙中的反弓杂技图惊人的一致。但从总体上看，蜀地汉阙与河南、山东具有更为明显的趋同性，这似乎表明蜀地汉阙图像艺术受中原文化影响更为深刻。

但是，巴蜀汉阙与山东、河南汉阙的图像题材及内容之间的差异性却更为明显。例如，山东嘉祥县武氏祠阙虽有大量的表现升仙的人物进谒拜见、车马出行等图案，但其阙身上层显要位置却多为周公辅成王、孔子见老子等历史人物故事图像，这使仙界充满了人间的礼制等级秩序、封建伦理道德；河南登封市启母阙多刻饰车马出行、百戏、蹴鞠、斗鸡、狩猎等场景，以及少量的大禹化熊、郭巨埋儿等历史人物故事图像，还有一些仙禽神兽祥瑞图案，而升仙题材类型的仅有日御羲和、蟾蜍、玉兔、月宫、仙人执杖等几幅图像，登封市的少室阙和太室阙亦刻有大量的训象、斗鸡、车马出行、进谒、宴饮以及少量龙、凤、仙禽、神兽等图像。总之，河南汉阙以大量的人间生活场景类图像题材来表现想象中的仙界场景，其内容明显折射出权贵豪族阶层的奢靡生活景象。这种差异从侧面反映出神仙信仰在汉代巴蜀地区更为流行。

　　第三，在虎图像元素方面，巴蜀汉阙与山东、河南汉阙在具体组合图式、表现形式、象征寓意等方面存在较大差别。虎图像在巴蜀汉阙中地位极其突出，除了白虎衔璧绶图之外，虎图像通常是以固定的一人二虎或双虎相戏的组合图式出现的，并以高浮雕形式刻饰于楼部拱间或顶层转角处等显要位置。此类图式中的虎既是墓主升天的交通工具，又是象征西方昆仑世界的祥瑞符号。在巴地汉阙中，白虎还具有墓主转世的特殊含义，是賨人尚武精神的标识符号。而在山东、河南汉阙图像中，虎往往以减地平级浅浮雕形式刻饰，视觉效果并不突出，亦没有人与虎的组合图式。例如，山东嘉祥县武氏祠阙有龙与虎，虎与熊、鹿，对称双虎等多种组合图式。河南登封市启母阙有猛虎扑鹿，虎与常青树，龙、虎以常青树作左右对称等图式；登封市少室阙亦刻饰有龙、虎以常青树作左右对称，虎与斗鸡，虎与马、羊、鹿等动物的组合图式；登封市太室阙则刻饰有虎食鬼魅图[1]。可见，山东、河南汉阙强调的虎是一种驱邪纳吉、保护墓主魂魄、助人升天的威猛瑞兽,属汉代四灵之一。

第四,从雕刻技法来看,巴蜀汉阙除了小面积的仙境云气纹、车马出行图为减地平级浅浮雕之外,其余的英雄戏虎、双龙、双虎、仙人、仙禽、异兽等图像多使用高浮雕表现手法,甚至以圆雕手法来表现角神形象,因此,巴蜀汉阙图像艺术于整体上呈现出生气勃勃、张力十足的气势,尤其是巴地渠县汉阙,其线条锋锐有力、劲挺洒脱,洋溢着豪放不羁、刚健粗犷的巴賨艺术精神。山东、河南汉阙虽然亦运用了高浮雕表现手法,但仍然以减地平级浅浮雕作为图像的主要表现手法,其石面肌理平整细腻、线条均匀柔和、造型方正端庄。春秋时期,鲁国为齐鲁儒学起源地,汉王朝以儒家思想治国,儒学在中原生根,成长壮大,最终成了中原文化的最主要内容,也成了中国传统文化的核心❷。儒学代表着大汉帝国的正统法度和思想权威,山东、河南汉阙文化深受儒风影响,崇尚儒家"温良恭俭让""修身齐家,治国平天下"等思想,这造就了山东、河南汉阙图像艺术的静穆内敛、规矩沉静之气,但同时又给人一丝严肃呆板的心理感受。

除了图像艺术之外,巴蜀汉阙与山东、河南汉阙的整体造型特点亦有明显差别。前文已经提及巴地渠县汉阙阙身多呈独石侧脚式造型,阙身的开间与进深尺度比例差距不是很大,阙顶均为重檐庑殿式造型,子、母阙之间以榫卯结构相接。山东、河南汉阙的阙身上下宽度相等,开间与进深尺度差距明显,河南汉阙更为宽扁;山东嘉祥县武氏祠双阙、泰安市师旷墓阙的阙顶均为重檐式,平邑县功曹阙、黄圣卿阙均为单檐式,以上山东汉阙的子阙与母阙紧密相接;河南登

图 2-12　渠县王家坪无铭阙斗拱

图 2-13　渠县冯焕阙斗拱

图 2-14　渠县沈府君阙斗拱

图 2-15　渠县赵家村西无铭阙斗拱

　　封市三阙结构大致相同，阙顶均为单檐式，母阙和子阙连为一个整体[3]。总之，巴地汉阙与山东、河南汉阙的造型区别最为明显，而蜀地汉阙的阙身造型与山东汉阙较为接近。

　　对于汉阙斗拱式样的表现，巴蜀汉阙皆运用高浮雕形式予以突出强调，造型优美生动，且其形制十分丰富。据学

图 2-16　山东平邑县功曹阙斗拱

图 2-17　山东平邑县黄圣卿阙斗拱

图 2-18　山东嘉祥县武氏祠阙斗拱

外，渠县汉阙楼部转角处多刻有斗拱。山东、河南汉阙的斗拱造型则明显单一得多，其中，除了平邑县的功曹阙和黄圣卿阙东、西阙这三阙的转角斗拱造型为高浮雕之外，嘉祥县武氏祠双阙中仅有减地平级刻的栌斗造型，斗拱与石面高差很小，看起来毫不引人注目（如图 2-16、图 2-17、图 2-18 所示），山东泰安市师旷墓阙和河南登封市三阙均未刻饰斗拱。可见，巴蜀汉阙比山东、河南汉阙更加注重阙楼建筑结

图 2-19　成都市郊画像砖

第二章 升天之门——巴蜀汉阙

047

图 2-20
重庆璧山画像砖

图 2-20 所示),画面显得生趣盎然。山东、河南汉阙造型十分简略,在山东、河南地区汉画中的汉阙,多数被概括为由三角形、梯形、柱形等几何图形组成的抽象图案,甚至仅为一柱形与两梯形组成的"树"状几何形❺,远不及巴蜀地区汉画中的汉阙那般生动有趣。可见,在山东、河南地区的丧葬文化中,汉阙被赋予了更为重要的深刻内涵,不仅象征着墓主显赫、尊贵的身份地位,而且是对墓主的功勋以及忠孝节义行为的褒奖、赞扬。汉阙是统治阶级重要的思想教化工具,关乎墓主及其家族的荣耀声望。因此,汉阙建筑造型是否逼真具体在人们眼里并不紧要。有学者指出,汉阙是汉代建筑的一种特殊建筑群体,是封建皇权的象征,是阶级社会用以"别尊卑"的标志,是区别封建等级制度的标尺❻。这一论述正是山东、河南地区汉阙的存在意义的真实写照。

二、巴蜀汉阙与山东、河南
　　汉阙差异化成因分析

前文分别从图案刻饰位置、图像题材、图像组合、雕刻手法、建筑造型等方面对巴蜀汉阙与山东、河南汉阙的共性和个性进行了简述。从总体上看，巴蜀汉阙比山东、河南汉阙更富有浪漫虚幻、诡秘神异的艺术特质，亦更具有铺张扬厉、洒脱不羁的蓬勃生气。色伽兰曾感叹道："汉朝为强健战斗生气活泼之皇朝，其艺术之特性亦同，即在造墓艺术之中，从未稍露死丧之意。"❼这一评价用于巴蜀汉阙是尤为贴切的。而山东汉阙则更多地表现出对儒家礼教文化及治国理政思想的关注，其图像艺术风格明显带有儒家文化气息；河南汉阙则对上层阶级所崇尚的人间现实的享乐生活有更为突出的表现，其图像艺术风格具有较明显的愉悦、轻快的享乐主义色彩倾向。

巴蜀汉阙与山东、河南汉阙图像艺术的共性元素体现了秦汉时期巴蜀文化的染秦化与汉化之后的发展状况。巴蜀文化在秦"车同轨、书同文"的文化统一政策的影响下，不再作为一个独立发展的文化系统而存在，而是作为与整个中华民族文化发展大体同步而又保持着强烈的地方特色的地域文化而存在与发展❽。巴蜀汉阙正是晚期古巴蜀文化在逐渐融入中华民族主体文化过程中的历史产物，它生动地体现了中原文化厚葬之风和封建礼教制度对汉代巴蜀文化的深刻影响，以及汉代巴蜀人对"事死如事生""世以厚葬为德、薄终为鄙"的汉代礼制和民俗文化的无比重视，亦显示了巴蜀人对大汉帝国的封建统治秩序、社会伦理道德思想的认同与推崇。

不同地域、民族的文化差异则是形成巴蜀汉阙与山东、河南汉阙的明显差别的根本原因。例如，巴蜀汉阙体现出以竹木为主的西南干栏式建筑对其形制的重要影响；巴蜀汉阙通过图像艺术突出了巴蜀地区浓厚的鬼神思想和升仙信仰，以及巴蜀人热情奔放、积极进取、神秘浪漫的艺术精神，可见巴蜀文化作为一种独具特色的西南地域文化，既具有强烈的生命力和个性精神，又具有包容开放的胸襟，因此中原文化对巴蜀地区的影响有限。而山东、河南汉阙造型则源于北方以土石为主的建筑结构，并偏重于强调阙作为一种高规格的封建礼制性建筑，主要用以炫耀与标榜墓主生前显赫的身份地位和伟大的功勋，具有浓厚的社会现实性。

令人难以置信的是，在上至秦皇汉武、下至民间百姓都热衷于寻仙炼丹、迷恋长生不老神话及神仙方术的中原地区，其汉阙中升仙题材类的图像内容却远不及千里之遥的巴蜀汉阙那样丰富多彩，尤其是巴地渠县汉阙，其图像视觉程序布局井然有序，以墓主升仙为核心思想，按照时空先后顺序的叙事手法，通过阙身、阙楼由下而上地将墓主灵魂进入仙界、寻仙求药的活动过程，他可能遭遇的或期望出现的重要场景和精彩故事以连环画式的图像叙事手法完整地展现出来。从巴蜀汉阙图像艺术中，我们能够窥到汉代巴蜀鬼神仙道思想的发展状态。巴蜀汉阙是古代巴蜀地区"信巫鬼、重淫祀"之遗风，根植于古老悠远的原始巫觋文化，这也印证了顾颉刚先生关于"仙和神仙思想源自于西部"的观点（顾颉刚《〈庄子〉和〈楚辞〉中昆仑和蓬莱两个神话系统的融合》）[9]。段渝教授亦指出"灵山在嘉陵江流域阆中之东，为巴人中的板楯蛮（賨人）世居之地，又称仙穴山，四川盆地东部及长江三峡一带的神秘巫风乃是兴起于巴地，而后顺江东下出三峡，滥觞于江汉之间"[10]。

❶ 张孜江, 高文. 中国汉阙全集[M]. 北京: 中国建筑工业出版社, 2017: 178-242.

❷ 王保国. 中原文化与中国文化的形成[M]. 上海: 上海古籍出版社, 2008: 1.

❸ 同❶: 136-242.

❹ 徐文彬, 谭遥, 龚廷万, 等. 四川汉代石阙[M]. 北京: 文物出版社, 1992: 13.

❺ 刘宗超. 汉代造型艺术及其精神[M]. 北京: 人民出版社, 2006: 46.

❻ 龚廷万, 龚玉. 关于汉阙研究尚待商榷的问题[J]. 四川文物, 2011(3): 61.

❼ [法]色伽兰, [法]郭鲁柏. 中国西部考古记·西域考古记举要[M]. 冯承钧, 译. 郑州: 中州古籍出版社, 2017: 11.

❽ 袁庭栋. 中华文化通志·地域文化典·巴蜀文化志[M]. 上海: 上海人民出版社, 1998.11.

❾ 中华文史论丛[M]. 上海: 上海古籍出版社, 1979: 2.

❿ 段渝. 巴蜀文化史[M]. 成都: 四川人民出版社, 2012: 63.

渠县汉阙，是位于四川省达州市渠县的六处七尊汉阙的统称。渠县汉阙在中国汉阙文化中占据着至关重要的地位。渠县汉阙的书法、建筑、图案等石刻艺术，不只是汉代中原政权大一统思想的反映，更是从诸多细节上体现了典型的巴賨文化地域特征，它让我们深切感受到了古代巴賨民族在中华民族大融合进程中所展现出的锐意进取、朝气蓬勃、奋发有为的昂扬斗志。渠县汉阙在建筑艺术、书法艺术上均具有很高的研究价值，其图像雕刻艺术更是为我们研究晚期巴賨文化提供了直观生动的图像资料。渠县汉阙对了解汉代巴人的原始图腾崇拜遗风、民族性格、风土人情、生活状况等内容，具有真实可信的参考意义。尤其是渠县汉阙石刻图像艺术所蕴含的古代巴賨民族刚毅勇敢、开拓创新的精神风貌，是非常值得当代中国人弘扬与传承的。

第三章

賨人辉煌历史的见证者——渠县汉阙

第一节

渠县汉阙
与宕渠賨人的关系

渠县，今隶属四川省达州市，为川东地区一灵山秀水之地。这是一个古代文化遗迹异常丰富而绚烂的神奇之地。巴蜀地区共存 20 多处汉阙，渠县就拥有其中 6 处，竟占了全国较完好的 29 处汉阙的约五分之一，是中国汉阙数量最多、分布最为集中的一个片区。经过了近两千年的沧桑岁月，渠县汉阙仍然坚强地挺立在渠县的土溪镇与岩峰镇之间的旧时官道上。如今，这条山间公路早已被修整一新，并被命名为"汉阙路"。从土溪镇沿着汉阙路向岩峰镇方向行进，十公里以内依次分布着冯焕阙、沈府君阙、蒲家湾无铭阙、王家坪无铭阙、赵家村东无铭阙、赵家村西无铭阙（如图 3-1 所示）。

渠县汉阙的举世闻名得益于法国传教士兼考古学家色伽兰。1914 年，色伽兰考察了渠县汉阙，并于 1923 年在其专著《中国西部考古记》中发表了迄今为止最早的 19 幅渠县汉阙照片，引起了海内外人士极大的兴趣和轰动[1]。1939 年，梁思成、刘敦桢、陈明达等学者专程到四川考察渠县汉阙。从此，渠县汉阙吸引了无数著名的中外考古学者、建筑

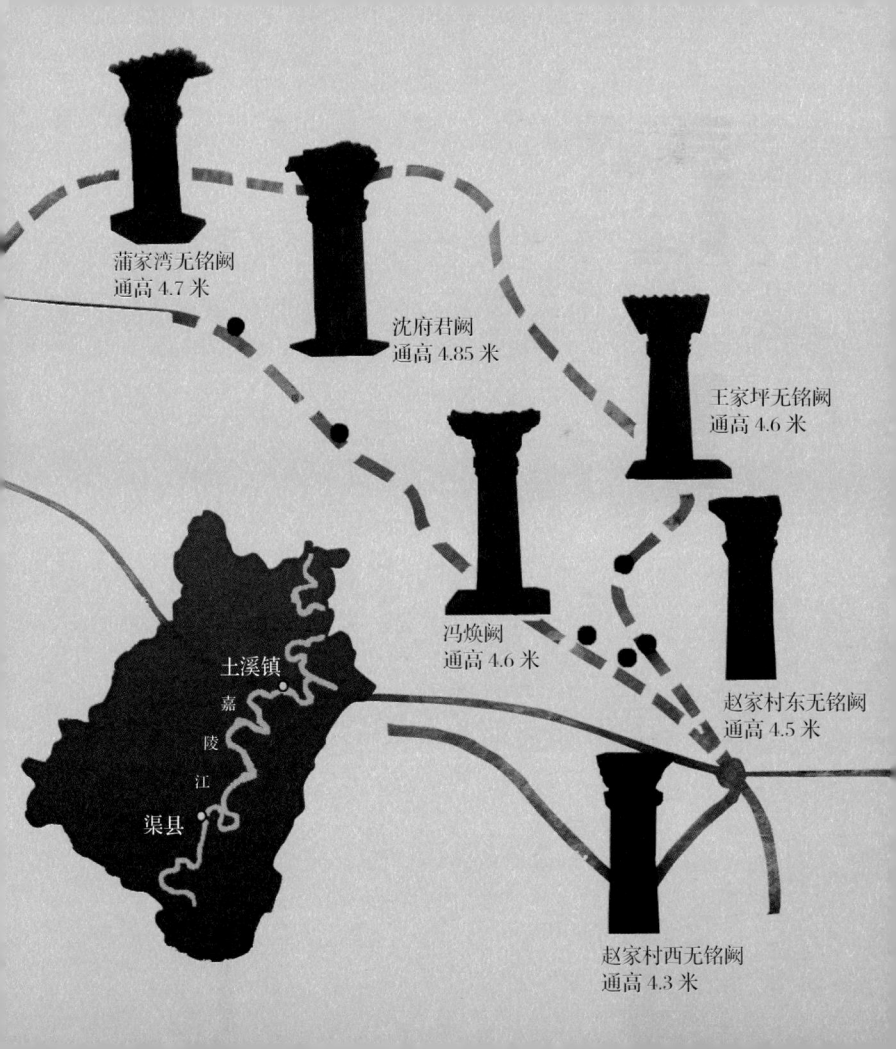

蒲家湾无铭阙
通高 4.7 米

沈府君阙
通高 4.85 米

王家坪无铭阙
通高 4.6 米

冯焕阙
通高 4.6 米

赵家村东无铭阙
通高 4.5 米

土溪镇

嘉陵江

渠县

赵家村西无铭阙
通高 4.3 米

学家、民俗学家以及艺术家们的目光，他们纷至沓来，有人甚至数次前往，渠县汉阙上的画像石、浮雕图案及书法铭文等的拓片亦在海外传播。

渠县汉阙的特殊性，不仅是因为它是汉文化遗存，具有特殊的艺术价值，更在于渠县汉阙的创造者很可能就是賨人或其后裔。先秦时期，渠县曾是古代巴国腹心之地，其"蛇巴"賨人的历史古老而悠久，1991年版《渠县志》载：一万年至两万年前，渠县土地上已有人类活动；一万年至四五万年前，渠县已有原始村落。其土著人为蛇巴。因秦汉时期"蛇巴"以麻布缴赋，而谓赋为賨，賨人由此得名。商朝建制"巴方"，治地"城坝"，称"蛇种"巴人。西周建成"賨国"，治地"城坝"，称"巴"（蛇巴）。❷ 周朝后期，另一支强大的廪君种巴人部族（虎巴）逐渐由鄂西清江流域沿长江西行进入峡江地区，占据了今重庆及川东广安、达州等地，当地土著賨人逐渐臣服于巴人，成为巴人的一支重要部族❸。公元前316年，秦灭巴蜀之后，秦在原賨国设宕渠县，治所设于賨城，即宕渠城。

《华阳国志》载："长老言，宕渠盖为故賨国，今有賨城、卢城。"❹《太平寰宇记》载："汉宕渠郡……其城后汉车骑将军冯绲增修，俗名车骑城。"❺ 冯绲正是渠县冯焕阙墓主冯焕之子。历史上，宕渠作为賨人重要的聚集之地，屡次为州、郡、县治，一直都是川东北地区的政治、经济、军事、文化中心，直至东晋末，战乱连绵，宕渠城被南中僚人（"僚"是中国古代岭南和云贵地区的上承骆越、下启汉藏语系、壮侗语族的各民族的泛称❻）毁为废墟，賨人失去故园，徙迁他乡。近年来，四川省文物考古研究院在渠县土溪镇城坝村发掘出大量的汉代城墙、官府衙门、墓葬区、生活区、津关等遗址,并于2018年发现了多枚刻有"宕渠"字样的东汉瓦当,有力地证实了城坝遗址即有着800余年历史的宕渠城。城坝遗址亦是川东地区目前时间最早、规模最大、历时最长的一处古城遗址。学者们推断,宕渠即是古籍中所说的古賨城,它很有可能是巴人最后的栖息地。

賨人是四川盆地东部、北部分布最广、最具影响力的一支巴国族群,秦汉时被称为板楯蛮或弜头虎子,在《史记》《后汉书》等史籍中被视为"西南蛮夷"。賨人对长江上游的嘉陵江、渠江流域的巴文化和长江三峡地区的巴楚文化的创造,均有着不可磨灭的重要贡献。賨人以骁勇善战、俗好鬼巫、能歌善舞三大特点著称于世。《华阳国志》载:"周武王伐纣,实得巴蜀之师,著乎《尚书》,巴师勇锐,歌舞以凌殷人,殷人倒戈。"❼ 学者王建伟结合任乃强和蒙文通两位先生的观点认为:"《尚书·牧誓》所谓助武王伐纣的西土八国中的'彭'之主力即是賨人,賨人为周朝统一大业立下了赫赫战功。"❽《华阳国志》又载:"阆中有渝水,賨民多居水左右,天性劲勇。初为汉前锋,陷阵,锐气喜舞。帝善之,曰:'此武王伐纣之歌也。'"❾。可见,賨人常以精锐前锋、陷阵死士的勇猛形象出现,因其彪悍烈直、尚武善战,号为"神兵"❿"瞎巴"⓫。两汉时期,賨人为维护汉帝国的稳定南征北战、驰骋沙场,立下了卓越功勋。林向教授认为,目前川东地区考古发现的宣汉罗家坝、渠县城坝等巴文化遗址,称为巴賨文化遗址更为贴切。⓬

本书认为賨人是川东巴賨文化和宕渠城辉煌历史的创造者,也是賨人在与宕渠城一江之隔的土溪建造了渠县汉阙。考古证实,渠县汉阙建造时间最早为东汉安帝元年(114),最晚为西晋(265—317),但多数为东汉中、后期所建。1956年，渠县汉阙被列为四川省第一批文物保护单位。1961年，渠县汉阙中的冯焕阙和沈府君阙被列为全国重点文物保护单位。2001年，国务院将渠县六处七尊汉阙作为第五批全国重点文物保护单位进行了合并，合称为"渠县汉阙"。2009年，渠县被中国文物协会正式命名为"中国汉阙之乡"[13]。2015年，中国第一个以汉阙为主题的博物馆——中国汉阙文化博物馆在王家坪无铭阙附近建成，它开启了渠县汉阙通过现代传媒向世人展示汉阙文化魅力的时代新篇章。

　　除了渠县汉阙，巴蜀地区的汉阙还应包括重庆的忠县丁房阙、乌杨阙、无铭阙、邓家沱阙，以及江北区盘溪无铭阙、万州区武陵阙等巴渝汉阙，但重庆汉阙的图像刻饰数量及内容远不及渠县汉阙丰富精彩，石刻技法整体上较渠县汉阙粗略生硬很多，保存程度亦不如渠县汉阙完好，很多建筑构件，角神、辟邪（天禄）兽首图案及铭文疑为后世宋、明时期及现代增补，其研究价值远不如渠县汉阙。因此，本书主要以渠县汉阙作为巴地汉阙代表进行详述。

❶ 梅海泉.汉阙之乡:渠县[M].成都:四川人民出版社,1994:76-77.
❷ 四川省渠县志编纂委员会.渠县志[M].成都:四川科学技术出版社,1991:48.
❸ 彭金祥.从罗家坝等川东考古遗址谈巴賨文化[J].广西社会科学,2011(7):147.
❹ 常璩.华阳国志译注[M].王启明,赵静,译注.成都:四川大学出版社,2007:40.
❺ 乐史.太平寰宇记[M].北京:中华书局,2014.
❻ 李艳峰,曾亮.中国南方古代僚人源流史[M].昆明:云南大学出版社,2016.
❼ 同❹:4.
❽ 王建伟.《牧誓》之"彭"与賨人歌舞[J].四川文物.1998(5):63.
❾ 常璩.华阳国志译注[M].王启明,赵静,译注.成都:四川大学出版社,2007:11.
❿ 同❾:24.
⓫ 李大师,李延寿.北史[M].北京:中华书局,2013.
⓬ 马幸辛.川东北考古与巴文化研究[M].成都:西南交通大学出版社,2011:3.
⓭ 罗洪忠.賨人故里:一幅用賨人文化碎片拼成的图[M].上海:学林出版社,2012:65.

第二节

渠县汉阙产生的巴賨社会背景

渠县在东汉中后期建造了如此规模庞大、巍峨壮观的汉阙群,必然与宕渠当时的经济、政治、文化、思想等多种因素密不可分。

春秋战国之际,湖北清江流域的廪君巴人深入尚处于新石器时代晚期的川东腹地,他们不但传播了青铜文化,也促进了当地的陶器、纺织、采矿、竹木漆器、酿酒以及农业生产的长足发展❶。秦灭巴蜀后,郡县制的推行、巴蜀丰富的资源,为四川地区经济文化的繁荣发展创造了条件❷。两汉时期,中原移民大量迁入巴蜀,他们带来了先进的生产工具和生产管理方法,巴賨地区的盐业、纺织业、造船业、建筑业、漆器等生产都有很大发展。《华阳国志》记载宕渠郡设有铁官❸。宕渠东、西、北三面环山,岭谷众多,交通不便,也因此少受战争纷扰。经过西汉文景之治、孝宣之治,以及东汉光武中兴、明章之治,至东汉安帝年间,宕渠进入辉煌灿烂的发展时期,人口众多、经济繁荣,当地达官显贵、豪族地主手里聚集了大量财富,这为建造汉阙奠定了雄厚的经济基础。

秦灭巴蜀后，为了巩固统治，以羁縻政策笼络原巴地王侯贵族，对巴地采用了大姓统治、以夷制夷方式，设宕渠道管理当地族群，至西汉初年由"道"改"县"[4]。《后汉书》载："秦惠王并巴中，以巴氏为蛮夷君长，世尚秦女，其民爵比不更，有罪得以爵除。其君长岁出赋二千一十六钱，三岁一出义赋千八百钱。其民户出幏布八丈二尺，鸡羽三十鍭。汉兴，南郡太守靳强请一依秦时故事。"[5]又载："秦昭襄王时……巴郡阆中夷人，能作白竹之弩，乃登楼射杀白虎。昭王嘉之，乃刻石盟要，复夷人顷田不租，十妻不算，伤人者论，杀人者得以倓钱赎死。……至高祖为汉王，发夷人还伐三秦……复其渠帅罗、朴、督、鄂、度、夕、龚七姓，不输租赋，余户乃岁入賨钱，口四十。"[6]至东汉，大批杰出賨人进入汉帝国政治管理高层，甚至成为天子近臣。《华阳国志》载："宕渠郡……县民车骑将军冯绲、大司农玄贺、大鸿胪庞雄、桂阳太守李温等，皆建功立事，有补于世……"[7]这些賨人文韬武略、功勋卓著，在其墓前建阙立碑以光耀门庭、荫庇后世子孙。这亦有秦汉时期宽松的民族政策的影响。

秦汉以来，除了政治统一，中原王朝对巴地亦推行统一的文化政策。秦统一文字，汉武帝时期创办太学，皆促进了巴地官办教育的正规化。两汉时期，中原移民不断迁入巴蜀地区，中原地区的生活方式、风俗习惯、衣着服饰、音乐艺术及思想观念随之传入，中原地区流行的婚丧嫁娶等各种仪式，攀比富贵、追求物质享受的生活作风亦在巴蜀地区广泛流传开来[8]。考古发现，城坝遗址出土的东汉中晚期至三国蜀汉时期的文物中，砖室墓、釉陶器以及家禽和人物俑等明器普遍流行，同时随着冯焕、冯绲父子相继在中原地区为官，宕渠城增筑，中原文化深入巴地各个区域❾。宕渠古城出土的文物中，有一枚汉简上清晰可见"仓颉作书，以教后嗣"字样，学者们推断，此为秦汉时期标准化儿童启蒙识字课本《仓颉篇》的残件，这无疑是汉文化在巴地传播的直接证明。渠县汉阙正是汉代巴賨地区在汉文化"别尊卑，明贵贱"思想的影响下，向中原文化

看齐的历史遗存,是一种体现封建等级礼制的高规格建筑。

除了经济、政治、文化等因素之外,渠县汉阙的产生亦是巴賨地区本土民俗与汉代厚葬之风相结合的思想产物。《华阳国志》载:"巴国土风敦厚,有先民之流。故其诗曰:'川崖惟平,其稼多黍。旨酒嘉谷,可以养父。野惟阜丘,彼稷多有。嘉谷旨酒,可以养母。'"又曰:"其

祭祀之诗曰：'惟月孟春，獭祭彼崖。永言孝思，享祀孔嘉。彼黍既洁，彼牺惟泽。蒸命良辰，祖考来格。'"⑩ 以上这些先秦巴人诗歌生动地反映了巴人感念先祖、孝敬双亲、重视养育之恩的孝道德行和祭祀鬼神的巫觋思想。汉代是一个神仙思想极盛的时代，人们相信人死后灵魂不灭，将进入另一个世界与鬼神共存，由此形成了"事死如事生"的厚葬之风。这恰好满足了巴賨民众在汉文化占据主导地位的历史背景下，为其原有的"重孝道、喜祭祀、信巫觋、好神仙"的巴賨民族信仰找到一种新的表现载体的需求。因此，渠县汉阙实际上是一种集封建等级思想、孝亲思想、宗教信仰、神仙思想于一体的精神载体。

近年来，宕渠城出土了不少两汉时期的造型生动、做工精巧的陶质歌舞俑、抚琴俑、动物俑等墓葬明器，充分说明了巴賨地区在汉代厚葬之风的影响下出现了大量从事丧葬行业的良工巧匠。学者卜友常指出，早在西汉末年以及黄巾起义爆发时，由于战争，大批南阳人迁入巴蜀地区，南阳汉代画像石粉本向西南巴蜀地区传播，促进了文化艺术的融汇。受南阳汉画像石艺术的影响，巴蜀汉代画像石的雕刻技法和造型风格与南阳的颇为相似。⑪ 据此推测，渠县汉阙的建造很可能直接或间接地受到南阳石刻艺术的影响。

❶ 谭红.巴蜀移民史[M].成都:巴蜀书社,2006:16-18.
❷ 董其祥.巴史新考续编[M].重庆:重庆出版社,1993:111.
❸ 常璩.华阳国志译注[M].王启明、赵静,译注.成都:四川大学出版社,2007:40.
❹ 四川文理学院巴文化研究院,四川文理学院秦巴文化产业研究院.巴文化研究第二辑[M].成都:四川大学出版社,2018:113.
❺ 范晔.后汉书[M].郑州:中州古籍出版社,1996:823.
❻ 同❺:824.
❼ 同❺:40.
❽ 谭红.巴蜀移民史[M].成都:巴蜀书社,2006:52-55.
❾ 四川省文物考古研究院,渠县博物馆.城坝遗址出土文物[M].上海:上海古籍出版社,2014:80.
❿ 同❷:5.
⓫ 卜友常.汉代墓葬艺术考述[M].上海:上海三联书店,2015:55.

第三节

渠县汉阙概述

渠县汉阙在建筑形制、铭文风格、图像艺术等方面均具有明显的同一性，主要表现为：其一，渠县汉阙皆呈下宽上窄的侧脚式阙身造型，阙顶均为重檐庑殿顶样式。渠县汉阙整体上虽不如蜀地汉阙高大厚重，但仍然不乏威严、神圣之气势，有修长秀美、劲瘦挺拔之韵味。其二，冯焕阙、沈府君阙的铭文是研究汉隶书法艺术不可或缺的珍贵资料。其中，冯焕阙的铭文横向夸张，扁中取势，气势恢宏生动，与其建筑风格相得益彰，结体紧劲、笔势张扬飞动，比《曹全碑》古拙，比《石门颂》秀雅，为汉隶碑刻中少见，实为四川隶书碑刻的代表。❶ 洪适在《隶释》中指出：沈府君阙、冯焕阙及王稚子阙，其铭文皆为典型的八分书，八分书是一种撇捺舒展、波磔飞动的隶书，亦是东汉隶书成熟的标志，即张怀瓘所谓"作威投戟、腾气扬波也"❷。其三，渠县汉阙的图像母题及具体内容、表现手法及艺术风格具有同一性。本书重点研究的是容易被学者们忽略的"无字之物"，即汉阙图像艺术。

图 3-2　渠县冯焕阙（摄于 2018 年 2 月）　　图 3-3　渠县冯焕阙（摄于 2021 年 2 月）

一、冯焕阙

　　冯焕阙为渠县汉阙群中最杰出者。该阙是渠县汉阙中唯一有明确的墓主姓名、具体身份以及建造时间的一尊汉阙，它对于其余五处渠县汉阙的建造年代的考证有着重要的参考价值。2018 年春，笔者首次考察冯焕阙时，仅见院墙保护而无顶部遮盖（如图 3-2 所示）。2021 年春，笔者再访时，发现渠县六处七尊汉阙皆已采取了围墙保护、顶部遮盖等保护措施（如图 3-3 所示）。

　　冯焕阙的墓主冯焕，是东汉安帝时期巴郡宕渠人。《后汉书·孝安帝纪》载："建光元年春正月，幽州刺史冯焕率二郡太守讨高句骊、秽貊，不克。"❸ 冯焕之子冯绲，东汉桓帝时拜车骑将军及廷尉。《后汉书·冯绲传》载："冯绲字鸿卿，巴郡宕渠人也……父焕，安帝时为幽州刺史，疾忌奸恶，数致其罪，怨者乃诈作玺书谴责焕、光赐以欧刀。又下辽东都尉庞奋使速行刑，奋即斩光收焕。焕欲自杀，绲疑诏文有异，止焕曰：'大人在州，志欲去恶，实无他故，必是凶人妄诈，规肆奸毒。愿以事自上，甘罪无晚。'焕从其言，上书自讼，果诈者所为，征奋抵罪。会焕病死狱中，帝愍之，赐焕、光钱各十万，以子为郎中。"❹冯焕因其刚正不阿的高尚品德，深受渠县百姓及其旧部的敬仰爱戴，冯焕死后，人们为其建阙立碑，但碑现不存。洪适《隶释》载："此碑残，其中最末一段说'守以永宁二年四。'以此推断焕于永宁二年（121年）四月终。"冯焕阙当建于此时或稍后。❺

冯焕阙坐落于渠县土溪镇赵家村，原为东、西相对的子母阙，现仅存左阙母阙，其材质为黄砂石，阳光下呈微暖的浅橙灰色，色调古朴庄重。冯焕阙的阙身正面朝向南略偏西，阙通高约4.5米，现存阙基、阙身、阙楼、顶盖四个部分，总共由六层石材垒积而成。

冯焕阙的阙基由一块较大的长方形石板铺就。

冯焕阙阙身为一整石，高约2.5米，呈下宽上窄侧脚式造型，阙身一周刻六柱，作面阔两间、进深一间的结构。阙身正面两柱间，竖向刻着两行清晰完好的汉隶八分书铭文——"故尚书侍郎河南京令豫州幽州刺史冯使君神道"，"郎"字末竖拉长，既有垂笔延宕之美，又弥补了整体上密下疏之不足，其余文字大多有意拉长横笔，缩短竖笔，以扁取势。其中，"书、侍、南、京、君"等字的横笔中段略向上拱，收笔略向右上挑；"故、豫、史、使、道"等字的捺笔都向右下取纵势，以飘逸、生动之感将因扁势而产生的紧缩之感向外分散❻，笔画婉转流畅，飞纵舒张之间充溢着率真与灵性，总体上给人以匀称、整饬之感。冯焕阙无疑是东汉隶书浪漫抒情性的典型代表。❼铭文下方正中位置浅浮雕刻饰着一凌厉威严的铺首，立于阙前，与之对视，肃穆凝重之意油然而生。阙身其余三面均无刻饰。

冯焕阙楼部由三层整石垒积而成，由下至上第一层雕刻着栌斗和三层纵横相交的枋子；第二层雕刻着菱形方胜纹的四方连续纹样；第三层呈斗形，下沿一周刻有圆形几何纹，上部刻有六垛斗拱，正、背面各两垛，两个侧面各一垛，拱臂平直，其末端向上弯曲接于上方斗升，正面拱间浅浮雕刻一生动优美的青龙图案，龙爪前有一蟾蜍，背面拱间刻一玄武图案，两侧拱间无刻饰。

阙顶为一块整石，作双层重檐庑殿顶造型，檐石上刻有椽子、连檐、瓦当和瓦垅等建筑细节，瓦当上的草叶纹已漫漶不清，顶上脊饰已失。

冯焕阙为渠县汉阙中最庄重朴素、沉雄静穆者，其所刻图案数量最少，刻饰多以抽象几何纹样为主，雕刻手法洗练精致，造型简洁而又栩栩如生，这种风格正符合了墓主冯焕为官严正、刚直不阿、俭朴清廉的高尚德行。冯焕阙的稳重大气、肃穆内敛、淳朴庄严之风，亦是汉晋时期巴賨地区的民族性格和社会风尚的形象写照。《华阳国志》载："賨人质直好义、土风敦厚，有先民之流。"❽当然，也有学者认为冯焕阙之所以造型简洁，是因为冯焕病死于狱中，情况突然，下葬仓促。据载，其部属将他的遗体运回故里，冯焕豫州旧部，颍川、汝南等诸曹史、帐下司马10余人，为冯焕立碑，镌刻墓志。❾冯焕阙可能来不及按原计划刻饰更多的升仙题材类型的图像。以上两种情况都有可能。

二、沈府君阙

沈府君阙坐落于渠县水口乡汉亭村燕家场附近,是渠县汉阙中唯一的双阙俱存者,其子阙均已损毁,阙通高约4.8米,两阙相距20余米,阙身正面朝南偏东,材质为黄砂石。据该阙铭文可知,墓主沈氏曾在东汉中央军的南军历任谒者、北屯司马、左都侯等官职,还曾做过新丰县令,最高官至交趾郡太守,官秩两千石,因此符合陵墓前立双阙的汉阙礼制。[10]学者李同宗结合民国版《渠县志》及《华阳国志》《益郡志》等文献,推测认为,沈府君或为巴郡人沈稚,其最高官位为左都侯(侯即州牧,灵帝时改刺史为州牧,居于郡守之上,掌一州之军政大权)。[11]

对于沈府君阙的建造时间,多数学者认为其建造时间应略晚于冯焕阙。沈府君阙是渠县汉阙中保护措施做得最好的一处汉阙,之前修建了仿古石头围墙,近年又率先建亭遮盖顶部,大大延缓了其风化漫泐的进程。

沈府君阙的左、右两阙形制大致相同,均由阙基、阙身、阙楼、阙顶等四部分构成,具体如图3-4所示。

(一)左阙

沈府君阙左阙母阙阙基由一块不大的长方形整石铺成,无刻饰。

阙身为整石,高约2.8米,呈下宽上窄侧脚式造型,四角各刻一立柱,为仿面阔一间、进深一间的建筑结构。阙身正面上方居中刻一展翅朱雀图,朱雀头部左扬、尾羽右翘、左足悬空、右足独立。朱雀下方正中竖刻一行铭文——"汉

第三章 贾人辉煌历史的见证者

渠县汉阙

谒者北屯司马左都侯沈府君神道"，笔画细瘦遒劲。其中，"屯、左、沈、道"四字极佳，尤其是"沈"字末笔运笔肆意率真、飞扬舒展，透着一股不为绳墨所拘的烂漫神韵，尽显不羁洒脱、飘逸淋漓的豪杰山林气。此种铺张扬厉的汉隶书法风格实属罕见。铭文下方的石层脱落，原有铺首图案已不存；阙身背面无刻饰；阙身左侧面刻青龙衔璧绶图，图中系着绶带的玉璧悬于横枋之下，青龙用嘴紧咬绶带，身体弯曲呈巨大的S形，尾部卷曲刚劲，仿佛要腾云而去；阙身右侧面上方居中有一小碗大的圆孔，应为承接子阙榫头之功用。

左阙楼部结构形同冯焕阙，由两层整石构成，第一层刻三层纵横交错的枋子，四角栌斗与阙身立柱相接，阙楼正面居中高浮雕刻一狮形辟邪兽首图案，其头生双角，额部及面颊两侧鬃毛浓密，目似铜铃，神情凌厉，口衔一碧玉，两爪紧扣石层。阙楼四隅刻角神，头部多残缺不存，仅见右前角角神着右衽之衣，双脚盘坐，双手持一柱状物，左后角角神似为一大猴，其右爪及右肩各有一小猴；第二层整石分为上下两部分，下部一周剔地平刻浅浮雕西王母仙班图，图中西王母端坐于龙虎座上，其左、右两边布满了仙人、仙禽、异兽、奔兔、三足乌、蟾蜍、云气、仙草等图案，线条优美流畅、动态洒脱奔放。整石上部呈斗形，上刻六垛鸳鸯交手状的斗拱，正、背面各两垛，两侧面各一垛。正面拱间刻仙人持节乘白鹿图，其身后刻一玉兔捣药图，背面拱间刻董永侍父图。阙楼左侧面拱下刻英雄戏虎图，图中两虎相斗，中间有一勇士抓住一虎尾，奋力拖曳，虽造型稍显生硬，但其危险激烈的写实场景着实让人胆寒。

阙顶部分，其形制与冯焕阙相同，现存石材一层，为仿重檐庑殿式造型。残损严重，上檐、下檐均有椽子、连檐、瓦当、瓦垅及四角脊等造型，脊饰已不存。

（二）右阙（或称西阙）

沈府君阙右阙或称西阙，形制与左阙大致相同（如图3-5所示）。阙身正面亦刻展翅朱雀图，其下居中刻铭文——"汉新丰令交趾都尉沈府君神道"。其中，"丰、令、沈、道"四字笔画被刻意拉长，"沈、道"二字的书写尤为酣畅张狂。铭文之下刻一铺首，因其石层脱落而仅余铺首头顶尖凸的山形纹。阙身右侧面刻白虎衔璧绶图，图中白虎用嘴紧咬绶带，一只前爪紧拽绶带，身体弯曲呈S形，虎尾长而卷曲，充满了奋力腾跃的力量感。

沈府君阙右阙阙楼第一层四隅皆圆雕角神，损毁严重，仅可见左后角角神，为人身兽首，头生犄角，左手持一盾状物；正面居中刻一狮形天禄兽首图案，其头生独角，巨齿紧咬石层，其神情、动态与左阙的辟邪兽首图案相似。第二层下部刻有与左阙相似的西王母仙班图；上部正面拱间刻仙人持节乘白鹿图，但漫漶严重；背面和左侧面无刻饰；右侧面拱下刻一射猴射雀图，只见拱臂左边静立一鸟，它正俯瞰拱臂左端攀爬悬挂着的一只猴，拱下一人弓步下蹲，左手高举，身体倾斜，瞄准鸟和猴的方向引弓射击，皆动作夸张，造型生动，充满盎然生趣。

沈府君阙右阙阙顶形制与左阙大致相同，为仿重檐庑殿顶造型，已残损过半，左前角的角椽上缠一蛇，檐上的瓦当、瓦垅及角脊等残缺严重，顶上的脊饰已不存。

沈府君阙所刻图像数量繁多，内容丰富，是研究汉代巴賨地区的生产生活、风土人情等方面的珍贵资料。例如，沈

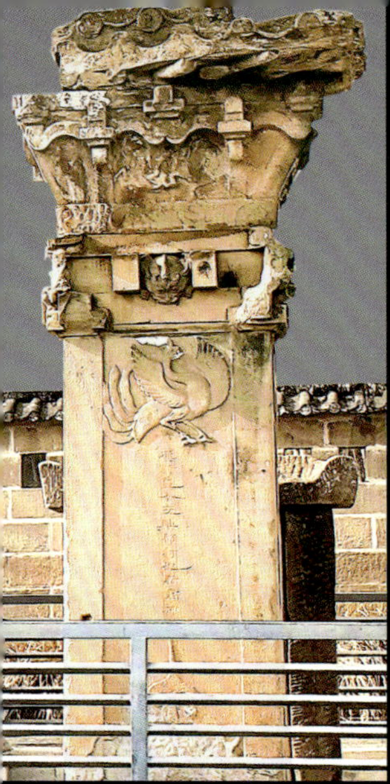
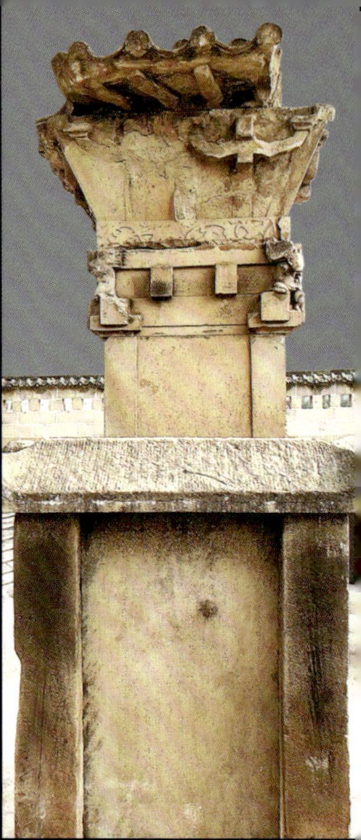
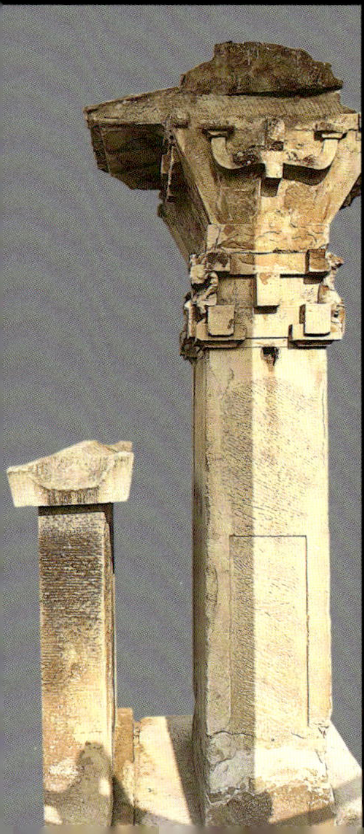
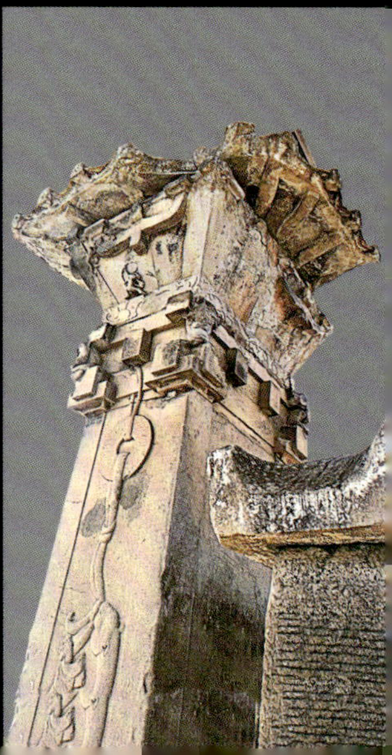

府君阙中的董永侍父图,图中董父坐于一独轮车之上,董永左手持铁锄恭立其旁。该图透露了三个信息:第一,沈府君阙与蒲家湾无铭阙均刻有独轮车图案,汉画中的独轮车形象多集中于巴蜀地区,如成都扬子山二号汉墓、成都市郊东汉墓,以及彭州、新都、广汉等地均有发现(党超:略论汉代的独轮车——兼谈文献中汉代"鹿车"事迹的独特文化内涵),[12]这说明独轮车(又称鹿车)作为简易交通运输工具,已在汉代巴蜀地区广泛用于生产生活;第二,铁制农具成为汉代巴賨地区的常见农具,同时,虽然賨人仍以渔猎经济为主,但农耕经济已是其重要的经济组成部分之一;第三,孝文化在汉代巴賨地区受到认同与推崇,这为汉代民族大融合奠定了深厚的思想基础。

  沈府君阙的建筑形制和雕刻手法与冯焕阙十分相似,但其图像艺术远比冯焕阙扬厉夸张,其豪杰山野之气远胜于冯焕阙,洋溢着巴賨民族的勃勃生气与积极自信的艺术精神。其阙上铭文在《隶释》《隶续》《汉隶字源》《舆地碑目》及方志中均有著录,日本的《书道全集》中也有收录。其右阙背后有一碑,为清道光二十九年渠县知事王椿源撰写的《并亦建汉谒者北屯司马左都侯新丰令交趾都尉沈府君神道碑亭记》,叙述了当时建亭保护沈府君阙的情况。[13]

三、蒲家湾无铭阙

  除了冯焕阙和沈府君阙之外,其余四处渠县汉阙均为无铭阙,即阙上未刻铭文以标明墓主姓名及官职、身份。在两千多年的中国封建社会里,建筑亦是体现等级礼制观念的载体之一,不论是阳宅还是阴宅,其建筑规模、样式都因主人

图 3-6
渠县蒲家湾无铭阙
（摄于 2018.2）

社会地位的高低尊卑而存在明显的等级差别。渠县的四处无铭阙皆未铭刻姓名、记功载绩,这也许是一种等级差异,阙主或者是低于"二千石"的官爵,或者是有地位的商贾。[14]汉代巴蜀地区远离中原政权中心,巴賨之地非富即贵者逾制立阙亦未可知。

从土溪镇向岩峰镇方向行进,见到的第一座渠县汉阙便是蒲家湾无铭阙。蒲家湾无铭阙坐落于渠县汉碑乡团林村,原为成双的子母阙,现仅存左阙主阙,材质为黄砂石,阙身正面向南微偏东。2018年春,笔者首次考察时,蒲家湾无铭阙还孑然立于田间。2021年春,笔者再访时,当地正在进行建亭保护、顶部遮盖施工。

蒲家湾无铭阙由阙基、阙身、阙楼(由三层整石组成)、阙顶等六层石材构成,通高约4.7米(如图3-6、图3-7所示)。

图 3-7
渠县蒲家湾无铭阙
(摄于 2021 年 2 月)

蒲家湾无铭阙阙基由一块长方形的整石铺成。

蒲家湾无铭阙阙身由上、下两块整石拼接而成，这一点与其他渠县汉阙阙身皆为独石的情况不同。阙身高约2.8米，正面上方居中刻一展翅朱雀，下方石层脱落殆尽。阙身左侧面刻一青龙衔璧绶图案，青龙头颈部分较长，龙角及眼睛刻画细腻，造型明显不如沈府君阙生动优美。阙身背面无刻饰。阙身右侧面凿有粗糙纹理，估计为留接子阙所用。

蒲家湾无铭阙阙楼由三层整石构成。下方第一层整石刻有栌斗和纵横交错的枋子，正面居中高浮雕刻一狮形独角天禄兽首图案，神情凶煞恐怖、威严无比。阙楼背面刻另一兽首图案与其相呼应，但因残损严重而较难辨识。四隅刻角神，唯有左前角的人形角神较为完好，裸上身、赤脚、低头蹲坐，双手置于大腿上。左后角角神亦为人形，左手执物，头部和右手已残毁。其余两隅角神仅余躯干部分。

第二层整石四周布满减地平刻浅浮雕西王母仙班图。该图正面居中为端坐于龙虎座之上的西王母，其左右各有一拜谒者，其后又有一人乘马，一人持筚捕猎。其余能分辨的有翼马、翼龙、朱雀、三足乌、九尾狐、双头鸟等仙禽、神兽形象，造型栩栩如生，动态优雅舒展。

第三层整石呈斗形，正、背面分别刻两垛拱臂相交的斗拱，拱臂呈弯曲波浪形，两侧面各刻斗拱一垛。正面拱间刻一仙人持节乘白鹿图，其身后刻一玉兔捣药图，玉兔低头蹲坐，其左手抱一石臼，右手执杵而捣。背面拱间有一漫漶模糊的董永侍父图案，其造型与沈府君阙的非常相似，董父坐于独轮车内，董永正在给老父亲喂送食物。该图两侧又各有一幅祥瑞图案。有学者认为其中一为嘉禾，一为三株树。[13]楼部左侧拱下刻一英雄戏虎图案，造型与沈府君阙大致相同，但更为形象生动。图左有一虎扑向右边俯伏于地的另一虎，一勇士头系小包帕，身着右衽及膝长衣，挽着衣袖，身体弓步下蹲，双手拼力紧拽虎尾，动作沉稳大气，神情泰然自若，毫无畏惧之情。图右有一人持竿观看。戏虎场面惊心动魄，令人屏气敛息，生动体现了賨人剽悍勇猛的性格和战斗气魄。

阙顶原为重檐庑殿顶，现存石材一层，残损近半。顶盖上刻有呈辐射状的椽子，檐上刻有连檐、瓦当、瓦垅等，顶上脊饰已不存。

蒲家湾无铭阙的形制与冯焕阙、沈府君阙的形制基本相同，其图像雕刻手法与沈府君阙的雕刻手法尤为接近，因此可推测该阙与沈府君阙的建造年代距离不远。根据学者考察，蒲家湾无铭阙的建造时间当在东汉中晚期，略晚于沈府君阙。⑯

四、王家坪无铭阙

王家坪无铭阙坐落于渠县青神乡平六村，位于沈府君阙和冯焕阙之间，原为双阙，现存左阙主阙。阙身坐北朝南，材质为橙灰色黄砂石，色调淡雅朴素。其所刻图像漫漶情况比前文所述三处汉阙都要严重。由于王家坪无铭阙未见有古籍著录或碑刻记载，故该阙墓主身份无法考证，但其形制和风格与渠县赵家村东无铭阙、赵家村西无铭阙颇为相近，因此，学者们推测其建造时代应与此二阙比较接近，约为东汉末期。该阙原有围墙保护，2021年春，笔者前往考察时，当地正进行建亭保护、顶部遮盖。

王家坪无铭阙由阙基、阙身、阙楼、阙顶等四部分组成

图 3-8　渠县王家坪无铭阙正面

（如图 3-8、图 3-9 所示）。

王家坪无铭阙阙基为一块较宽大的长方形整石。由于子阙已失，其母阙一端的阙基下沉，阙身有较为明显的倾斜感。

王家坪无铭阙阙身为一块整石，高约 3 米，呈下宽上窄侧脚式造型，除了右侧面之外，其余三面隐起刻柱，均有地栿，正面、背面栏额上有一短柱承接楼部中间栌斗。阙身正面上方居中刻一展翅朱雀，其双腿肌肉健硕，双爪结实有力。该

图 3-9 渠县王家坪无铭阙背面、左侧面、右侧面

朱雀造型与赵家村东无铭阙的朱雀造型颇为相似。朱雀下方刻一铺首图案，因石层脱落，仅余铺首头部山形纹及下方所衔玉环。阙身左侧面刻有一青龙衔璧绶图案，龙有翼，头较小，眼睛及颈部已损毁，腹部有简单刻纹，接近尾部的龙背上刻有一组火焰状的披毛，其左后足交缠于龙尾之上，造型自然灵动。阙身背面和右侧面均无刻饰，右侧面上方有一拳头大小的方孔，应为承接子阙所用。

王家坪无铭阙阙楼由三层整石组成。第一层刻有栌斗及纵横枋子，四周刻六垛栌斗与阙身立柱相接，正面居中刻有一兽首图案，因漫漶严重，细节全无。但据渠县汉阙图案布局规律来推测，该兽首图案应为天禄或辟邪。四隅角神均已严重损毁，隐约可见其蹲坐、低头的残姿。

阙楼第二层为整石，其下部一周减地平刻仙人及神兽图案，其石层风化严重，图中似有仙禽神兽。其上部呈斗形，刻有斗拱和枋头，正背面各有两垛斗拱，两侧面各一垛，拱臂平直，臂端上翘，造型与冯焕阙的相似。正面拱间刻一仙人乘翼龙图，翼龙腾云奔走，气势威武刚健，仙人表情愉悦欢快。背面拱间刻一女仙取药图，图中蹲坐着一只手捧石臼的玉兔，女仙着及膝长裙、头朝下、脚朝上、倒立飘飞、身体弯曲，凌空而下直取石臼中的仙药（如图 3-10 所示）；左侧面刻一射雀图，图中拱臂左边静立一只长尾鸟，正回望拱下一人，这人正朝着长尾鸟挽弓搭箭，拱下左边尚可见一双似在拼命逃窜的动物后腿（如图 3-11 所示）。右侧面拱下刻有日神、月神图，图中两鸟相对而飞，大鸟身上各刻一个圆形，代表着日、月（如图 3-12 所示）。

阙楼第三层呈斗形，正面刻一"拜谒献礼西王母"与"女仙启门"的组合图像，图中左侧一门半开，一女仙倚门而立，门外左边立一人,手持旌节,右边立三人,其中一人手提圆形物、一人手持灵芝、一人手持蜀杖,这应是拜谒献礼西王母的场景。阙楼背面刻一荆轲刺秦王图(如图3-13所示)。图中荆轲被一力士拦腰抱住,还有刺穿柱子的匕首、逃窜中手握刀剑的秦始皇、空中飘飞着的被斩断的秦王衣袖、地上瑟瑟发抖的秦舞阳和樊於期的人头,还有躲在角落里的御医夏无且。该图通过画卷式的散点构图和夸张的造型,把危急激烈的刺杀场面表现得惊心动魄;右侧面图案漫漶严重,依稀可见数人。正面与左侧面转角处高浮雕刻双虎图,图中左侧一虎身躯庞大健硕,扑咬住蜷缩于右边的另一虎,造型大气,充满力量感和速度感,与赵家村东、西无铭阙的非常相似,但未有人物出现。其石层风化剥落严重,或许原本有一勇士拽住虎尾也未可知。

王家坪无铭阙阙顶为仿重檐式庑殿顶样式。根据该阙保护碑文介绍,现在的阙顶是1998年对散落于附近的瓦垅、脊饰等残件进行的修补及复原,因此结构完整、造型优美、雕饰清晰。

五、赵家村东无铭阙

赵家村东无铭阙位于渠县土溪镇赵家村,原为成双子母阙,现仅余左阙母阙。其整体形制、图像布局规律与其他渠县汉阙皆有共性。此阙无勒石立碑,亦未见于历代著录,故墓主身份不可考。赵家村东无铭阙是渠县汉阙中雕刻技法最为高超娴熟的一座阙,但其图像雕饰过于精细,整体气势反倒不如其余几处汉阙简洁大气,豪放不羁之感略显不足。由此推测,其建造时间可能为七阙中最晚者,时间应该晚于沈

图 3-10　渠县王家坪无铭阙女仙取药图

图 3-11　渠县王家坪无铭阙射雀图

府君阙、蒲家湾无铭阙,而与夹江县杨公阙相近,约在东汉末期。[17]还有人认为可能晚至西晋。该阙原有围墙圈护,2021 年春,笔者前往考察时,当地正进行建亭保护、顶部遮盖施工。

赵家村东无铭阙的材质亦为黄砂石,全阙通高约 4.5 米,阙身朝南微偏东,由阙基、阙身、阙楼三部分组成,阙顶已不存在(如图 3-14 所示)。

图 3-12　渠县王家坪无铭阙日神、月神图

图 3-13　王家坪无铭阙荆轲刺秦王图及拓片

  赵家坪东无铭阙阙基由一块长方形整石铺就。
  赵家坪东无铭阙阙身为整石，呈侧脚式造型，高约 2.5 米。阙身隐起刻立柱，下有地栿，无额枋。正面上方居中所刻展翅朱雀图与王家坪无铭阙的相仿，镌刻精细繁缛，边缘轮廓整齐规则，但飘逸灵动之感不足。朱雀下方原有图案已不存，似有水泥修补痕迹。据《四川汉代石阙》载："朱雀下方居中刻一玄武，蛇绕玄武两周后头向前伸，龟蛇两头相

图 3-14　渠县赵家村东无铭阙正面、背面、左侧面、右侧面

对。"⑱ 由此可知，20 世纪 90 年代，该玄武图尚存。阙身背面无刻饰。左侧面刻一青龙衔璧绶图案，图中青龙头部刻画细腻，有翼，绶带缠身，尾部卷有一鱼，但龙躯及四肢造型笨重臃肿，线条不够流畅，缺乏飞纵升腾的力量感。右侧面无刻饰，肌理粗糙，应是留以承接子阙之用。

赵家坪东无铭阙阙楼由三层整石构成，雕饰十分复杂。为了表述更为清晰，此处分为三个段落阐述。阙楼最下层为整石，上面刻栌斗和纵横枋子。正面、背面居中位置分别刻刻六垛斗拱，正面、背面各两垛，两侧面各一垛，拱臂弯曲呈横向的S形，末端上卷，斗下均有柱，拱心下垫有方形木块。正面拱间刻一仙人乘白鹿图案，图中白鹿向左飞奔，鹿背上的仙人头部及上半身已失，仅余下肢。左边斗下立柱两侧为两人相向而立，左边之人头部及躯干被毁，尚见其着宽衣大袖，裙摆及地，手持物，右边之人头戴三朵花钗，身着及地长裙，两手各抱一形似白菜的物品，以上两人应为仙界侍女。右边斗下立柱两侧有两名兽首人身的神灵相向而立，左边神灵头部漫漶，长衣及膝，作攀柱状，右边神灵为马首，长衣及膝，双手作平摊状。阙楼背面斗下左边立柱刻一射猎图，一人张弓射杀前方两只狂奔的野兔，一只猎犬如离弦之箭，紧跟野兔身后猛追。右边斗下立柱两侧刻两仙人相对而行，两人头顶竖着长耳，长衣及膝，各自手持一圆形物品。左侧面斗柱左边立一鸟，挺胸扬尾，尾羽造型似孔雀，一足悬空，似为白雉；右边图案已损毁。右侧面斗柱两边为一对仙禽瑞兽相向而立，细节已无法辨识。

  阙楼第三层，因其上方顶盖已失，导致该层风化漫漶及酥粉情况尤甚，其正面及背面的图像残损，难以辨认。据《四川汉代石阙》记载："正面中部刻一门半开，门内一侍女。门外左右立四人，作献物求见状。背面雕刻漫漶，尚可见一人持节。"[19]由此推测，此图应是与王家坪无铭阙、赵家村西无铭阙类似的"拜谒献礼西王母"与"女仙启门"的组合图像。正面与左面转角处高浮雕刻英雄戏虎图，图中最左边一魁梧健壮的勇士弓步下蹲，身体倾斜，奋力拽住虎尾，左虎身躯庞大健硕，猛扑紧咬蜷缩于地的另一小虎，其造型与王家坪无铭阙、赵家村西无铭阙的类似。右侧面刻饰风化脱落，模糊不清。

六、赵家村西无铭阙

赵家村西无铭阙坐落于渠县土溪镇赵家村，紧邻冯焕阙。该阙无碑刻，亦不见古籍著录。据专家推测，该阙约于东汉末期建造，晚于冯焕阙和沈府君阙，也有人认为可能为西晋时所建。该阙原有围墙圈护。2021年春，笔者前往考察时，当地正在进行建亭保护，顶部遮盖施工。

赵家村西无铭阙图像雕饰数量繁多，内容丰富多彩，雕刻手法朴拙率性，艺术风格与王家坪无铭阙较为相似，其建筑形制及处理手法并不谨遵实体建筑合理性，而是带有更多的随意性，偏重建筑装饰性。该阙现存右阙主阙，材质为黄砂石（如图3-15、3-16所示）。经建筑专家考察，此阙因地震而使阙身及阙楼产生位移。

该阙包括阙基、阙身、阙楼三部分，一共由五层石材垒积组成，通高约4.3米。

赵家村西无铭阙阙基由一块长方形整石铺就。

赵家村西无铭阙阙身呈下宽上窄的侧脚式整石造型；阙身正面、背面皆隐起刻柱，地脚处有地栿，上有栏额，额上有一短柱，此种结构未见于其他渠县汉阙。正面居中上方刻展翅朱雀图，漫漶尤甚，隐约尚见其羽冠及尾翎造型，与王家坪无铭阙、赵家村东无铭阙类似。朱雀下方刻一玄武图案，依稀可见龟蛇交缠间两头相对，蛇身盘曲蜿蜒，口吐信子。阙身背面无刻饰。阙身右侧面刻一白虎衔璧绶图，躯干中段部分已风化损毁，尚可见白虎后腿处刻有卷曲的皮毛，虎尾卷有一蟾蜍。阙身左侧面肌理粗糙，应是承接子阙之用。

阙楼由三层整石构成，因其雕饰复杂，故分三个段落阐述。第一层整石刻有栌斗和纵横枋子，正面居中枋头间高浮雕刻一狮形天禄兽首图案，其头生独角，神态凌厉凶煞，令人畏惧，造型比沈府君阙、蒲家湾无铭阙的要粗犷得多。四隅刻角神，左前角角神为裸身人形，头戴平顶帽，手足皆毁。右前角角神为一吹笛胡人，眼睛深陷，眉弓突出，头戴平顶帽，着短服，穿靴，双手作吹笛状。左后角刻一头戴平顶帽的裸身赤脚人形角神，右手置于膝盖，左手上举托住枋子。右后角刻一大猴，其左手抱一小猴，右手扶住头上另一小猴。此层上方横枋一周减地平级刻"西王母仙班"二方连续纹样，但已模糊。

  阙楼第二层，下部无纹饰，上部呈斗状，其正面、背面各刻斗拱两垛，拱臂平直，末端倒斜角向上弯曲。侧面各有斗拱一垛，拱心处垫有方木块承重于横枋，拱臂弯曲呈横躺的S形，末端上卷。该斗拱造型并未遵循建筑实用性法则，具有较强的装饰性。所有斗拱下均有束竹状的短柱上接于横枋，短柱造型奇特，有的形似一捆短木，有的形似几个圆形蜂巢，此种造型未见于其他汉阙。正面两拱下分别有三个圆形物，似蜂巢，拱间刻仙人骑白鹿图，细节漫漶不清。背面拱间刻一仙人六博图，两仙人席地相对跪坐对弈，左边之人长耳高耸，羽翼飘飞；右边之人为女仙形象，头梳三鬟高髻，肩生弧线形羽翼，姿态轻松惬意。左侧面刻一射猴射雀图，只见拱臂上静立一大鸟，俯瞰着下方三只沿着拱臂攀爬上逃的猴子，拱下束柱右边一身着交襟长衣的儿童正引弓射猴。该图与沈府君阙的颇为相似，不同的是此图中的人物并未裸身。右侧面刻一掏蜂窝图，图中拱下左边一仰首之人手执长竿，正在捅向拱臂上方一蜂窝，拱臂右边静立一大鸟，低头俯瞰拱下右边另一人。以上两幅图充满童趣，是一种为

图 3-15　渠县赵家村西无铭阙正面

渠县汉阙 见证者 历史的 富人辉煌 第三章

图 3-16 渠县赵家村西无铭阙背面、右侧面、左侧面

后辈子孙富贵兴旺而祈福的吉祥图案。

  阙楼第三层正面刻一谒见献礼西王母图，居中位置一门半开，一女仙探身出门，门外左侧一人身着宽衣大袖，衣带飘飞，其身后立有一蟾蜍模样的侍从，门外右侧立一身着短衣的仆役，手中捧着物品作进献状。背面刻一车马启程送别图，立于画面中间的主人手持一圆形物品，正与右边三位送行者告别，主人左边一马夫已备好马车恭候。正面和右侧面转角处刻英雄戏虎图，其造型与赵家村东无铭阙相似，两虎头身交缠，最右边一健硕勇士弓步下蹲，紧拽虎尾，头上发带飘飞，造型生动夸张，气氛紧张激烈。左侧面图像漫漶严重，不易辨识，隐约可见三人，左边一树，一人立于树下摘物，一人呈跪姿，以头顶大盘承物，其后一人双手捧物似竿[20]。有学者认为此图为"秋胡戏妻"。[21]笔者认为，该图或为与墓主升仙有关的西王母赐不死药图。

  阙顶及其脊饰基本损毁不存。据《四川汉代石阙》记载：20 世纪 90 年代初，在阙旁稻田中掘出一残缺的脊饰……其上刻精美的苍鹰衔蛙雕像。[22]

❶ 侯忠明.四川渠县汉阙隶书艺术研究[J].中国书画, 2010(8): 123.

❷ 同❶

❸ 范晔.后汉书[M].郑州: 中州古籍出版社, 1996: 41.

❹ 同❸, 418.

❺ 徐文彬, 谭遥, 龚廷万, 等.四川汉代石阙[M].北京: 文物出版社, 1992: 39.

❻ 同❶

❼ 同❶: 120.

❽ 常璩.华阳国志译注[M].王启明, 赵静, 译注.成都: 四川大学出版社, 2007: 5.

❾ 李同宗.渠县汉阙的文化解读[J].达县师范高等专科学校学报(社会科学版), 2004(3): 38.

❿ 张孜江, 高文.中国汉阙全集[M].北京: 中国建筑工业出版社, 2017: 59.

⓫ 同❾: 37-38.

⓬ 曾磊.飞轺广路: 中国古代交通史论集[M].北京: 中国社会科学出版社, 2015.

⓭ 图❺: 39.

⓮ 同❾: 37.

⓯ 图❺: 42.

⓰ 同❺

⓱ 同❺: 43.

⓲ 同❺: 42.

⓳ 同❺: 42.

⓴ 同❺: 43.

㉑ 同❿: 346.

㉒ 同❺: 43.

图像，是图形和影像之总称。有学者认为"图"是指图形，"像"是指图形中的含义。陈兆复先生强调：图像必须是人为的，是加注了人的精神和意识的，具有一定的文化内涵。[1]因此，中国古代图像是华夏先民的精神、情感和认知态度的主观体验和再造，而巴蜀汉阙图像则是巴蜀先民认识世界和表达思想的手段之一，是承载巴蜀文化的基本介质。渠县汉阙图像艺术可谓是巴賨先民的思想信仰、阶级意识、社会风尚等的反映。

　　图案，是指图形的设计方案。雷圭元将其定义为"图案是实用美术、装饰美术、建筑美术方面关于形式、色彩、结构的预先设计。在工艺材料、用途、经济、生产等条件制约下，制成图样，装饰纹样等方案的通称"[2]。陈之佛认为：图案是构想图，它不仅是平面的，也是立体的，是创造性的计划，也是设计实现的阶段。[3]故而图案首先是人类思想内容的外在表现，反映着某一时代的生活面貌；其次，图案又以美为宗旨，兼具实用性和装饰性。当某一完整复杂的画面由若干个单独图案组成时，可称其为图像。据此，渠县汉阙中所有的画像石、浮雕、圆雕等石刻图案可统称为图像。

　　李同宗认为：渠县汉阙的雕塑艺术是古代巴蜀社会泛灵信仰和客观现实生活的写照，也是华夏文化的统一性和巴蜀文化的多样性的综合反映。[4]如果不考虑渠县城坝遗址在川东地区巴賨文化时代发展序列中的位置，就很难透过渠县汉阙图像艺术的汉文化表象，敏锐地捕捉到其异乎寻常的巴賨文化底色。渠县汉阙中的任何一处图像都应是墓主生前或其家族成员与石刻工匠经过交流商议、深思熟虑、精心挑选之后，并经过反复设计，最终才得以呈现于汉阙之上的。这些图案一定包含了太多的关于巴賨民族神秘而古老的文化信息，等待着人们去正确解读。下面，我们先从渠县汉阙图像的布局特点入手，从中获取蕴含其中的巴賨民族文化密码。

第四章 巴賨文化视阈下的渠县汉阙图像艺术

① 韩丛耀. 中华图像文化史. 图像论 [M]. 北京：中国摄影出版社，2016：2.
② 雷圭元. 图案基础 [M]. 北京：人民美术出版社，1963.
③ 陈之佛. 陈之佛手稿 [M]. 南京：南京师范大学出版社，2020.
④ 李同宗. 渠县汉阙的文化解读 [J]. 达县师范高等专科学校学报（社会科学版），2004（3）：39.

第一节

渠县汉阙图像布局与巴賨干栏式建筑

尽管本书论述重点不在建筑艺术，但却不能将图像与建筑完全割裂开来，因为渠县汉阙图像艺术的载体正是汉阙建筑本身，故汉阙图像位置、布局特点必须要结合汉阙建筑特点加以探讨。学者们认为：巴蜀汉阙的台基结构和侧脚式阙身是我国古代西南少数民族的干栏式建筑底架的孑遗。[1]因此，渠县汉阙图像的整体布局特点与巴賨地区干栏式建筑有密切关系。表4-1为渠县汉阙图像刻饰位置布局统计图表。

由表4-1可见，渠县汉阙图像布局位置具有以下明显特点：图案纹饰以阙楼位置最为集中，尤以阙楼中部及其上部最为密集，阙楼四隅及转角处的图像数量众多；阙楼拱间则是最精彩、最重要的图案刻饰位置，视觉中心极为突出；阙身正面位置通常刻铭文与朱雀、玄武、铺首衔环等图案，阙身其中一个侧面刻青龙衔璧绶或白虎衔璧绶图案，另一个侧面及背面均无刻饰。

渠县汉阙图像艺术的这一布局特点应是受巴蜀地域建筑的直接影响。巴賨地区地势崎岖、潮湿多雨、溪谷密布，人们依山傍水建造干栏式竹木建筑，川渝地区称之为吊脚楼，

表 4-1 渠县汉阙图像刻饰位置布局统计表

阙名	阙身图案	阙楼图案 阙楼下部	阙楼图案 阙楼中部	阙楼图案 阙楼上部	阙顶图案
冯焕阙	正面：铺首衔环 背面：无 左侧面：无 右侧面：无	无图案	下沿：四方连续菱形方胜纹	下沿：圆形纹饰 正面：青龙、蟾蜍 背面：玄武	—
沈府君阙左阙	正面：朱雀 背面：无 左侧面：青龙衔璧绶 右侧面：无	正面：双角辟邪 四隅：角神	下沿：西王母仙班（仙人、飞鸟、奔兔、三足乌、蟾蜍、仙草）	正面：仙人持节乘白鹿、玉兔捣药 背面：董永侍父 左侧面：英雄戏虎	—
沈府君阙右阙	正面：朱雀、铺首衔环 背面：无 左侧面：无 右侧面：白虎衔璧绶	正面：独角天禄 四隅：角神	下沿：西王母仙班（三足乌、玉兔、蟾蜍、求药者）	正面：仙人乘白鹿 右侧面：射雀射猴	—
蒲家湾无铭阙	正面：朱雀 背面：无 左侧面：青龙衔璧绶 右侧面：无	正面：独角天禄 背面：辟邪（残） 四隅：角神	下沿：西王母仙班（拜谒者、乘马及持竿捕猎者、翼马、翼龙、朱雀、三足乌、九尾狐、双头鸟）	正面：仙人持节乘白鹿、玉兔捣药 背面：董永侍父、嘉禾、三株树 左侧面：英雄戏虎	—
王家坪无铭阙	正面：朱雀、铺首衔环 背面：无 左侧面：青龙衔璧绶 右侧面：无	正面：辟邪（残） 四隅：角神	下沿：西王母仙班 正面：仙人乘翼龙 背面：女仙取药、玉兔捣药 左侧面：射雀图 右侧面：日神、月神	正面：持节谒见献礼西王母、女仙启门 背面：荆轲刺秦王 正面与左侧面转角：双虎图 右侧面：三人（残）	—
赵家村东无铭阙	正面：朱雀、玄武（毁） 背面：无 左侧面：青龙衔璧绶、鱼 右侧面：无	正面：天禄（残） 背面：辟邪（残） 四隅：角神	下沿：无图案 中段：仙人乘白鹿、佛界侍女、兽头人身神灵、犬追兔射猎图、白雉、仙人、仙禽异兽	正面：拜谒献礼西王母、女仙启门 背面：持节方士（残） 正面与左面转角：英雄戏虎	—
赵家村西无铭阙	正面：朱雀、玄武 背面：白虎衔璧绶、蟾蜍 左侧面：无 右侧面：无	正面：独角天禄 四隅：角神	正面：仙人骑白鹿 背面：仙人六博 左侧面：射猴射雀 右侧面：稚鸵掏蜂窝	正面：谒见献礼西王母、女仙启门 背面：车马启程送别 正面与右侧面转角：英雄戏虎 左侧面：西王母赐不死药	鹰衔绶带（残）

图 4-1　达州吊脚楼

上层住人，下层放养牲畜及堆放杂物。目前，考古发现的先秦巴地干栏式建筑遗址，其中一些直接架在岩石坡地上，三峡地区有可能是这种斜地干栏的重要发源地，并且这种建筑可能就是现在湖北、巴蜀地区吊脚楼的"祖先"。❷ 唐代元稹被贬谪至通州（即今达州市，汉时属宕渠郡）时，作《酬乐天得微之诗，知通州事因成四首》："平地才应一顷余，阁栏都大似巢居。"元稹自注："巴人多在山坡架木为居，自号阁栏头。"❸ 这说明古代阁栏头建筑（即吊脚楼）在川东地区普遍存在。如今，吊脚楼在川东、川西地区仍有一定数量的存留（如图 4-1 所示）。

吊脚楼通常以柱架空底层，整体上形成轻微的下宽上窄侧脚式建筑造型，这样能增强框架式建筑在起伏不平的坡地上的平衡稳定性，可防震动、防散架或防倾侧。巴蜀地区出土的汉画中经常发现干栏式建筑形象。20 世纪六七十年代，原属巴国疆域内的峡江地区如宜昌、秭归、巫山、忠县、丰都等地的墓葬中出土了大批汉晋时期的陶楼明器模型,虽然这些陶仓、陶房的屋顶基本形式已汉化,但依然保留着干栏式建筑独有的底架悬空和木桩形制的典型特征。❹这些巴地陶楼模型正好解释了渠县汉阙阙身部位少有图案的原因,即是为了表示阙楼底层架空,以留出大量空间,作通风透气、防水患及防蛇虫野兽之用(如图4-2、图4-3所示)。

但渠县汉阙并不是对巴蜀吊脚楼的单纯表现。在渠县汉阙中,这一形式被进一步引申为阙身立柱之下为阴间,两柱之间是天门入口,上层阙楼为天界。重庆忠县汉阙以修长的阙身、立柱及两重阙楼将这一造型特点表现得尤为明显。汉代人认为仙人好居高楼,阙即成为人们所向往的天宫的象征,阙的思想价值超出了建筑艺术形式本身的价值,成为汉代人神仙信仰中仙界天门的象征符号和人仙沟通的媒介。❺雅安芦山县出土有一明器,为一东汉石楼(如图4-4所示)。石楼为一干栏式建筑,楼上有三室,中室双扉半开半闭,双扉之间立有一宽袖长服的女子,楼上、下有梯相通。❻这种高楼女子启门图常见于汉代巴蜀地区的石棺、石阙、画像石(砖)、颂碑及随葬品等墓葬载体上。有学者认为,楼上女子是西王母的侍女,女子启门是升仙过程中重要的符号化载体,寓意西王母对墓主人的接纳。❼众多巴蜀汉阙在其高高的阙楼顶部皆刻有女仙启门图,这已经明确地表达了对昆仑仙界的隐喻。由此可知,巴賨人认为吊脚楼最顶层即是仙界女神西王母的居所,死者灵魂可由阙登上仙界去拜谒西王母,求得仙药,得以升仙。

那么渠县汉阙楼部的图像布局是否与汉代巴賨地区吊脚楼相似呢?我们以峡江地区出土的干栏式陶房来进行对

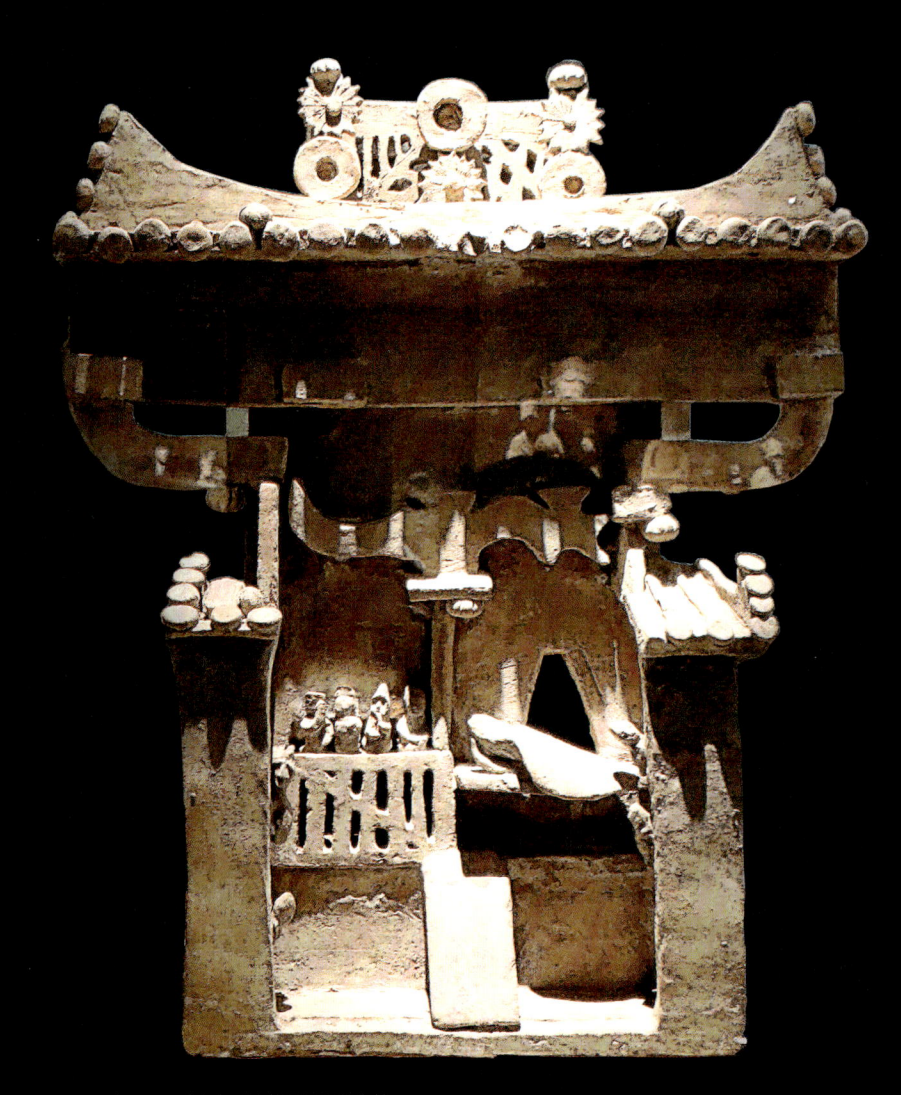

图 4-2　重庆忠县涂井蜀汉崖墓陶楼

第四章 巴賨文化视阈下的渠县汉阙图像艺术

图 4-3　四川双流牧马山出土陶房

图 4-4　雅安芦山东汉石刻楼房

比。"这些陶房装修重点主要集中在屋的前檐各部分,在门、窗、栏杆、前檐处的装修普遍比较繁复,有的在檐额中部悬挂壁形饰,斗拱上还有垂瓜饰和小鸟,形式多样……如重庆忠县涂井崖墓陶房中,门口、檐廊下的门窗和栏杆多采用透空的菱形纹、直棂、卧棂、方格纹等装饰"[8]。而渠县汉阙繁复的图案多集中于楼部中部及上部。其楼部正面居中位置固定刻饰天禄或辟邪兽首图案,这与巴地汉代干栏式陶房在檐额中部悬挂壁形饰的手法极其相似。渠县汉阙楼部最富有生趣的是斗拱之上静立着鸟雀、攀爬着猴子,这与巴地汉代干栏式陶房在斗拱上点缀垂瓜和小鸟的装饰手法如出一辙。此外,冯焕阙的楼部正面下部的四方连续菱形方胜纹与忠县涂井汉代陶房檐廊处典型的透空菱形图案基本相同。综上所述,渠县汉阙虽然是以中原地区官阙建筑形制为基础,但在其建筑样式、图案装饰、布局位置等方面,依然是根据巴蜀地区干栏式建筑来进行建造的,从而在视觉上形成了明显不同于山东、河南汉阙的图像布局及装饰特点。

❶ 徐文彬, 谭遥, 龚廷万, 等. 四川汉代石阙 [M]. 北京: 文物出版社, 1992: 11-12.

❷ 石拓. 中国南方干栏及其变迁研究 [D]. 广州: 华南理工大学, 2013.

❸ 同❷.

❹ 刘自兵. 对三峡地区汉晋时期墓葬所出陶楼的认识 [J]. 湖北民族学院学报(哲学社会科学版), 2005(4): 10-16.

❺ 姜生. 汉阙考 [J]. 中山大学学报(社会科学版), 1997(1): 61.

❻ 钟坚. 四川芦山出土汉代石刻楼房 [J]. 文物, 1987(10): 95.

❼ 范鹏, 李大地. 川渝地区汉代"半开门"画像的发现与研究——兼论其所反映的升仙过程 [J]. 长江文明, 2015(12): 14.

❽ 同❹: 15.

第二节

渠县汉阙图像母题中的巴賨巫文化色彩

渠县汉阙与重庆忠县丁房阙、乌杨阙、无铭阙等阙的图像题材特点非常一致，皆具有"重神话、崇升仙、轻现实"的艺术特点。忠县三阙楼部皆为高浮雕兽首图案，四隅均有圆雕角神，其中，丁房阙还刻饰有"仙人乘白鹿""女仙启门"等图。可见，巴賨地区汉阙的图像母题多以神仙鬼怪等虚幻题材为重点表现对象，而少有山东、河南汉阙所流行的贤良君臣、孝子烈女、生产生活、歌舞百戏等现实性题材。姜生教授认为："汉阙是早期道教所追求的仙界象征符号，属人仙两界交通的神学媒介，是道教神学家为死者提供的引导墓主通天升仙的天梯。"[1] 渠县汉阙图像艺术看似受以长生不老、升仙为核心主题的道教思想影响，但其渊源实则是巴地自古盛行的巫鬼文化的遗风流俗。

巫文化是一种特殊的民俗文化现象，它随着人类原始宗教信仰的产生而形成。自古以来，巴賨地区巫文化异常发达。有学者认为："产生于三峡巫溪流域的巫文化，不仅是南方巴蜀文化的发祥地，也是华夏文明的重要源头之一。"[2] 巴賨地区巫文化盛行与其地理环境及族群文化等因素有关。

一方面，巴地多高山峡谷，野兽四伏，偏僻闭塞，加之古时科学不发达、生产力低下，极易使人对客观事物产生恐惧、无奈、迷惑的心理，所谓的鬼神正是在人们对超自然力的想象与渴望中诞生的，进而形成了人对鬼神的敬畏、祈求、依赖的意识。另一方面，自夏朝以来，尤其是长江三峡地区的频繁战争和人口迁徙促进了不同民族的文化交流与碰撞，为巫文化的产生创造了重要条件。❸各民族的巫文化在此交融，不断丰富和发展，最终形成了独具特色的巴巫文化。

段渝先生认为，古代长江三峡、江汉地区、嘉陵江流域等地是巫鬼文化的发祥地，巫鬼文化的兴起与古代四川东部及长江三峡地区的賨人板楯蛮有关，原是古代巴人"信巫鬼、重淫祀"的一种文化风尚。❹《礼记·曲礼》曰："非其所祭而祭之，名曰淫祀。"淫祀，即在古代封建正统礼制下，民间不合礼制、不合时宜的妄滥之祭或越份之祭。在中国巫文化史上，巴賨巫文化可谓影响深远。据《华阳国志》《后汉书》等古籍记载，巴賨巫文化向西南地区播染至夜郎牂牁、邛都夷等西南濮系民族，向东部则顺长江而下，东出三峡，滥觞于江汉之间，致使先秦楚国属地汉中"信巫鬼、重淫祀"，与汉文化大相径庭，《汉书·地理志》曰："淫失枝柱，与巴蜀同俗"。据此，我们有足够理由相信，渠县汉阙图像艺术浓郁的神仙鬼怪思想的源头不在别处，正是根植于"信巫鬼、重淫祀"的巴賨本土巫鬼文化。

渠县汉阙图像艺术中，墓主升仙的故事情节完整无缺、升仙过程重点突出、场景庄重严肃，具有典型的程式化叙事特点，这种奇特的图像表现手法与蜀地汉阙的图像表现手法较为类似。此种极具仪式感的升仙程序设想应是受巴賨地区巫鬼崇拜风尚的深刻影响。巫鬼崇拜是巴地巫文化重要的表现形式之一。唐代杜甫《戏作俳谐体遣闷二首》谓川东巴人"家家养乌鬼"。段渝先生认为，乌鬼即巫鬼，"乌"通"巫"，古人称先祖之灵为"鬼"，古代长江三峡、江汉地区、嘉陵江流域等地巫鬼文化的盛行，巴人所崇奉的"巫鬼"是一种古老的民间自立先祖神主、通过祭祀以求庇佑的宗教崇拜形式，是巴人的一种文化风尚。❺地处嘉陵江流域渠江支流的宕渠自然具有浓厚的巫文化气息，因此，渠县汉阙图像中的神仙思想看似来源于道教，但其图案内容所涉及的"辟邪、灵魂、巫师、庇佑"等字眼，无不洋溢着强烈的巴賨巫鬼文化气息。

　　史料记载，巴賨巫鬼文化非常讲究仪式感。《后汉书·南蛮西南夷列传》载："廪君死，魂魄世为白虎。巴氏以虎饮人血，遂以人祠焉。"❻唐代樊绰《蛮书》卷10引《夔城图经》载："夷事道、蛮事鬼。初丧，鼗鼓以为道哀，其歌必号，其众必跳，此乃盘瓠、白虎之勇也。"又载："巴氏祭其祖，击鼓而祭，白虎之后也。"宋代乐史《太平寰宇记》载："巴之风俗，皆重田神，春则刻木虔祈，冬则用牲解赛，邪巫击鼓以为淫祀。男女皆唱竹枝歌。"❼宋代邵伯温对川东巴人"家家养乌鬼"现象解释为："设牲酒于田间，已而众操兵大噪，谓之'养乌鬼'。"❽由以上史料可见，巴賨民间祭祀频繁且习以为常，其仪式无不盛大隆重，尽显巴賨民族对神灵虔诚的崇信之情。因此，渠县汉阙图像中描绘的成熟固定、庄严肃穆的升仙仪式，无疑是基于这种深厚的巴賨巫鬼祭祀文化氛围演化而来的。墓主灵魂通过阙随仙人乘白鹿（翼龙）进入仙界，由巫师带领拜谒献礼西王母，女仙为墓主启门等系列图像的描绘，以程式化、细节化的升仙仪式来表达巴人对鬼神的无限敬畏、崇拜的心理情感。

　　巴賨汉阙对鬼神题材的突出表现，这种现象绝不是偶然或者巧合。古代三峡地区从事鬼与人沟通活动的鬼师即巫师，其所创宗教即鬼教，所立之国叫鬼国，其中心位置在今重庆丰都一带。后来一度成为巴国都城，鬼教亦成为巴国人的宗教。⑨据《山海经》《酉阳杂俎》等古籍记载，学者认为巴族首领廪君之先祖所在的巫山就是灵山，即中国神话中远古时代十大著名巫师所居之处。⑩灵山原指巫山山脉的一段，在嘉陵江流域阆中之东，为巴人中的板楯蛮累世所居之地，又称仙穴山。⑪仙为巫的分化，巫的职能之一是为人治病，巫医们掌握着一些对健康养生有特殊功效的药物，被人们夸大为不死药，巫医便被神化为不死药的掌管者。⑫三峡巫山一带掌握不死之药的巫医很可能即是仙的最初原型。

　　顾颉刚先生认为："仙"和神仙思想源自西部，但同时受到东部燕齐文化的影响，"仙"的观念在战国晚期已形成，围绕"仙"的信仰逐渐形成了以"昆仑"和"海上三山"为代表的东、西两大神话体系。（顾颉刚《〈庄子〉和〈楚辞〉中昆仑和蓬莱两个神话系统的融合》）⑬渠县汉阙图像的核心主题是墓主希望得到西王母的不死药而升仙。很显然，渠县汉阙的神仙思想源自西部昆仑神话。西王母最早出现于《山海经》中，她是上古时期掌握刑杀和灾病的半人半兽的凶神，明显留有图腾崇拜的痕迹。⑭仙，被古人认为是由凡人经过后天修炼而成，仙长生不死，可自由飞行于不同时空，还拥有治病祛灾、变形、变物、役使鬼神等各种巫术；而神，则是比仙更早存在的一种超自然力量，可以化生万物。⑮总之，神能够统领驾驭仙，其巫术力量比仙更强大。在西汉初年的民间神话中，原本相貌恐怖、性格凶残的厉神西王母已演化为美貌温柔的昆仑仙界吉神之首。从渠县汉阙图像中可知，西王母因操控着凡人生死而深受人们的崇拜，大家都希望自己死后的灵魂能够获得她的接纳，由她赐以不死药而羽化登仙。"升仙"成为渠县汉阙的图像主题，正是源于巴地深厚的巫鬼文化思想根基。

东汉晚期，巴賨原始巫道思想作为早期道教重要的思想来源之一，对道教思想体系产生了巨大影响。《后汉书》中记载了任文公、李郃等多位巴地传奇人物故事，他们精通易经，擅晓天官风角、七政、望气，辨识图谶……黄老之术与原始巫风渗进了巴人的日常生活，为道教的产生准备了条件。（桑大鹏、唐萌、王晓蕾的《论巴人巫术观念与法术操作方式对道教的影响》）[16]《华阳国志》《后汉书》《三国志》《神仙传》等古籍记载，张陵入蜀，到鹤鸣山后，向賨人板楯蛮学习原始巫觋鬼道，并结合黄老道学和神仙方术，著书立说，创立了天师道五斗米教。[17] 王家佑老师亦认为："天师道是巴人从原始巴人巫鬼教中改造出来的，是吸收了巴族原始巫术与地区传统民俗而创成的，可以肯定张陵、张鲁的'五斗米道'是在巴蜀民俗基础上建立起来的。"[18]

综上所述，渠县汉阙图像艺术中的神仙思想根植于古老的巴賨巫鬼文化，带有浓厚的巴賨地域文化色彩。巴賨巫鬼文化源起于巴族原始图腾崇拜，在其漫长的发展演变过程中产生了鬼神观念，后又逐渐融合了先秦以来流行于民间的神仙方术思想，至东汉时期又浸染上道家哲学和谶纬迷信思想，杂以浓厚的黄老之风，至东汉后期，神仙思想逐渐成为早期道教的核心思想。此后，道教吸收了大量儒家文化思想成分，在中国本土蓬勃迅猛发展，巴賨巫鬼文化却逐渐湮没于民族大融合的历史长河中，渠县汉阙的巴賨巫鬼文化底色被强大的道教神仙思想所掩盖，以致大多数学者误认为渠县汉阙图像艺术源起于道教的神仙思想。

❶ 姜生. 汉阙考 [J]. 中山大学学报（社科版）, 1997（4）: 61.

❷ 赵修渝, 杨静. 重庆文化的特点 [J]. 重庆大学学报（社会科学版）, 2011（6）: 20.

❸ 熊茂松. 巴渝旧志研究 [M]. 成都: 四川大学出版社, 2019: 306.

❹ 段渝. 巴蜀文化史 [M]. 成都: 四川人民出版社, 2012: 63.

❺ 同 ❹: 65.

❻ 范晔. 后汉书 [M]. 郑州: 中州古籍出版社, 1996: 182.

❼ 同 ❺: 67.

❽ 邵伯温. 邵氏闻见录 [M]. 北京: 中华书局, 1983.

❾ 同 ❸: 314-315.

❿ 高国藩. 中国巫术通史（上册）[M]. 南京: 凤凰出版社, 2015: 109-110.

⓫ 参见《太平寰宇记》卷 86 引《周地图记》.

⓬ 黄景春, 徐蒙蒙. 仙 [M]. 上海: 上海辞书出版社, 2014: 40.

⓭ 中华文史论丛 [M]. 上海: 上海古籍出版社, 1979: 2.

⓮ 干春松. 仙与道: 神仙信仰与道家修身 [M]. 海口: 海南出版社, 2016: 137.

⓯ 同 ❿: 37.

⓰ 四川理工学院巴文化研究院, 四川文理学院秦巴文化产业研究院. 巴文化研究第二辑 [M]. 成都: 四川大学出版社, 2018: 20.

⓱ 蔡运生. 古賨人与道教 [J]. 中国道教, 1995（1）: 48.

⓲ 同 ⓱: 47.

第三节

渠县汉阙图像母题与巴賨炼丹术

　　渠县汉阙图像艺术的核心故事是描述墓主死后拜谒西王母，获取仙药，从而升仙，据此推测，汉代巴賨地区炼丹活动盛行。中国古代炼丹术的主要原料为丹砂，亦称朱砂、辰砂，是提炼汞的主要矿物原料。晋代葛洪《抱朴子内篇》曰："然小丹之下者，犹自远胜草木之上者也。凡草木烧之即烬，而丹砂烧之成水银，积变又还成丹砂，其去凡草木亦远矣。故能令人长生，神仙独见此理矣，其去俗人，亦何缅邈之无限乎？"[1]因其异于常物的不灭不腐的神奇特性，古人认为服用丹砂可以使人长寿和永生。《山海经·大荒南经》载："有巫山者，西有黄鸟，帝药，八斋。"[2]东晋郭璞注曰："天帝神仙药在此也。"神仙不死之药，即仙丹、金丹。

　　古时长江三峡巫山地区盛产丹砂，故古人称巫山为丹山，这为巴地炼丹活动提供了重要的原料。巴賨民族使用丹砂的历史十分古老悠久，在距离渠县约100公里的宣汉罗家坝遗址，考古发现其中5座约为战国时期的墓葬实行了朱砂葬。《宣汉罗家坝》报告称：在人骨下撒朱砂这种现象在罗家坝墓葬中较多，是其葬俗的一部分[3]。有学者大胆推测，古代巴人可能是我国最早使用朱砂的族群，巴人与丹砂间有着深厚的情感和历史渊源。(余菀莹《试论宣汉罗家坝朱砂葬——兼论巴人与丹砂的渊源》)❹关于巴地"好巫术、炼丹药"的记载最早见于《山海经·海内西经》："开明东有巫彭、巫抵、巫阳、巫履、巫凡、巫相，夹窫窳之尸，皆操不死之药以距之。"❺巫山是中国神话中远古时代十大著名巫师聚居之所，有学者认为，远古三峡地区炼丹活动十分发达，巫师们很早就掌握了完整的炼丹技术，进一步强化了巫术的神秘力量。(桑大鹏、唐萌、王晓蕾《论巴人巫术观念与法术操作方法对道教的影响》)❻

　　秦汉时期，方士活动的一个重要特点便是炼丹术盛行。《史记·货殖列传》载："巴寡妇清，其先得丹穴，而擅其利数世，家亦不訾……秦皇帝以为贞妇而客之，为筑女怀清台。"❼《汉书》亦引用了此记载。《史记正义》引《括地志》说："寡妇清台山俗名贞女山，在涪陵永安县（今重庆长寿区）东七十里也。"❽人们普遍认为，巴郡寡妇清的家族世代掌握独特的丹砂开采和冶炼技术，是秦始皇的长生不老丹药原料及秦始皇陵大量水银的主要提供者之一。东汉末年，道教中的丹鼎派把炼丹术称为太乙招魂丹法，旨在让死者在另一个世界服食丹药后，灵魂能够归位于肉身并复活，最终成功升仙，实现长生不老。(桑大鹏、唐萌、王晓蕾《论巴人巫术观念与法术操作方法对道教的影响》)❾将太乙招魂丹法用于解释渠县汉阙刻绘的墓主拜谒西王母图，亦未尝不可。

　　对于渠县汉阙图像艺术所体现的巴賨巫文化现象，我们不能立于现代文明学知识体系的制高点去贬斥、嘲讽古人，指责其荒诞蒙昧。高国藩教授说："中国祖先创造巫术，以期能够寄托和实现某些愿望，达到养生和战胜大自然灾害之目的，其动机通常是高尚的，是先民求生存的本能反应，其本质具有善良性，因此不能容许用邪恶眼光看待中国巫术，必须尊重各民族祖先及其巫术文化创造。"⑩原始巫师维护人的生存，故而巫术最初已具有医学因素，古时"医"字是"毉"，从巫。巫术的部分观念与现代医学一样，即关爱生命。⑪从渠县汉阙图像艺术中，我们能够感受到，賨人面对死亡不是消极沮丧的，而是试图超越死亡，追求生命永恒。从根本上说，巴賨炼丹术是賨人的一种心灵寄托，它体现出賨人对生命的珍视和留恋，以及对健康长寿的不懈探索。因此，渠县汉阙图像艺术表达了賨人人定胜天的思想，充满积极乐观的巴賨民族精神。

❶ 〔美〕李约瑟. 中国科技史第五卷化学及相关技术第二分册炼丹术的发现和发明: 金丹与长生 [M]. 周曾雄, 译. 北京: 科学出版社, 2010.

❷ 袁珂注. 山海经全译 [M]. 北京: 北京联合出版公司, 2016: 243.

❸ 四川省文物考古研究院. 宣汉罗家坝 [M]. 北京: 文物出版社, 2015: 293.

❹ 四川理学院巴文化研究院、四川文理学院秦巴文化产业研究院. 巴文化研究第二辑 [J]. 成都: 四川大学出版社, 2018 (4): 100-106.

❺ 同 ❷: 206.

❻ 同 ❹: 21.

❼ 司马迁. 史记: 全 10 册 [M]. 北京: 中华书局, 2013.

❽ 曾超. 巴人尚武精神研究 [D]. 北京: 中央民族大学, 2005: 8.

❾ 同 ❹: 21-22.

❿ 高国藩. 中国巫术通史: 上册 [M]. 南京: 凤凰出版社, 2015: 3.

⓫ 同 ❹.

第四节

渠县汉阙图像母题中的
巴人白虎图腾崇拜遗风

英雄戏虎图是渠县汉阙中最为重要的图像母题之一。此类图像很可能是根植于上古时期巴人白虎图腾崇拜。图腾崇拜产生于原始时代，其最大的特点是原始人类把某种动物、植物或自然现象等看作是自己亲属或祖先，认为两者具有血缘关系，把它看作是群体的象征和凝聚成员的精神纽带，是神圣不可侵犯的。[1] 渠县汉阙中的英雄戏虎图亦可追溯至原始社会时期的虎图腾崇拜现象。

虎图腾崇拜是生活于亚洲山地或高原的古代少数民族普遍存在的原始宗教信仰，虎图腾遗迹至今仍然存活于中国西南各少数民族族群的普米族、纳西族、傈僳族、彝族、白族、藏族和土家族当中。[2] 这一现象与虎的起源和分布有密切关系。有学者研究认为，虎可能于 200 余万年前起源于中国南部，且一直只分布于亚洲，是亚洲特有种类。[3] 学界普遍认为白虎是始于夏周，兴于汉代的四神图像之一。但现实生活中，白虎是真实存在的。白虎又名白化孟加拉虎或孟加拉白虎，目前全世界共有人工饲养白虎 200 余只，属珍稀保护动物。[4] 孟加拉虎分布于印度、尼泊尔、孟加拉国、不丹、缅甸，以及中国的西藏东南部、云南西北高黎贡山地区。⑤我们不能排除古代有少量孟加拉虎白虎从印度、缅甸经中国的西藏、云南到达中国内陆。此外，中国本土存在白虎也并非不可能。2019年，贵阳野生动物园一只东北虎生下了三只小白虎，动物园负责人表示这与白化孟加拉虎一样，属遗传基因突变。

《汉书·郊祀志》载："宣帝时南郡获白虎，献其皮、牙、爪，上为立祠。"⑥《华阳国志》载："秦昭襄王时，白虎为害……秦王乃重募国中有能杀虎者……汉初，板楯蛮专以射白虎为事。"⑦《后汉书·南蛮西南夷列传》亦提及白虎为害事件。诸多史籍均记载古时川东地区虎患猖獗。以上史料表明，中国古代曾经有过白虎，川东巴地正是多虎之地，虎作为森林百兽之王，因其威猛雄健，所向无敌，是胜利和力量的象征，是战神的化身。白虎更是因为数量珍稀而被巴人视为祥瑞，并作为部族图腾加以崇拜。总之，白虎并非凭空想象的，巴人以白虎为图腾并非偶然。

据古籍记载，巴人崇拜白虎之风是由其部落首领廪君开始的。上古时期的巴是一个族群来源复杂的亚文化集团，其中最强大一支的巴人部落统一了各部族，其首领即廪君。《后汉书·巴郡南郡蛮传》引《世本》载："廪君之先，故出巫诞也。"⑧巫诞即古代居住在巫山地区的巴蜒族，即廪君族，是以白虎为图腾的部族。⑨有学者通过对土家族语言学研究，认为"廪"即是"李"，"李"与"廪"均可指虎，"廪君"即是"虎君"。根据美国民族学家摩尔根对原始社会易洛魁人的研究，认为"廪君"之"君"应理解为"大战士"。⑩《后汉书·南蛮西南夷列传》载："廪君死，魂魄世为白虎，巴氏以虎饮人血，遂以人祀焉。"廪君作为巴族军事联盟首领，很有可能是死于征战，巴族才会杀仇敌并以血祭他，这种杀敌方俘虏血祭战死者的军葬之风颇具世界性。[13]可见，巴人的白虎崇拜亦是祖先崇拜，它强烈地体现出巴族的尚武精神，而巴人这种民族性格则是由巴族及巴国的命运决定的。

史籍中的巴国历史即是一部战争史，充满了刀光剑影、血雨腥风。春秋战国时期，巴先后与楚、邓、申、雍、蜀等国交战，其领地一度退缩至长江上游及其嘉陵江流域，国都几经变动，后被秦所灭。巴人生于险山恶水，又在与大国的争斗之中辗转迁徙，艰难生存，由此形成了剽悍顽强、无所畏惧的民族性格，成为一个典型的崇虎尚武、骁勇善战的刚毅民族。在宣汉罗家坝的战国中后期墓葬遗址中，常常发现墓主人肢体不全或骨骼位置异常，有箭镞从肋骨射入股骨或铜钺砍进髋骨、铜剑插入身体等非正常死亡现象，这表明他们是战死沙场的战士。宣汉罗家坝、渠县城坝遗址还出土了大量刻铸着精美的虎头、虎身、虎斑、虎头人身等图案纹饰的剑、矛、戈等巴式青铜兵器，此外还有虎钮錞于，带虎纹的编钟、钲等军乐器。

西汉初年，巴族的白虎崇拜并未发生重大变化。有学者指出："东周到两汉时期，巴式青铜器上大量出现的虎形纹饰或虎形饰件，是一种具有族徽以及宗教，巫术意义的符号，是巴人勇武的象征，是巴族以艺术手段再现原始时期虎崇拜观念的产物，不仅是巴文化区别于蜀、楚文化的重要标志，同时也是巴族虎崇拜心理意识的多重反应，具有鲜明的地方特色"（王平、何易展《巴蜀图语研究——以宣汉罗家坝遗址和城坝遗址出土器物为例》）[14]。"巴人将虎纹镌刻在兵器之上，很明显是起源于虎的死亡属性，巴人将白虎视为一种刑杀神与死亡神，掌管着巴族命运，虎纹戈与虎钮錞于的大规模存在,证明在古代巴人的战争意识中,白虎既体现着力量与威势,又扮演着刑杀神的角色,象征着死亡的来临"(王鹏《巴族崇虎文化考》)[13]。可见,巴人认为刻有白虎图案的兵器或器物具有神秘强大的超自然巫术力量:一方面,白虎图案作为护身符,能够庇佑巴族将士取得战争胜利、平安归来;另一方面,白虎又是死亡符号,可杀死敌人,对于敌人来说具有巫术性质的符咒作用。

《宣汉罗家坝》报告称:"西汉中期以后,四川盆地和重庆地区均逐渐融入汉文化圈,巴文化传统的器物消失无踪,川东地区至此已完成了汉化过程。"[14]虽说如此,但民族文化是某个智慧群族的一切社会现象与内在精神的既有、传承、创造、发展的总和,它具有强烈的生命力与持久的延续性,因此,巴人的白虎崇拜在西汉中期之后不可能突然中断消失。除了武帝时期,汉代整体来说少有大规模的征战杀伐,巴賨民族不再是先秦时期全民皆兵的生存状态,巴人的白虎崇拜也就失去了昔日重要的表现载体——战争及兵器。随着汉文化向川东腹地深入推进,巴人的白虎崇拜情结以一种新的基于鬼神观念的表现形式延续至东汉中后期的墓葬艺术中,即是渠县汉阙中的英雄戏虎图。该图像中的白虎早已脱离了原始图腾崇拜的单纯的死神、刑杀等意义,演化成具有较高神格的、寓意吉祥的白虎神灵。如果这种推论成立,那么英雄戏虎图极有可能是一种用以表达某种特殊的、与白虎神灵信仰相关的巴賨民族巫术思想的视觉符号。它不仅延续了巴人对白虎所代表的勇猛刚健、战无不胜的尚武精神的崇拜,而且更重要的是它已衍生出了新的文化内涵。

首先,白虎是巴蜀墓葬文化中象征着昆仑仙界的重要符号之一。除了冯焕阙之外,其余五处渠县汉阙皆刻有英雄戏

图 4-5　渠县蒲家湾无铭阙英雄戏虎图

图 4-7　渠县王家坪无铭阙双虎图

虎图或双虎图，尤其是蒲家湾无铭阙、沈府君阙的英雄戏虎图，王家坪无铭阙的双虎图，赵家村西无铭阙、赵家村东无铭阙的英雄戏虎图（如图4-5、图4-6、图4-7、图4-8、图4-9所示），均以接近夸张的高浮雕形式，将高踞阙上的英雄和猛虎表现得活灵活现。这些形象在观瞻者的仰视角度中显得异常威武雄健、震撼壮观。值得注意的是，王家坪无名阙、赵家村东无铭阙、赵家村西无铭阙等的英雄戏虎图刻饰位置均与拜谒献礼图、女仙启门图等图像并列于阙楼顶层，这表明賨人对虎图像的重视程度绝不亚于其他升仙图像。白虎图像必定与西部昆仑仙界有着极为密切的关系。

虎与昆仑之间的密切关系主要见于《山海经》对神陆吾、开明兽、西王母、神英招等昆仑神灵的形象描述。"昆仑之丘，是实惟帝之下都，神陆吾司之，其神状虎身而九尾，人面而虎爪，是神也"[13] "昆仑南渊深三百仞，开明兽身大类虎而九首，皆人面，东向立昆仑上"⑯"昆仑之丘，有神，人面虎身，有文有尾，皆白……有人戴胜虎齿，有豹尾，穴处，名曰西王母。此山万物尽有"⑰。《山海经》中，统领鬼魂世界的昆仑诸神形象具有虎的部分特征，这说明虎既是古老的图腾，也是厉神的神性标志。⑱渠县汉阙中的英雄戏虎图或双虎图多刻于阙楼顶部，此处即象征《山海经》中"万物尽有"的昆仑丘。显然，此类图像具有非凡的象征寓意，它标志着墓主的灵魂到达了凡人向往、诸神所在的昆仑仙界。可见，东汉中后期的巴人的白虎崇拜已逐渐融入神仙思想体系，其原有的战争巫术寓意已逐渐消解，白虎已经演变为统领西方冥界的神灵或鬼魂世界的天神、天王，故英雄戏虎图或双虎图是渠县汉阙中一种极为重要的升仙符号。

其次，英雄戏虎图是巴賨墓葬中重要的辟邪镇鬼的祥瑞符号之一。学者王小盾指出，商周之际神灵观念的一个转变，即是从强调神灵的厉神性格到强调神灵的吉神性格的转

图 4-8　渠县赵家村西无铭阙英雄戏虎图

变。早期的西方之神是刑杀之神，到殷商以后，加入了瑞兽崇拜元素，西方之神变成了祥瑞之神。⑲换言之，白虎在巴人原始图腾时期的刑杀、死亡之气浓厚，到汉代逐渐演变为巴人神仙信仰中的吉祥之神，更强调其驱邪镇鬼、趋吉纳福之神力。巴人后裔土家族认为，白虎能够噬食鬼魅，驱灾避邪，赐祥降瑞。很明显，土家族将白虎视为具有神圣寓意的吉祥符号，是趋吉避凶的灵异神兽。因此，本书认为渠县汉阙的英雄戏虎图或双虎图是巴賨墓葬文化中一种具有民族色彩、地域色彩的辟邪符号。汉代巴人将它刻于阙上，是为了吞噬阴界邪灵恶鬼，确保墓主的魂魄在升仙过程中的安全。

最后，英雄戏虎图或双虎图或为墓主灵魂升仙，化为虎神的转世符号。王小盾教授认为，"中国各民族的鬼魂信念是由虎图腾演化出来的一种奇异观念，根据神话学、考古学、民族学等资料，古人的逻辑思维是：虎是食人的神兽，是氏族神，是图腾；人被虎食是向图腾复归；复归于虎的灵

图 4-9　渠县赵家村东无铭阙英雄戏虎图

魂称作'貙人',他们化作老虎后进入西方世界或鬼的世界,虎是这一世界的统领,是天地交通的阶梯"[20]。总之,在虎图腾的基础上,中国古代出现了人死为鬼,鬼被虎食才得以超脱的灵鬼信仰。[21]学者王朋的论述很精辟:"古代巴族的观念世界中,虎是一种死亡符号,亦是一种重生的象征,并且承担着沟通生死的角色,三种观念交叉存在,共同构建了巴族崇虎的根本实质。"(《巴族崇虎文化考》)[22]从"廪君死,魂魄世为白虎,巴氏以虎饮人血,遂以人祀焉"的祭祀活动的记载来看,虎具有作为生与死的转换符号的特殊象征意义。土家族至今仍然信奉白虎天王,还流传着人死后化为虎帝的传说。因此,英雄戏虎图或双虎图或许是基于巴人转世为虎神的观念而逐渐产生的一种独特的图像表现形式。

那么,渠县汉阙中的英雄戏虎图为何会形成两虎一人的固定组合图式呢?汉代是中国古人的思维由幼童进入少年的一个重要历史时期,其图像艺术特点表现为从抽象艺术向写实艺术探索,具体的人物形象逐渐出现于汉画中,并出现了以自我形象为核心表现对象的倾向。例如,西汉长沙马王堆汉墓出土的帛画,学界一般认为画中的核心人物即是墓主本人。据此推测,渠县汉阙中的戏虎英雄即代表墓主。英雄与猛兽组合是汉画中常见的一种图式,通过与令人畏惧的猛兽戏耍或格斗的场景描绘,能够将勇士衬托得更为勇猛。因此,本书认为渠县汉阙中的英雄戏虎图亦是为了夸张、突出墓主的勇猛无畏、沉稳威猛而为之。英雄以空手斗虎的造型出现,更能强化墓主的英勇过人、技冠群雄、敢于挑战的豪杰形象。

需要注意的是,渠县汉阙的英雄戏虎图与白虎衔璧绶图,这两种图像中的白虎并非是同一种"虎",而是分属不同的文化体系。前者是巴族崇虎尚武、死后转世为白虎神的象征符号，带有巴賨民族白虎图腾崇拜印记，既代表着西部昆仑仙界，又具有辟邪镇鬼的吉祥意义。后者属于汉代流行的四神之一。学者程万里认为，四神中的白虎是中原民族受先秦少数民族的白虎图腾崇拜影响，源于中原先民对星宿的观测及祭祀需求，经过累世发展而最终成为汉文化体系中的四神之一。[23]因此，此种白虎往往是与青龙、朱雀、玄武三种神灵一起出现的，其中以青龙、白虎的组合图式最为普遍。它们是天界方位神及仙道接引卫士，被赋予了协助死者升仙、保卫仙界安宁等祥瑞之意。渠县汉阙图像艺术中，这两种白虎并存于同一座汉阙之上，实际上皆是与升仙有关的视觉象征符号。

　　需要指出的是，《后汉书》和《华阳国志》均记载有秦汉时期賨人射杀白虎甚至以此为业的史事，不少学者据此认为賨人并不崇虎，那么，渠县汉阙中的英雄戏虎图难道是賨人仇视白虎的表现吗？然而，近年宣汉罗家坝、渠县城坝等巴賨文化遗址出土的大量虎纹青铜器物有力地证实了賨人的白虎崇拜习俗。笔者认为，汉代賨人崇虎与杀虎并存的现象并不矛盾。随着人类思维的进一步发展和原始图腾观念的消解，巴人对待白虎的态度出现了两面性，对于少数威胁到人类生命安全的白虎，巴人会视其为祸患，打破图腾禁忌，对其进行猎杀，这是一种出于生存本能的防卫行为。学者杨铭亦指出："这种既敬图腾动物又杀图腾动物的例子在许多民族中都曾存在过，比如印度尼西亚的苏门答腊人和中国的鄂伦春人，他们的人身安全在受到本民族图腾动物威胁时，也会对其进行打击惩罚。"[24]至今，巴人后裔土家族仍然盛行虎图腾崇拜，同样有既敬白虎、又赶白虎的习俗。他们通常将白虎分为坐堂白虎和过堂白虎，前者是家神，必须虔诚祭祀并礼拜。过堂白虎是野神，若遇白虎过堂，必定会招灾惹祸，一定要请梯玛（即巫师）用巫术驱赶。另外，云南白族在对待白虎的观念和做法上亦与土家族相仿。[23]

综上所述，渠县诸阙的英雄戏虎图的出现绝不是一种偶然，它并非单纯意义上的斗兽图，而是先秦时期巴人白虎图腾崇拜至东汉中后期的一种艺术演变形式。从全国汉阙来看，只有巴蜀汉阙才有这种非常固定的图像母题。但是，蜀地汉阙通常是双龙、双虎图像同时出现，而渠县汉阙却仅有双虎而无双龙，这表明英雄戏虎图对于賨人来说具有特殊的民族文化内涵，它不仅是西部昆仑仙界的象征，是庇护墓主灵魂、驱邪镇鬼的祥瑞符号，而且凸显了巴族崇虎尚武、勇猛坚毅的民族性格，是巴人灵魂化为白虎神的转世符号。

❶ 何星亮. 中国少数民族图腾崇拜 [M]. 北京：五洲传播出版社，2006：7.
❷ 王小盾. 四神：起源和体系形成 [M]. 上海：上海人民出版社，2008：71.
❸ 马建章，金崑. 虎研究 [M]. 上海：上海科技教育出版社，2003：17.
❹ 付俊敏，刘宁，楚原梦冉. 圈养白化孟加拉虎繁殖期行为时间分配的研究 [J]. 绿色科技，2014（4）：125.
❺ 同❸：141.
❻ 司马迁. 史记：全10册 [M]. 北京：中华书局，2013.
❼ 常璩. 华阳国志译注 [M]. 王启明，赵静，译注. 成都：四川大学出版社，2007：9.
❽ 范晔. 后汉书 [M]. 北京：中华书局，1965：823.
❾ 董其祥. 巴史新考 [M]. 重庆：重庆出版社，1983：42-43.
❿ 彭武一. 古代巴人廪君时期的社会和宗教——兼及土家族与古代巴人的渊源关系 [J]. 吉首大学学报（社会科学版），1982（2）：73.
⓫ 杨昌鑫. 九歌源于土家族殇（丧）歌考——九歌原型考 [J]. 土家学刊，1997（2）.
⓬ 四川理学院巴文化研究院，四川文理学院秦巴文化产业研究院. 巴文化研究第一辑 [M]. 成都：四川大学出版社，2017（6）：61.
⓭ 四川理学院巴文化研究院，四川文理学院秦巴文化产业研究院. 巴文化研究第三辑 [M]. 成都：四川大学出版社，2018（12）：151-152.
⓮ 四川省文物考古研究院. 宣汉罗家坝 [M]. 北京：文物出版社，2015：337.
⓯ 袁珂. 山海经校译 [M]. 上海：上海古籍出版社，1985：30.
⓰ 同⓯：236.
⓱ 同⓯：272.
⓲ 同❷：71.
⓳ 同❷：138.
⓴ 同⓳：77.
㉑ 同⓳：82.
㉒ 同⓭：158.
㉓ 程万里. 汉画四神图像 [M]. 南京：东南大学出版社，2012：35-66.
㉔ 杨铭. 土家族与古代巴人 [M]. 重庆：重庆出版社，2002：153.
㉕ 应骥. 巴人源流及其文化 [M]. 昆明：云南大学出版社，2007：199-201.

前文已经论及渠县汉阙产生的巴賨文化历史背景，因此渠县汉阙图像具体内容应是来源于当时的巴地民间被广大民众认可、熟悉、流行的事物及社会意识。

雷圭元先生指出："图案和其他艺术在造型上都以生活为唯一源泉，中国图案具有明显的民族传统和民族风格，具有丰富的民族语言，充满着强烈的民族思想感情。"[1]虽然渠县汉阙总体上深受中原汉阙文化的影响，属汉文化和巴賨文化相融合的产物，但其图像艺术却源于汉代賨人在长期劳动实践中，对生活、生产中常见的各种事物形象的仔细观察和体会理解，其图像题材类型上体现出了浓郁的地域性、民族性特征，蕴含着丰富的巴賨民族文化语言和独特的巴賨民族情感思维。因此，对图像题材类型的梳理，是我们探讨渠县汉阙图像艺术的重要环节。

渠县汉阙图像艺术从表象上看表达的是賨人对死后升仙、长生不死的渴望，但本质上却揭示了巴賨民族面对国家的发展与建设，面对人生价值的拷问时所展现的乐观豁达、积极探索的精神境界，也蕴含着朴实深厚的爱国孝亲的家国情怀，以及诚信、忠勇、正直的思想信仰。在当今新时代，在中国共产党带领全国各族人民为实现中华民族伟大复兴的前进方向中，弘扬和坚持这些充满正能量的巴賨文化精神，对于深入推进国家改革开放和社会主义现代化建设，书写经济快速发展和社会长期稳定两大奇迹，均具有深远的历史意义和现实意义。

[1] 雷圭元. 雷圭元图案艺术论 [M]. 上海：上海文化出版社，2016：101.

第五章 渠县汉阙图像母题及其视觉符号解读

第一节

渠县汉阙图像题材类型研究

表 5-1 为渠县汉阙图像题材类型统计表，我们通过它可以更清楚地把握渠县汉阙图像题材类型的特点，从而尽可能地正确认识与解读渠县汉阙蕴含的巴賨民族文化本质。

经归纳，渠县汉阙图像大致分为升仙、祥瑞、图腾崇拜、思想遗存、生产生活、历史人物故事等题材类型。

第一，渠县汉阙中，数量最多、内容最丰富的图像题材是升仙和祥瑞两类。首先以升仙题材为甚，主要是表现非现实、虚幻性质的，以西王母仙班（包括西王母、玉兔、三足乌、九尾狐、蟾蜍等）为主的仙界背景，并描绘墓主前往仙界求不死药所展开的升仙活动。这些图像主要包括仙人骑白鹿（翼龙）、拜谒献礼西王母、女仙启门、玉兔捣药、女仙取药等具体内容。其次是祥瑞图案，主要包括趋吉避凶的驱邪图案和预示吉祥征兆的图案，如狮形的辟邪、天禄及角神等镇邪图案，以及四神、蟾蜍、鱼、蛇、猴、蜂巢、雀等具有吉祥寓意的视觉符号。从这些祥瑞图案看，巴賨地区可谓是中国古代吉祥图案文化起源地之一。

第二，在上一章中，本书已经详细论及渠县汉阙中的英

表 5-1 渠县汉阙图像题材类型统计表

阙名	升仙题材	祥瑞题材	图腾崇拜遗存题材	生产生活题材	历史人物题材
冯焕阙	—	青龙、玄武、蟾蜍、铺首衔环、四方连续方胜纹	—	—	—
沈府君阙左阙	西王母仙班(仙人、飞鸟、奔兔、三足乌、蟾蜍、仙草)、仙人持节乘白鹿、玉兔捣药	朱雀、(下图脱落)、辟邪、角神、青龙衔璧绶	英雄戏虎	—	董永侍父
沈府君阙右阙	西王母仙班(三足乌、玉兔、蟾蜍)、求药使者、仙人乘白鹿	朱雀、铺首衔天、白虎衔璧绶、天禄、角神	英雄戏虎	射猴射雀	—
蒲家湾无铭阙	西王母仙班(朱雀、三足乌、九尾狐、拜谒者、乘马及持竿捕猎者)及翼马、翼龙、双头鸟、仙人持节乘白鹿、玉兔捣药	朱雀、(下图脱落)、青龙衔璧绶、辟邪、角神、嘉禾、三株树	英雄戏虎	—	董永侍父
王家坪无铭阙	仙人及神兽、仙人乘飞龙、仙人取药、玉兔捣药、持节谒见献礼西王母、女仙启门	朱雀、铺首衔环、青龙衔璧绶、辟邪(天禄)、角神、日神、月神	双虎	射雀射兽	荆轲刺秦王
赵家村东无铭阙	仙人乘白鹿、拜谒使者、兽头人身神灵、谒见献礼西王母、持节人物、女仙启门	朱雀、玄武(已毁)、青龙衔璧绶、鱼、辟邪(天禄)、角神、白雉、仙人、仙禽异兽(漫漶)	英雄戏虎	犬兔射猎众多侍女及侍从	—
赵家村西无铭阙	仙人骑白鹿、仙人六博、人物、玉兔、三足乌、谒见献礼西王母、仙人启门、车马送别开天、西王母赐药	朱雀、玄武、白虎衔璧绶、蟾蜍、突禄、角神	英雄戏虎	射猴射雀、掏蜂窝	—

雄戏虎图和双虎图，此类图像可归纳为图腾崇拜信仰遗存题材。虎，作为百兽之王，是力量、勇猛、无敌的化身。在古时，虎与武、战争、军事等字眼联系得极为紧密，虎即武、武即虎，"虎"式图像有着深刻的军事文化渊源，为武神、战神的象征。[1]巴人的白虎崇拜亦源于祖先崇拜，它凝聚着巴人尚武的民族精神，因此，此类题材是一种反映巴人的白虎图腾崇拜的特殊图像。

第三，渠县汉阙图像中，表现大型车马队伍出行等生活场景类的现实性题材极少，仅赵家村西无铭阙刻有一幅简陋的两马一车的车马出行送别图。渠县汉阙中车马出行图像的鲜见很可能与巴賨地区的地理环境因素有很大关系。川东虽不及长江三峡悬壁陡峭、峡谷幽深，但峰峦层叠，平坝河谷及多级阶地的岭谷相间，在地质构造上被称为川东梳状褶皱带。[2]这种山大谷深、崎岖不平的地貌特征决定了大型车马根本无法在古代川东地区顺畅通行，车水马龙、华盖如云的现象在巴賨地区很难见到，故而巴賨工匠对这类图像并不熟悉。

第四，休闲娱乐题材的图像内容在渠县汉阙中亦罕见，仅赵家村西无铭阙刻有一幅仙人六博图。考古发现，刻饰有大量歌舞百戏及娱乐宴饮内容的汉画多集中于成都平原周边及河南、山东等地区。如蜀地汉阙刻有至少三幅以上鼓琴图，河南汉阙刻有较多的蹴鞠、宴饮、杂技表演、斗鸡等图像。《史记·苏秦列传》载："临淄甚富而实，其民无不吹竽鼓瑟，弹琴击筑，斗鸡走狗，六博蹋鞠者。临淄之途，车毂击，人肩摩，连衽成帷，举袂成幕，挥汗成雨，家殷人足，志高气扬。"[3]司马迁认为经济的繁荣为人们追求娱乐生活提供了可能。汉代的娱乐游戏活动大量流行于"甚富而实"

的经济发达地区，这从侧面说明了在以农耕经济为主导的汉代，巴賨地区经济受到地理环境的严重制约，其经济发展状况与成都周边或中原地区及山东地区仍然存在较大差距，奢靡、享乐之风不及上述地区盛行。

第五，渠县汉阙仅见三幅历史人物故事题材类图像。其中，王家坪无铭阙的荆轲刺秦王图最引人注目。吕思勉先生说："好文者为游士，尚武者为游侠。"❹《史记·游侠列传》曰："今游侠，其行虽不轨于正义，然其言必信，其行必果，已诺必诚，不爱其躯，赴士之厄困。既已存亡生死矣，而不矜其能，羞伐其德，盖亦有足多者焉……"❺ 荆轲是秦汉时期最著名的游侠之一，他反对秦王暴政、守信于太子丹，为了天下百姓以暴制暴、慷慨赴死，该图表达了賨人对荆轲的侠义精神、大无畏英雄气概以及信守承诺的高尚品格的敬佩之情。在巴人历史上，从上古巴国首领廪君开始，到先秦时期舍头保国的巴国将军巴蔓子，以及助刘邦平三秦的賨将范目，再到东汉末年宁死不降的巴郡断头将军严颜……这些著名的巴賨豪杰无一不是以其勇武、侠义的英雄事迹而青史留名。虽然巴賨民族的尚武性格带些许暴力成分，但其本身并不具有侵略性，总体来说是善良、正义的。

第六，虽然生产、生活等现实题材类图像在渠县汉阙中非常少见，但有一种看似取材于生产、生活场景的射猴图、射雀图、掏蜂窝图却反复出现于多座渠县汉阙之上，在蜀地汉阙亦发现两幅这种图案。四川、山东、陕西、安徽、河南等地的汉画中也能看见此类图案。邢义田先生通过对数十幅汉画中的射猴射雀图的构成模式进行研究，指出这种射猴射鸟图应该更名为射爵射侯图❻。《礼记·射义》载："射侯者，射为诸侯也。"古时"雀"与"爵"谐音，"猴"与"侯"

谐音，猴、雀寓意侯爵❼。渠县汉阙中的射猴射雀图均由大树、猴、鸟、仰射之人等视觉符号组成，完全符合邢义田先生分析的射爵射侯图视觉符号规范，所不同的是，渠县汉阙均借用了阙楼斗拱作为大树造型。此外，沈府君阙中的树下仰射之人竟然一丝不挂，这在汉代射爵射侯图中是绝无仅有的另类造型，颇具豪放不羁、率直淳朴的艺术气息。赵家村西无铭阙中的稚童掏蜂窝图与射雀射猴图意义相似，"蜂"与"封"谐音，蜂巢与猴、鸟同时出现，意为"封侯"。此类图案寄托着巴人封侯晋爵、祈求富贵的美好愿望，生动地反映了巴賨民族渴望建功立业、报效国家的美好梦想和朝气蓬勃、积极进取的人生态度。

  第七，渠县汉阙图像中亦有少量的单纯意义的狩猎图出现。例如，在赵家村东无铭阙楼部背面刻有一人拉弓射箭、随犬飞奔的捕猎场景。这种狩猎图与射雀射猴图是有区别的，它并未出现鸟、猴、树等图像元素，并且该图像常在渠县汉阙中作为西王母仙班图中的一部分出现，成为渲染仙界场景的背景图案，这表明山地狩猎是巴賨地区人们最喜爱的休闲娱乐活动之一，这一活动也被賨人植入神仙世界，他们渴望自己升仙之后还能够继续享受这样的人间乐趣。这种狩猎图是基于賨人对自己最为憧憬向往的美好现实生活的艺术加工，渗透着巴地民间的世俗性和地域性色彩。

  总之，渠县汉阙在整体上以大量的升仙、祥瑞题材为最主要的图像表现类型，以表现巴賨民族信仰崇拜作为重点图案题材，以数量稀少的生产生活、历史人物故事等题材图案作为补充。经过以上梳理，我们会发现渠县汉阙在图像题材类型上具有鲜明的"重神话、崇信仰、轻现实"的艺术特点。

❶ 曾超. 巴人尚武精神研究 [D]. 中央民族大学, 2005：90.
❷ 四川省渠县志编纂委员会. 渠县志 [M]. 成都：四川科学技术出版社, 1991：78.
❸ 司马迁. 史记：全 10 册 [M]. 北京：中华书局, 2013.
❹ 吕思勉. 秦汉史 [M]. 上海：上海古籍出版社, 1983：517.
❺ 同 ❸.
❻ 邢义田. 汉代画像中的"射爵射侯图" [C]. 中央研究院历史语言研究所集刊, 2000：12.
❼ 崔浩. 汉画中猴形象初探 [J]. 文物鉴定与鉴赏, 2019（9）：25.

第二节

渠县汉阙图像母题分类

在渠县汉阙中，有一部分图像被反复刻饰于不同的汉阙上，如朱雀、玄武、铺首衔环等图案反复刻饰于阙身正面，阙身侧面总是离不开白虎衔璧绶图或青龙衔璧绶图，阙楼下段居中及四隅必刻辟邪（天禄）兽首、角神图像，以及中段及上段刻有西王母仙班图及云气纹、谒见献礼西王母、女仙启门、仙人持节乘白鹿（翼龙）、射雀射猴、英雄戏虎等图像，其出现的频率高达 3～6 次。可见，它们对于渠县汉阙来说肯定具有非常重要的特殊功能或意义，因此，笔者把刻饰频率极高的图像称为渠县汉阙图像母题，并对其进行了分类归纳和数据统计（见表 5-2 所列）。

从表 5-2 中可见渠县汉阙反复出现的 17 种图案中，出现频率≥3 次的图案高达 14 种，此类图案在很大程度上揭示了巴賨地区丧俗中的某些民间精神信仰及集体意识形态，故可称其为渠县汉阙图像母题。这些图像母题折射出以下问题：宕渠地区应当有一批技艺高超的民间匠人专门从事墓葬画像、雕塑、碑刻等艺术活动，他们会依据巴賨人民的喜好，创作深受巴賨民众喜爱、流行于宕渠地区的图案。这些

表 5-2 渠县汉阙图像母题统计表

序号	渠县汉阙图像母题	出现次数	阙名	备注
1	朱雀	6次	渠县汉阙诸阙	冯焕阙除外
2	天禄（辟邪）兽首	6次	渠县汉阙诸阙	冯焕阙除外
3	角神	6次	渠县汉阙诸阙	冯焕阙除外
4	英雄戏虎	6次	渠县汉阙诸阙（冯焕阙除外）	王家坪无铭阙"英雄戏龙"图中的人物或损毁不存
5	青龙（衔璧绶）	5次	沈府君左阙、蒲家湾无铭阙、赵家村东无铭阙、王家坪无铭阙、冯焕阙	冯焕阙楼部正面刻青龙
6	西王母仙班	5次	沈府君阙左、右阙，蒲家湾无铭阙，赵家村西无铭阙、王家坪无铭阙	
7	仙人乘白鹿（翼龙）	6次	沈府君阙左、右阙，蒲家湾无铭，赵家村西无铭阙、赵家村东无铭阙、王家坪无铭阙	赵家村西无铭阙的此图像漫漶严重。赵家村东无铭阙白鹿背上的人物残损，仅存一条腿。王家坪无铭阙为仙人乘翼龙
8	谒见献礼西王母	3次	王家坪无铭阙、赵家村东无铭阙、赵家村西无铭阙	
9	仙人执节	5次	沈府君阙左、右阙，蒲家湾无铭阙、赵家村东无铭阙、王家坪无铭阙	沈府君右阙中的仙人所执之节损毁不全
10	仙人启门	3次	王家坪无铭阙、赵家村东无铭阙、赵家村西无铭阙	
11	玉兔捣药	3次	沈府君左阙、蒲家湾无铭阙、王家坪无铭阙	
12	射雀猎猴	4次	沈府君右阙、王家坪无铭阙、赵家村西无铭阙、赵家村东无铭阙	王家坪无铭阙中的猴漫灭不存，赵家村东无铭阙中的猴头损毁
13	铺首衔环	4次	冯焕阙，沈府君阙左、右阙，王家坪无铭阙	王家坪无铭阙此图像损毁不全，沈府君左阙此图案绝大部分脱落不存
14	玄武	3次	冯焕阙、赵家村东无铭阙、赵家村西无铭阙	赵家村东无铭阙玄武漫漶不清，冯焕阙背面刻玄武
15	白虎（衔璧绶）	2次	赵家村西无铭阙、沈府君右阙	
16	董永孝亲	2次	沈府君左阙、蒲家湾无铭阙	
17	携犬射猎图	2次	蒲家湾无铭阙、赵家村东无铭阙	

较为固定、成熟的图案具有程式化、象征性的艺术特点,生动地描绘了賨人向往的神仙世界,体现了賨人追求建功立业、报效家国的人生志向,以及祈盼子孙富足顺利的美好心愿,并在不经意间融入宕渠当地的建筑风格、衣着服饰、风土人情以及賨人真实的生产、生活场景。

这些图像母题均以表现墓主乘白鹿或翼龙进入天界,谒见西王母求得仙药,最终羽化升仙为故事主旨。需要指出的是,渠县汉阙图像母题中的墓主升仙故事情节隐含着积极的"社会教化"的治世功能。在汉代,墓阙是建于地表专门供人观瞻的功德"牌坊",属于墓葬公共空间,墓主的功绩、德行、思想信仰皆通过汉阙图像艺术表现出来,以光耀门楣,垂范后世。渠县汉阙中的冯焕阙及沈府君阙,其铭文所列官职均显示了墓主生前的地位,冯焕以"刚直不阿、不畏权贵"流芳后世,沈府君亦是一位为维护汉帝国统一南征北战、功勋卓著的巴賨豪杰。其他四处汉阙虽无铭文,但均通过英雄戏虎、射雀射猴、荆轲刺秦王、董永侍父等图像母题,将墓主的形象塑造为勇猛英武、忠孝侠义的豪杰。

渠县汉阙图像母题似乎向世人暗示着:神仙世界是真、善、美之地,只有生前造福家国、行善积德、品行高尚之人,才有资格在死后进入仙界,并得到西王母的接纳和赏赐,获得仙丹,羽化升仙,隐含着明确的"助教化、成人伦"的劝人向善的意识,这与后世道教升仙思想是基本一致的。《抱朴子内篇·对俗》云:"人欲地仙,当立三百善;欲天仙,立千二百善。若有千一百九十九善,而忽复中行一恶,则尽失前善,乃复更起善数耳。"又云:"积善事未满,虽服仙药,亦无益也。"[1] 在当代社会,如果我们能够去伪存真,充分发挥渠县汉阙图案求仙思想中的向善、进取的积极因素,将为社会的发展提供有益的思想养分。

第五章 渠县汉阙图像母题及其视觉符号解读

❶ 王明. 抱朴子内篇校释[M]. 北京：中华书局，1985.

第三节

渠县汉阙部分图像母题及视觉符号解读

对于渠县汉阙图像母题及视觉符号，必须要紧扣汉代神仙信仰思想核心，这是解读渠县汉阙图像艺术文化内涵的关键性钥匙。这些渠县汉阙图像母题及视觉符号大致是依照墓主前往仙界求不死药的升仙活动的展开顺序来安排布局视觉流程的，从汉阙的下部、侧面、楼部，直至阙顶，依次出现的有玄武、铺首衔环、朱雀、青龙、白虎，以及西王母仙班、仙界云气纹、仙人执节乘白鹿（翼龙）、方士执节拜谒献礼西王母、女仙启门、射雀射猴、董永孝亲、英雄戏虎等故事场景、情节及视觉符号。本节仅对其中一部分颇具代表性的渠县汉阙图像母题展开讨论，其余的渠县汉阙图像与蜀地汉阙相同或相近的共有母题内容，则将在后面第七章进行阐述。

一、图像母题之———铺首衔环

渠县汉阙中的铺首衔环图，通常刻饰于阙身正面下方位置，以象征仙界天门入口。诸阙中，冯焕阙的铺首衔环图保

图 5-1　渠县冯焕阙铺首衔环

图 5-2　渠县沈府君阙铺首衔环

存得最为清晰完好，其余六座汉阙的铺首衔环图则多残缺不全，有的甚至无法辨识（如图5-1、图5-2、图5-3所示）。《说文解字·金部》："铺，箸门抪首也。从金甫声。"段玉裁注曰："铺，门首也。"[1]"首"字可理解为兽头之意。汉代的国家宗庙大门、贵族和富人宅邸的大门或窗户上，通常都设有铜质衔环铺首，它既具有方便客人叩门和开闭门户的实用功能，同时具有一定的装

图 5-3　渠县王家坪无铭阙铺首衔环

饰性。关于铺首图案之源流，目前学界较为一致的观点是：铺首形象源于商周铜器上的饕餮纹饰，铺首所衔圆环是玉璧的简化，玉璧是古代巫师事神的礼器，是沟通人神的工具。因此，铺首衔环图像是原始巫术的遗留，在墓葬中起着沟通天、地、人、神的作用，可把死者灵魂送入天国。❷

汉代铺首衔环图案大量刻饰于河南、江苏、四川、陕西等地区的祠堂门阙、墓室墓门、画像石棺前端等醒目位置，面目多恐怖狰狞，充满诡秘之感。对于铺首图案的具体造型，历代文献有着不同的论述。"铺首"最早见于《汉书·哀帝纪》"孝元庙殿门铜龟蛇铺首鸣"，有注曰："铺首作龟蛇之形，以衔环者也。"❸《风俗通义》《后汉书》等古籍认为铺首为避藏周密谨慎的蠡（通"蠃"，即"螺"）或螺蛳。杨慎的《升庵集》卷八十一则曰："俗传龙生九子，不成龙，各有所好……九曰椒图，形似螺蚌，性好闭，故立于门铺首。"❹还有学者认为铺首的原型是原始社会的龙图腾及男根、女阴的复合形。❺张道一先生认为，铺首是一种集勇武、凶猛的动物特征于一身的最厉害的艺术概括形象。它有炯炯有神的眼睛，锋利的獠牙，嗅觉灵敏的鼻头，竖立的大耳，坚硬的鬃毛，如虎似狼，像狮似豹。❻

沈府君阙右阙和王家坪无铭阙的铺首衔环图案，仅剩铺首头顶尖锐的独角、竖立的双耳及其所衔玉环，其尖角造型较为符合铺首造型源于"蠡、螺蛳或者椒图"的古籍描述。另外，冯焕阙中的铺首衔环头上有一对似龙角的分叉犄角，两角之间又生有一疑似蠡、螺蛳等的尖角。以上三座汉阙的铺首头顶上的尖角与竖直的双耳于整体上皆形成了一个清晰可辨的"山"字形。孙长初先生认为，汉画中戴山字形高冠的铺首图像，是对与史前原始巫术相关联的神巫形象的简化或抽象，以神巫在祭祀活动中所戴的最具特征的冠帽作为艺术表现的化身，省略人物的四肢，甚至脸面，这是古代工匠进行艺术创作的结果。❼据此推测，渠县汉阙中的铺首衔环图案具有驱邪镇鬼、保护门户的巫术寓意，将它刻饰于墓葬建筑中，其目的很明确，即用以驱鬼镇墓，避免墓主的魂魄遭受孤魂野鬼的侵扰，保护墓主的灵魂顺利升天。可见，铺首衔环图案担负着极为重要的门神职责，它是天门入口之象征符号，标志着此处为进入仙界的第一道门槛。

汉代铺首衔环图案有时为独立纹样，如渠县冯焕阙即属此类，但更多情况下铺首衔环图案常与四神元素组合，构成较为固定的图式。渠县汉阙中的沈府君阙右阙、王家坪无铭阙均为阙门上刻朱雀、下刻铺首衔环，由此可推测蒲家湾无铭阙、沈府君阙左阙的朱雀下方，在其已漫漶剥落的石层位置，原本应是刻有铺首衔环图案的，这种上朱雀、下铺首的图式广泛分布于陕西、江苏、山东、四川等地的汉代墓葬中。此外，渠县赵家村东无铭阙、赵家村西无铭阙的阙门上均上刻朱雀、下刻玄武，但无铺首衔环。学者程万里指出：汉代铺首衔环图像常与单一四神元素相组合，通常是白虎或者朱雀与之搭配，主要出现在墓门门扉之上，以狰狞的铺首来吓唬鬼魅，使之不敢近前作祟，朱雀、白虎引导人的灵魂飞升，既满足辟邪镇鬼的功用，又达到了入仙界的目的。❽

但从目前出土的汉画中的铺首衔环图案看，远不止上述图式，如山东诸城、临淄、临沂、昌乐及江苏徐州等地的铺首衔环下方往往系着绶带，还有白虎（青龙）、绶带与铺首衔环三元素的组合图式。❾陕西绥德及神木、江苏徐州等地流行朱雀、白虎（青龙）与铺首衔环三者相组合，以及朱雀、绶带与铺首衔环搭配的图式。陕西米脂、山东安丘、河南方

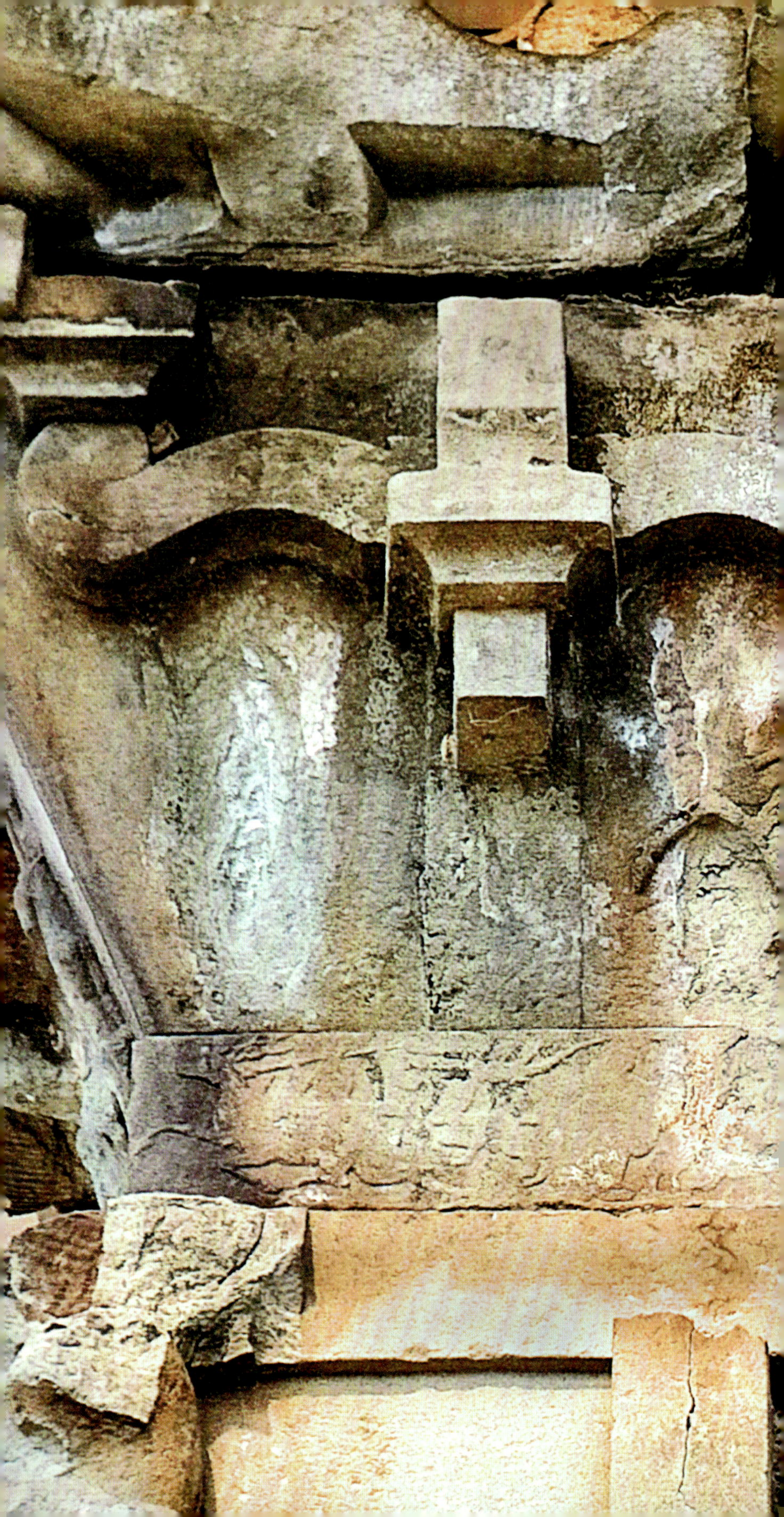

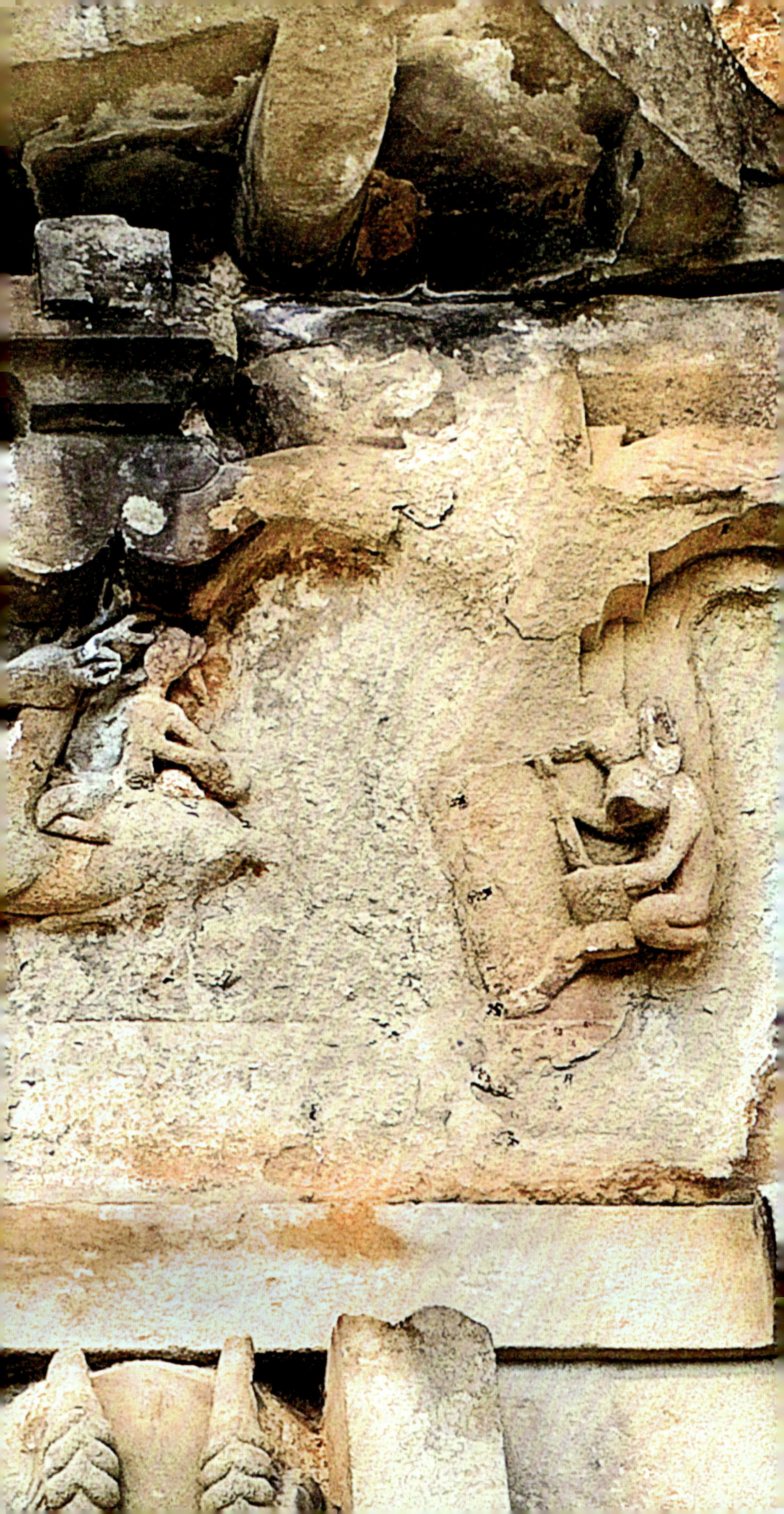

城等地还有朱雀、神牛（独角兽、神人、双鱼）与铺首衔环的组合图式。❿

二、图像母题之二——仙人持节乘白鹿（翼龙）

渠县汉阙中除了冯焕阙之外，其余六座汉阙均在阙楼中段正面居中位置刻有仙人持节乘白鹿（翼龙）图，图中一仙人肩扛一旌节，骑着白鹿或翼龙作疾驰飞腾状（如图 5-4 所示）。对于这一图像中的仙人，学界普遍认为是女子。例如，学者罗洪忠叙述："沈府君阙东阙楼部第二层上段的弯曲斗拱下刻一仙女乘鹿。"⓫《四川汉代石阙》叙述："沈府君阙左阙楼部浅浮雕刻一女荷长竿、竿端悬两物，乘鹿疾驰……拱间正面居中浮雕一女乘鹿，右阙楼部拱下亦有一仙女乘白鹿，乘者男女不辨……隐约可见为一女子。"⓬《中国汉阙全集》和《四川汉代石阙》均称王家坪无铭阙正面斗拱间刻有仙女乘龙图案⓭。可见，学界对这一图像中的人物形象的认识普遍是模糊甚至是错误的，同时也说明渠县汉阙中的仙人造型与其他地区的造型有所不同，加之漫漶模糊，故而有一定的辨识难度。

汉代的祠堂、墓室、石棺、崖墓等墓葬中的画像石（砖）中有大量的仙人图像，其形象多为人首人身、肩背及双腿生羽，或者人身鸟首、人首鸟身而浑身生羽的造型，因此又被称为"羽人"或者"神人"。关于羽人及其神话的记载最早见于《山海经》,《楚辞》和《吕氏春秋》等古籍均记载了"仍羽人于丹丘兮，留不死之旧乡"，东汉王逸注《山海经》言有羽人之国，不死之民，或曰人得道，身生毛羽也""九阳之山，羽人裸民之处，不死之乡"。经过此番神仙

第五章 渠县汉阙图像母题及其视觉符号解读

瘦削、身着无领交襟长衣。⑯河南南阳地区汉画中的羽人形象近似蟑螂，长头尖腮，头发往后翘，背后与臀部大多刻画有两个三角形的羽翼。山东嘉祥地区汉画中的羽人往往身穿冠服，比例大体适中，背部多有符合身体比例的写实形羽翼，不少羽人腿部处理成蜷曲的单尾或双尾的蛇尾巴。⑰上述地区的羽人皆生翼或披羽，非常接近东晋葛洪笔下"面生异骨，体有奇毛"的仙人形象描述，而渠县汉阙中的乘白鹿（翼龙）仙人除了一对大耳出颠，其面相、身形都与常人无异，且不见其肩背生翼或披羽，估计这正是其被误解为头有双髻的女子、女童或仙女的重要原因（如图5-5所示）。

　　值得注意的是，骑白鹿（翼龙）仙人手持之物为汉代旌节。中国古代的旌节主要是君主颁给使者的凭信，又叫"使节"。使者执行君主的使命时，或持于手中，或载于车后，复命交还。⑱因此，在神话中，持节仙人充当着天帝的使者，成为人类生命的拯救者和灵魂的引导者，仙人手中之节即为天帝之信物。⑲汉代诗歌《长歌行》"仙人骑白鹿，发短耳何长，导我上太华，揽芝获赤幢"亦说明骑白鹿（翼龙）仙人是仙界的灵魂接引人，其职责是将墓主灵魂引导到昆仑山。因此，渠县汉阙的仙人持节乘白鹿（翼龙）图像母题是一个典型的象征着升仙的祥瑞符号。

　　那么，渠县汉阙中这一仙人形象为何没有生翼或披羽呢？孙作云先生认为："羽人图像起源于沿海各地东夷民族的鸟图腾崇拜，他们装扮成鸟的样子以模仿鸟的飞翔，相信死后复归于鸟而升天的迷信引申出后代飞仙的思想……"⑳因此，山东地区汉画中的有翼仙人形象最为常见，而先秦巴人以白虎图腾崇拜著称于世，据此，巴人对仙人是否生翼的问题并不如东夷民族那样重视，而是更加倾向于葛洪《神仙传》所说的"仙人者，或竦身入云，无翅而飞，或驾龙乘云，上造天阶……"[21]关于这一问题，冯其庸先生指出，中国羽人图像经历过从有翼到无翼的演变、衍化的发展过程。佛教传入中国之后，逐渐与中国的文化精神和图像传统相匹配，羽人图像由男变女，一跃而成为"无翼者而飞"的飞天形象。[22]

当然，渠县汉阙中也刻饰着不少有翼仙人形象，如赵家村西无铭阙的仙人六博图中的两位仙人，其肩背处皆可见突出的弧线型羽翼。按照渠县汉阙图像布局构思，阙楼越往上，就越接近昆仑仙界，居于阙楼高层的仙人必定比阙楼低层的仙人的神格和等级更高。有学者指出："在汉画中具有持节、捧药、持仙草、骑马驾车、乘龙、乘虎、骑獐、骑鹿、戏龙、戏凤、戏马、飞翔等动作的羽人，多为西王母仪仗、仙界或吉兽组合画面的一部分，一般不单独出现，是地位相对低下的神仙类。"[23]因此，渠县汉阙楼部顶层的仙人往往生有羽翼，他们作为沟通天、地、人、神的信使，接引墓主前去拜谒献礼于西王母，而那些位于阙楼低层的候立、持物的仙人则无翼，他们是仙界侍从。例如，王家坪无铭阙的拜谒献礼西王母图，其中似有执节方士、戴冠墓主、执杖巫师，这三人皆着长服，肘肘处均生有形状明显的羽翼，唯独一名上身赤裸、手持灵芝的仙人无翼。这种来自人间社会的等级观念在赵家村东无铭阙、西无铭阙的仙界场景图像中亦存在（如图5-6所示），这表明賨人的神仙信仰中渗透着浓厚的人间礼教色彩，他们认为仙界同样存在着等级差别。

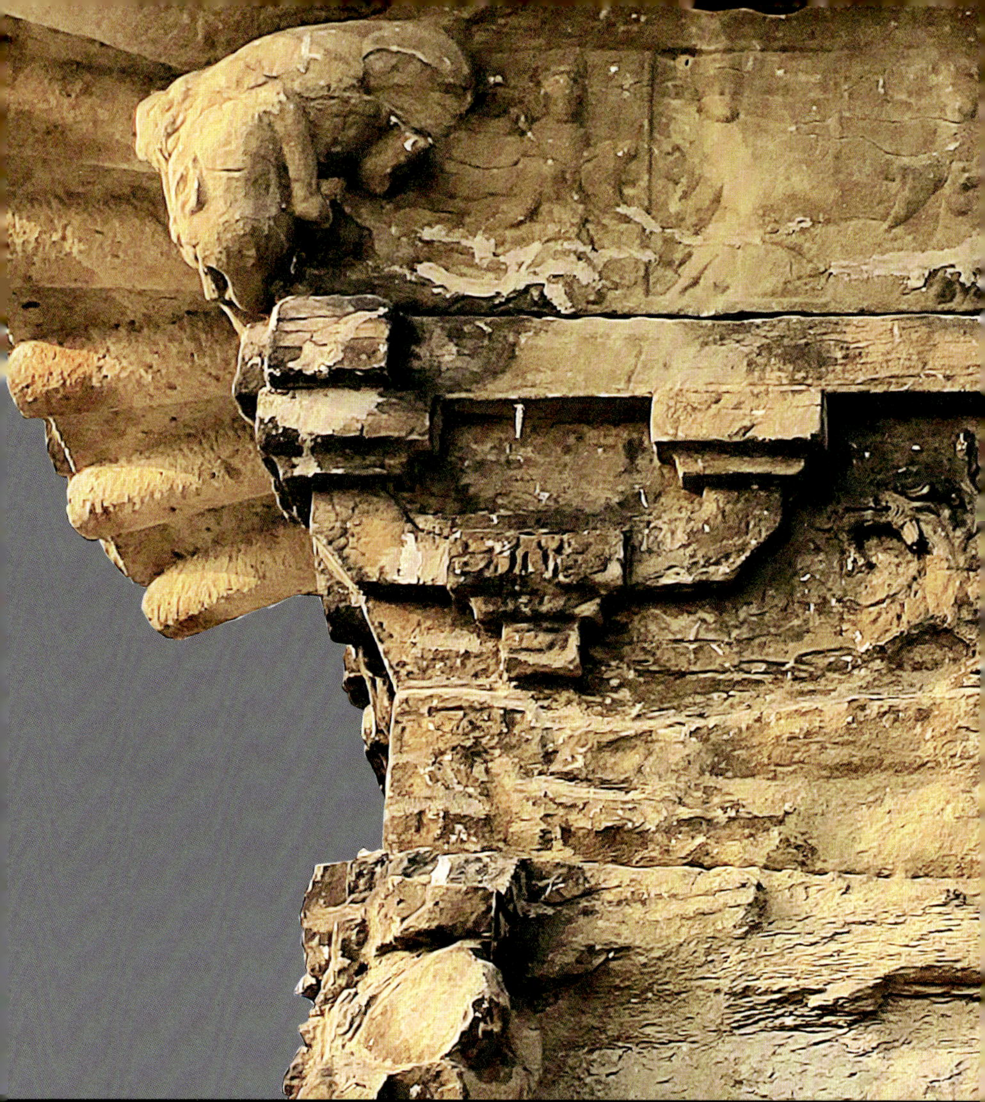

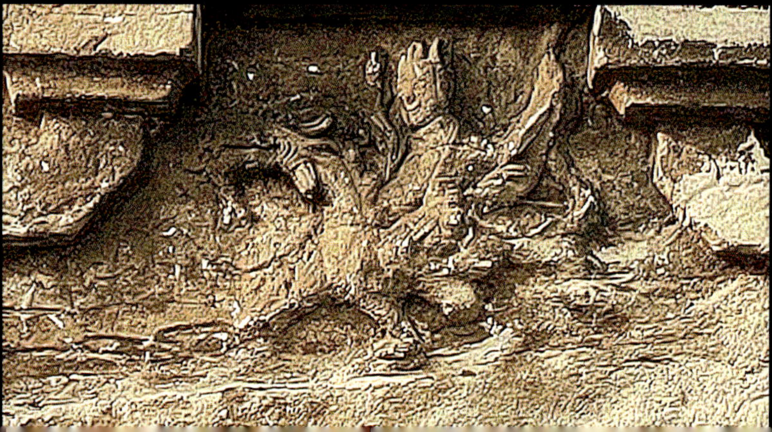

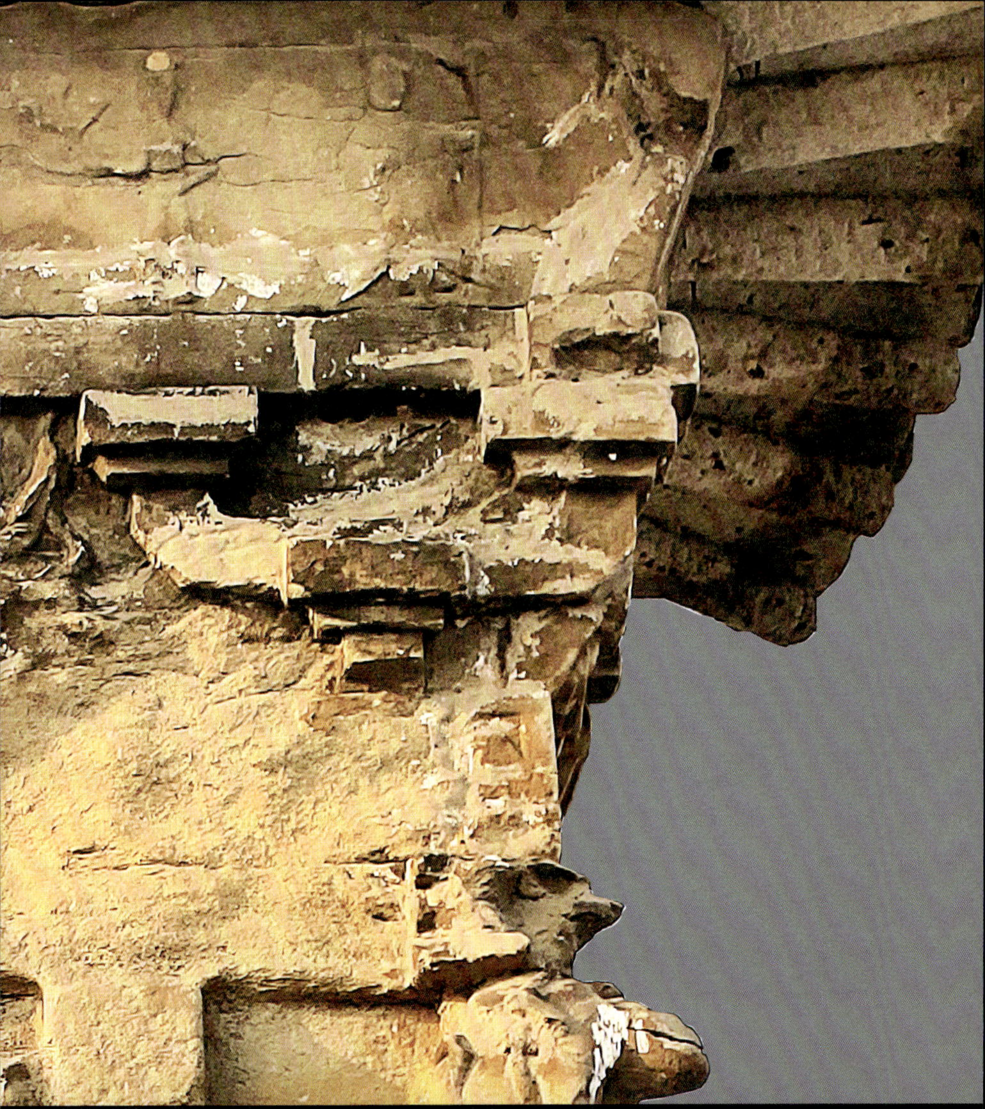

图 5-6　渠县赵家村东无铭阙的右边两名仙界侍从及拓片

三、图像母题之三——董永侍父图

  渠县汉阙中的历史人物故事图像仅有三幅，其中两幅均为董永侍父图，分别刻饰于沈府君阙左阙和蒲家湾无铭阙中（如图 5-7、图 5-8 所示）。董永侍父图是汉代最经典的孝子图之一，它时常出现于汉代墓葬画像中。例如，四川乐山柿子湾一区一号崖墓，山东嘉祥县武梁祠，河南洛阳的北魏石棺和懋宁石室中均有发现。渠县汉阙的两幅董永侍父图与四川乐山柿子湾一区一号崖墓的董永侍父图非常相似，有可能出自同一粉本。该图中，董永手持铁锄或铁锸等农具立于田间，旁边大树下，董父坐于一独轮鹿车上，董永为父亲递物或喂食。汉代以孝治天下，孝子图始于汉代，至宋元时期，有固定的二十四孝图，董永孝亲图一直居于其中。[24]有学者强调，汉代孝道思想的核心与基本内涵是"家之孝子、国之忠臣"，孝子图的主导功能是"明劝诫"[25]。

渠县汉阙中的人物故事类图像如此稀少，而董永侍父图却被精心刻饰于阙上，它必然符合巴賨民族文化流俗和当时的社会思想信仰。《资治通鉴·汉纪》载："自三代既亡，风化之美，未有若东汉之盛者也。"渠县汉阙对孝子图的重视，除了与汉代举孝廉的察举选官制度有一定的关系，也契合了巴賨地区自古以来就有的朴素的庶民孝养之义。本书已于第三章提及《华阳国志》所载先秦巴人诗歌，表明巴人孝敬父母、祭祀先祖的美德及习俗古已有之。而孝文化正是促进民族融合、实现华夏统一的思想基础之一。本书认为，沈府君阙和蒲家湾无铭阙所刻董永孝亲图，既是对巴賨人孝亲美德及习俗的发扬、传承，又是巴賨人对汉帝国所推崇的孝亲忠君思想和举孝廉任官制的认同。墓主很可能正是因其孝道美德而被举荐为官，或者墓主非常重视孝道德行。

渠县汉阙的董永孝亲图所隐喻的"家之孝子、国之忠臣"的孝义精神是汉代儒家思想道德教化的体现，有"明劝诫，助教化，成人伦"的思想深意，对巴賨民众产生了巨大的影响力和感染力，这也为爱国主义价值观在后世逐渐被确立为中华民族传统美德奠定了思想基础。《太平寰宇记》载："贞观八年改临州为忠州，以地边巴徼，意怀忠信为名。"《忠州直隶州志》载："贞观八年，以蔓子、严颜故，改名忠州。"[26]

图 5-7　渠县蒲家湾无铭阙的董永侍父图及拓片

第五章 渠县汉阙图像母题及其视觉符号解读

图 5-8　渠县沈府君阙的董永侍父图及拓片

后裔土家族充分继承,并经过近现代社会的斗争的洗礼而得到进一步升华,为中华民族爱国主义精神的发展、丰富及弘扬做出了重大贡献。[27]直至20世纪,作为中坚力量的数百万巴蜀铁血男儿,精忠报国、慷慨赴死,为中国抗日战争的最终胜利付出了鲜血与生命。这些巴蜀儿女无一不是家之孝子、国之忠臣。

现陈列于中国人民抗日战争纪念馆的抗战文物——死字旗,是当年一名川军战士出征前其老父所赠,旗上书:"我不愿你在我近前尽孝,只愿你在民族分上尽忠""国难当头,日寇狰狞,国家兴亡,匹夫有分。本欲服役,奈过年龄。幸吾有子,自觉请缨。赐旗一面,时刻随身,伤时拭血,死后裹身。勇往直前,勿忘本分!"可见,经过近两千年的历史演变,汉代封建社会忠君孝亲思想早已上升为精忠报国的民族情怀。据此,渠县汉阙中的董永侍父图,难道不应该被视为民族魂的孕育源泉之一吗?董永侍父图最初的本意和主旨是彰显质朴的庶民孝养之义,这种基于血缘亲情,合乎人性,具有华夏文化特色的真、善、美思想,是中华民族大团结和中国家庭伦理道德的基石,对于维系家庭亲情、维护社会稳定和国家安定均具有着极为重要而深远的意义。值得我

❶ 段玉裁.说文解字注[M].上海:上海古籍出版社影印经韵楼藏版,1981:713.
❷ 孙长初.汉画像石"铺首衔环"图像解析[J].南京艺术学院学报(美术与设计版),2006(3):54.
❸ 班固.汉书[M].上海:上海古籍出版社,2003:222.
❹ 吴卫.飌屃驮碑考窥[J].求索,2005(4):129-132.
❺ 袁雪萍.汉代铺首衔环研究[D].南京:东南大学,2012:10.
❻ 张道一.汉画故事[M].重庆:重庆大学出版社,2006:377.
❼ 孙长初.汉画像石"铺首衔环"图像解析[J].南京艺术学院学报(美术与设计版),2006(3):54.
❽ 程万里.汉画代四神图像[M].南京:东南大学出版社,2012:160.
❾ 张道一.汉画故事[M].重庆:重庆大学出版社,2006:379.
❿ 王洪震.汉画像石[M].北京:新世界出版社,2011:256-263;同❺:30,54.
⓫ 罗洪烈.賨人故里:一幅用賨人文化碎片拼成的图[M].上海:学林出版社,2012:68.
⓬ 徐文彬,谭遥,龚廷万,等.四川汉代石阙[M].北京:文物出版社,1992:40-44.
⓭ 张孜江,高文.中国汉阙全集[M].北京:中国建筑工业出版社,2017:351;徐文彬,谭遥,龚廷万,等.四川汉代石阙[M].北京:文物出版社,1992:149.
⓮ 龚钢.汉画像石的羽人造型释疑[J].社会科学辑刊,2010(4):250.
⓯ 孙作云.中国古代神话传说研究:下[M].开封:河南大学出版社,2003:643.
⓰ 梁英梅.汉代羽人形象试探[J].四川大学学报(哲学社会科学版),2004(S1):13.
⓱ 同⓰:25.
⓲ 常培军.中国古代旌节述论[J].许昌师专学报,1997(S1):148.
⓳ 贺西林.古墓丹青:汉代墓室壁画的发现与研究[M].西安:陕西人民美术出版社,2001:25-48.
⓴ 同⓯:640.
㉑ 葛洪.神仙传[M].谢青云,译注.北京:中华书局,2017:52.
㉒ 常书鸿.新疆石窟艺术[M].北京:中共中央党校出版社,1996.
㉓ 同⓰:14.
㉔ 黄婉峰.汉代孝子图与孝道观念[M].北京:中华书局,2012.
㉕ 邹清泉.北魏孝子画像研究[M].北京:文化艺术出版社,2007:60,169.
㉖ 参看忠县博物馆内关于忠州地的介绍.
㉗ 曾超.巴人尚武精神研究[D].北京:中央民族大学,2005:14.

目前保存较为完好的巴蜀汉阙，除了分布于四川渠县、重庆忠县、重庆万州区、重庆江北区等川渝地区之外，其余的分布于成都周边的绵阳市、德阳市、绵阳梓潼县，以及雅安市、雅安芦山县、乐山夹江县、西昌市等地。为了与川东、重庆地区的汉阙相区别及方便论述，本文将其统称为蜀地汉阙。

蜀地汉阙中的西昌市无铭阙、夹江县杨公阙、德阳市司马孟台阙等与巴地汉阙一样，均为侧脚式造型。总体来说，蜀地汉阙仍以直脚式造型居多。蜀地汉阙材质多为当地红色或黄色砂石，石质粗糙疏松，其风化程度明显比巴地汉阙严重，有的甚至已漫漶至建筑形制，铭文及雕刻图案全无，如梓潼县的贾氏双阙和无铭阙即属此类。又如西昌市无铭阙，或因地震及其他外力因素而导致不同程度的损毁。另外，梓潼县的李业阙与巴蜀汉阙的建筑形制及雕饰特征皆相去甚远。它更像是一种阙顶与碑身的结合体，故而称之为阙还有待商榷。在图像方面，保存较为完好或部分尚可辨识的蜀地汉阙为雅安市高颐阙、绵阳市平阳府君阙、德阳市司马孟台阙、芦山县樊敏阙、夹江县杨公阙等五阙，本文仅以此五处汉阙为代表进行讨论。

第六章 蜀地汉阙图像母题及其视觉符号研究

第一节

蜀地汉阙概述

从古老的宝墩、三星堆、金沙等蜀文化遗址中，我们可以窥见早在先秦时期，以成都平原为中心的蜀地就拥有令人惊叹的高级发达的青铜文明。蜀人以畜牧和狩猎为生，农业发达，稻米产量丰富，战国时期已有铁器和纺织品。《绎史》载司马错说："其国富饶，得其布帛金银，足给军用。"《战国策》说："蜀既属秦，秦以益强，富厚轻诸侯。"可见秦灭蜀之前，蜀在生产方面并不落后于七国。[1]秦灭巴蜀之后，李冰为蜀守，开两江，灌溉万顷良田，加之秦民大量移入，蜀地经济向前迈进了一大步，特产蜀刀、蜀布、邛竹杖、漆器等，手工业发达，成都设有盐铁官。成都成为当时与咸阳同制的全国第二大城市。[2]《史记·货殖列传》曰："巴蜀亦沃野，地饶卮、姜、丹沙、石、铜、铁、竹、木之器。南御滇僰，僰僮。西近邛筰，筰马、牦牛。然四塞，栈道千里，无所不通。"[3]蜀地经济繁荣发达，为汉阙的建造提供了雄厚的经济基础。

蒙文通先生认为，蜀地在文翁之前就有了相当高的文化成就，其语言、文字与中原相近，秦民的迁入进一步提高了蜀地的文化水平，但巴蜀古文化的固有特点与中原不同，辞赋、黄老、卜筮、历数合为一家的风气在巴蜀有深远影响，道家思想浓厚。❹这就很容易理解蜀地汉阙为何与巴地汉阙一样，皆是以神仙思想为核心主题了。因此，两地汉阙在建筑形制、图像布局规律、图像题材及刻饰手法等方面有着许多相同点。

一、雅安市高颐阙

雅安市高颐阙，坐落于雅安市郊姚桥乡。阙主高颐生平不详。据宋代洪适《隶释》及清道光年间姚鸿运所刻碑文得知，其生前为东汉献帝时的益州郡太守，于公元209年卒于任上。❺故该阙建造时间应为此年或稍后。此阙除了于《金石录》《金石略》《隶释》《汉隶》《舆地碑目》以及明、清时期的金石书籍和方志中有所著录之外，日本所出《寰宇贞石图》《书道全集》及法国人色伽兰的《汉人陵墓艺术》皆有收录和介绍。❻

高颐阙左、右阙俱存，阙身朝南微偏东，双阙相距约15米，为红砂石材质。该阙是我国保存最完好、雕刻最精美的汉阙，其保存了非常完整的汉代仿木建筑结构，高大阔硕，有庄严雄浑之气，其图案典雅生动，内容丰富，雕刻技法高超娴熟，具有极高的建筑、历史、考古、美术等文化价值。法国人色伽兰、中国近代建筑之父梁思成亲自前往考察及勘测。历史学家范文澜、美学家王朝闻都对高颐阙做出了高度的评价和肯定。

（一）高颐阙左阙

高颐阙左阙的子阙已失，仅存主阙，分别由阙基、阙身、顶盖（后世所造）组成（如图6-1所示）。

高颐阙左阙的阙基为一层约 0.3 米高的石材，正面、背面各刻三斗。

高颐阙左阙的阙身由四层整石构成，高约 2.5 米，阙身整体呈面阔一间、进深一间的结构，正面、背面各隐起三柱，无地栿，有栏额，三面栏额之上减地平刻车马出行图。背面柱间竖刻"汉故益州太守""武阴令上计史""举孝廉诸部从""事高君字贯方"四行汉隶铭文。其余三面无刻饰。右侧面应为承接子阙所用。

（二）高颐阙右阙主阙

高颐阙右阙的建筑结构保存非常完整，母阙、子阙俱存（如图 6-2 所示）。高颐阙右阙主阙由阙基、阙身、阙楼、阙顶共十三层石材组成，通高约 6 米。右阙主阙基由两石合成，高约 0.5 米，正面背面各刻四斗。

右阙主阙身由四层整石垒成，高约 2.5 米，正面、背面各隐起三柱，无地栿，有栏额，栏额之上刻车马出行图。阙身背面柱间竖刻四行汉隶铭文"汉故益州太守""阴平都尉武阳""令北府丞举孝""廉高君字贯光"。学界据洪适《隶释》所载，认为该阙阙身背面刻铭文不合汉制，推测为宋人依照其阙顶枋头铭文翻刻，且将"方"改为"光"[7]。

高颐阙右阙主阙阙楼由四层整石垒成。第一层，高约 0.5 米，上刻六垛栌斗，与阙身六柱相接，三层枋子纵横相叠。正面居中枋头间刻一狮形双角辟邪衔鱼图，背面居中则刻一狮形独角天禄衔蛇图。四隅刻四名角神，左、右前角均为肌肉暴突的裸身力士角神，左后角为一疑似披发的吹笛胡人。右后角的裸身力士头戴平顶帽、执盾。除在侧面以外，其余三面横枋上减地平刻云气纹及仙禽神兽，多漫漶不易辨识。第二层比第一层略宽略深，正面、背面各刻两垛斗拱，正面拱间左边刻博浪沙锤秦王图，右边刻高祖斩白蛇图，背面拱间为九尾狐和三足乌相对而立，另一图中有一树两鸟，似为黄帝遗玄珠图。左侧面拱间刻季札挂剑图，右侧面拱间刻师旷鼓琴图。第三层较第二层薄一倍，一周刻云气纹及仙禽瑞兽图。第四层呈斗形，较第二层略宽，正面居中刻女仙启门图和谒见献礼西王母图，其门左侧为一跪拜于地的执节方士，其身后立着一名肩部生翼、裸身光头的献礼之人，门右边又刻两人，椎髻、执节、捧物，作进献状。该图左边有一火盆，火焰上方倒悬一鸟，火盆右边一人左手执节，右手执瓶，正在往火盆上的炉罐倾倒瓶中之物。背面刻一周公辅成王图，周公在左，鲁公在右，两人间为年幼的成王，右边还有四名跪拜及站立的侍者。左侧面居中刻两名手执蜀杖和旌节的人物。左前角转角处刻一仙人执鞭戏翼马图，右前角转角处刻双龙图，龙背上各立一猴。左后角转角处刻一背生双峰的似驼有翼怪兽。右后角转角处刻英雄戏虎图，英雄左手握拳，右手执剑。

高颐阙右阙主阙阙顶由四层石材垒成。第一层刻纵横相交露头的枋子，从正面由左至右每支枋头刻一汉隶铭文，合计24字，其中2字漫漶剥落，正面为"汉故益州太守阴"，右侧面为"平都尉武阳"，背面为"令北府丞举孝廉"，左侧面为"高君字□□"。第二层为下檐，下面一周为放射状椽子，交于连檐，上刻瓦当、瓦垅、角脊。正面左前角椽间刻一蛇衔一鸟绕于角椽上，右前角椽间刻一蛇衔一鼠绕角椽而出。背面靠右所刻似为一蜂巢。左侧面靠后刻一蛙。右侧面靠前刻一角。以上图案除鸟为减地平级雕刻之外，其余皆为

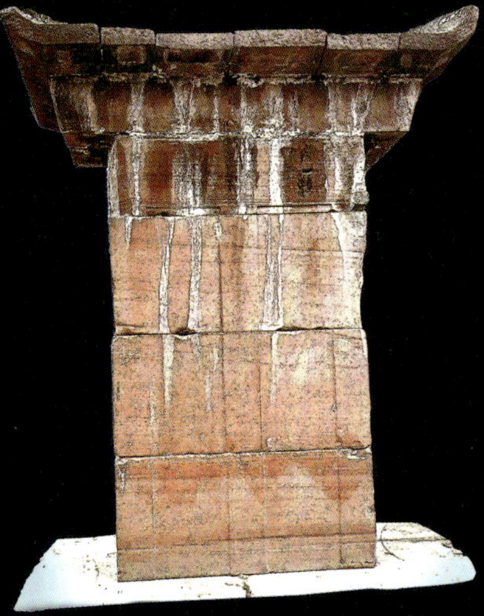
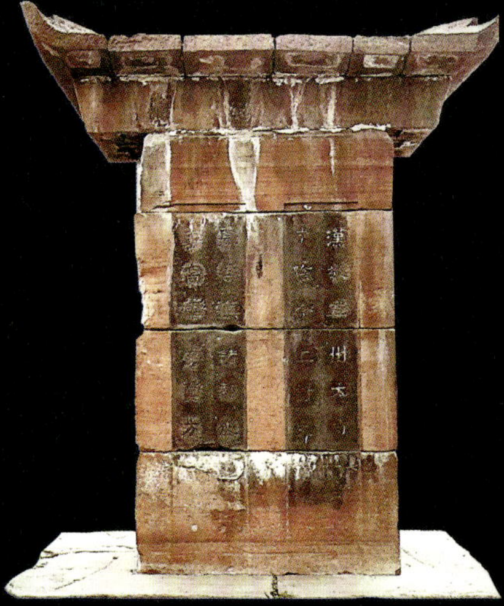
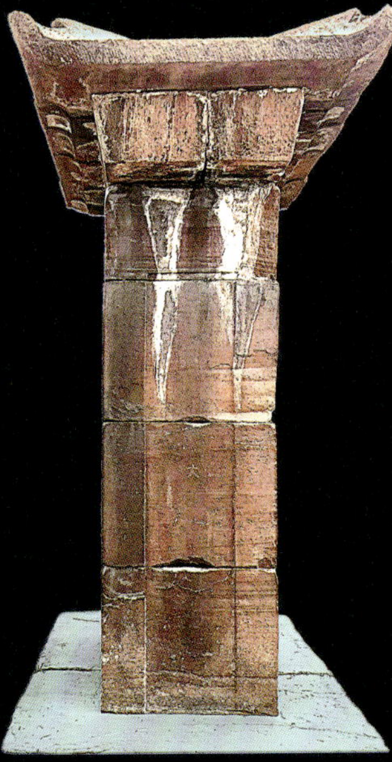
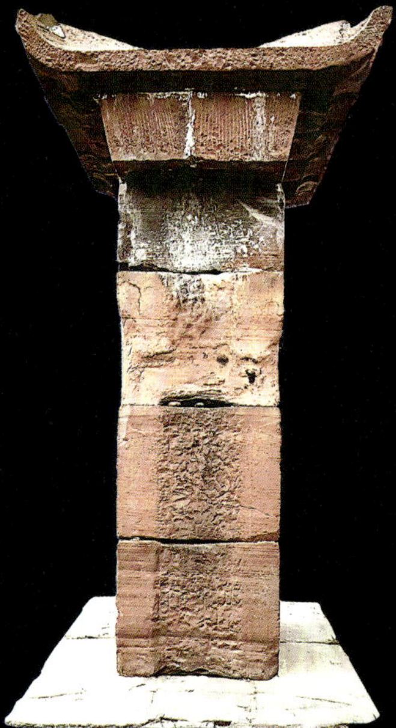

图 6-2　雅安市高颐阙右阙正面、背面、左侧面、右侧面

高浮雕。第三层为上檐，上、下檐合成重檐庑殿顶。第四层刻脊饰，两端上部刻五圈纹，正脊居中圆雕一鹰头衔绶带。

（三）高颐阙右阙子阙

高颐阙右阙的子阙由阙基、阙身、阙楼和阙顶六层石材垒成，高约 3 米。

高颐阙右阙子阙的阙身，高约 1.6 米，三面隐起六柱，无地栿、有栏额，正面、背面栏额之上减地平级刻云气纹，左侧面栏额处减地平级刻有长衣大袖、椎髻的两人，一人持剑，一人避让，作比武状。

高颐阙右阙子阙的阙楼为四层石材垒成，第一层高约 0.3 米，刻纵横枋子，左前角及左后角各刻一名戴平冠、着衣的门吏角神。第二层体量与第一层相当，正面、背面及左侧面各有两垛斗拱，正面拱下疑为三足乌、九尾狐图，背面拱间刻一瑞羊食芝草图，左侧面拱间刻一跪姿的裸身人。第三层较第一层薄很多，绕阙一周刻云气纹。第四层呈斗形，与主阙栏额齐平，上刻一车骑出行图，为主阙的连续图案。高颐阙右阙子阙的阙顶为一层整石，三面出檐，图案与主阙阙顶相同，脊饰不存，垂脊末端翘幅较大。

（四）高颐颂碑及阙前石兽

高颐阙前面立着一对威猛雄健的大型狮形天禄、辟邪神兽石雕（如图 6-3 所示）。高君颂碑立于阙后（如图 6-4、图 6-5 所示），半圆形的碑首上刻一双龙交曲环拱图，方形的碑座正面刻一头部相向的双龙图，龙尾交缠于碑座背面，碑上部分铭文尚可辨识。高颐阙后约 150 米为高颐墓,其墓碑铭文为"汉孝廉高颐墓"。

二、绵阳市平阳府君阙

绵阳市平阳府君阙坐落于绵阳市科技馆门前。其左、右阙及子阙俱存,是我国汉阙中保存得最为完整的一处双出阙,双阙相距约 30 米,造型典雅端庄,浑厚大气,为黄砂石材质。虽然平府君阙的风化漫漶程度比高颐阙严重得多,但仍不失为蜀地汉阙的杰出代表。色伽兰因平阳府君阙细腻逼真的建筑结构和栩栩如生的雕刻艺术而称其"为复杂石阙之标型,亦是四川有扶壁双阙之独存者也"。❽此阙于《隶释》《汉隶字源》《金石聚》等古籍及方志中皆有著录,大约建造于东汉晚期。1939 年,梁思成依该县县志记载将其命名为"平阳府君阙"之后,其名沿用至今。现代学者据其枋头铭文排列情况以及色伽兰的推断,认为称该阙为平阳府君阙是不合理的,应改名为杨氏阙。❾也有学者认为可命名为杨府君阙。据近期学者考据认定,其墓主为蜀汉重臣李福,曾任巴西太守,官至尚书仆射,封平阳亭侯。❿为了方便讨论,本书仍沿用现有阙名平阳府君阙。1990 年,该阙经维修抬高,现有大型拱顶加以遮挡保护。

(一)平阳府君阙左阙主阙

平阳府君阙左阙主阙由阙基、阙身、阙楼、阙顶共十五层石材垒成,通高约 5 米(如图 6-6 所示)。

166 巴蜀汉阙图像母题及视觉符号研究

图 6-3 雅安市高颐阙天禄、辟邪神兽石雕

图 6-4 雅安市高颐阙颂碑正、背面与碑额正、背面双龙交曲环拱细节图

第六章 蜀地汉阙图像母题及其视觉符号研究

图 6-5　雅安市高颐阙颂碑底座正面双龙衔璧、背面双龙交尾细节图

米,四隅及正、背面各刻一斗,斗下接柱。阙基分上下两层,下层由数石拼接,高约 0.3 米,较上层更宽大,主阙的全部和子阙的三分之一阙身皆坐落于上层。

其阙身由六层石材垒成,每层由两石拼接,四角及正背面居中各隐起一柱,形成面阔两间、进深一间的造型。上部栏额处减地平级刻车骑出行图,因漫漶剥落仅可见主车车盖及饰物。该图有一部分于南朝时期被铲除,后刻以佛像,阙身三面均刻有佛龛、佛像及题记,背面第三层石层以上布满佛龛,但佛像皆毁,遗有"观音大士""大通三年闰月

第六章 蜀地汉阙图像母题及其视觉符号研究

图 6-6 绵阳平阳府君阙左阙母阙与子阙正面、背面、左侧面、右侧面

纹，云间似有瑞兽出没。第二层由三石拼接，较第一层宽大，四面共刻十垛斗拱，正面刻一仙人执节乘白鹿图、仙人身前一九尾狐、身后一羊，另一图为一人一鸟，漫漶严重。背面的刻绘左右对称，分别为高祖斩白蛇图和博浪沙锤秦王图。左侧面拱间刻一射雀图，漫漶严重，该图与渠县赵家村西无铭阙的射雀射猴图非常相似。第三层由三石拼接，比第二层薄很多，上刻云气纹。第四层由三石拼接，呈斗形，正面居中刻一女仙启门图，门外左侧立两人，其中一人右手执节、左手执蜀杖，图像漫漶不清。背面居中刻一雄狮图。左前角转角处刻一英雄戏虎图，该图与渠县汉阙的英雄戏虎图基本一致。左后角转角处刻一双龙相戏图。右前角转角处刻一雄狮追兔图，清晰完好。右后角雕饰不存。

其阙顶由三层残缺石材垒成。第一层高约 0.2 米，一周有 22 支枋子，每支枋头刻有铭文，已漫漶模糊。第二层为下檐，上刻椽子，交于连檐，有瓦当、瓦垅、角脊等。第三层是极为残缺的上檐，亦有连檐、瓦当、瓦垅、正脊、垂脊等，与下檐合为重檐庑殿顶，脊饰已毁。

（二）平阳府君阙左阙子阙

平阳府君阙左阙子阙由阙基、阙身、阙楼和阙顶四部分构成，高约 3.4 米。

其阙基分两层基石，子阙阙身大半部分置于第一层。

其阙身由五层石材垒成，高约 1.8 米，上刻六柱，柱上刻栏额，额上的西王母仙班图及仙境云气纹已经漫漶不清。

其阙楼由四层石材垒成，每一层分别由两石拼接。第一层高约 0.3 米，刻栌斗及纵横枋子，四隅雕饰漫漶，几乎全无。第二层体量与第一层相当，唯进深略宽，三面各刻两垛斗拱，正面居中拱下似刻一龙，背面居中刻一玄武图。第三层较第一层薄很多，三面减地平级刻云气纹。第四层与第二层体量相当，唯进深更宽，上刻车马出行图，与主阙栏额处的图案相连，漫漶严重。

其阙顶为一层整石，较楼部第四层的厚度和进深略薄，其檐部仅存角脊造型。

（三）平阳府君阙右阙主阙

平阳府君阙右阙主阙的形制、规格与左阙主阙基本相同，唯所刻图案有异。

其阙楼分四层，第一层枋子层，正面居中刻一双角天禄兽首图。左前角高浮雕一猴，头已残，大猴以爪抚摸其膝上躺着的一小猴，其肩下亦有一小猴，似为辈辈封侯图。左后角刻人身兽首角神。右前角角神损毁。右后角刻一低首蹲坐的裸身人形角神。第二层斗拱层，正面居中拱间一图似有人、鸟、兽，另一图存一骑。背面相应位置似为九尾狐、三足乌。左侧面刻有两人，一人操琴，一人倾听，似为师旷鼓琴图。右侧面刻一兽，似狐。第四层正面居中刻昆仑神山图，图中有三座神山、一人、一鸟。背面居中刻一狮头衔璧图，其造型与渠县汉阙中的兽首图颇为相似，但只有双耳，并未生角。左前角刻双虎相戏图，其造型与渠县汉阙中的双虎图非常相似。右前角刻头部相对、身体交缠的双龙相戏图。右后角刻一仙人戏翼马图。左后角无刻饰。

其阙顶的第一层枋子层，一周露 22 支枋头，其上"汉、

图 6-7　绵阳市平阳府君阙右阙母阙与子阙正面、背面、左侧面、右侧面

平、杨、府"四字尚可辨识,其余文字漫漶或剥落。檐部有残损,下檐四周出檐,上檐与下檐厚薄相当。重檐细节尚可辨识(如图6-7所示)。

(四)平阳府君阙右阙子阙

平阳府君阙右阙子阙的形制、规格与左阙子阙大致相同,故此处仅述其所刻不同图像。

其阙身正面栏额处减地平级刻仙境云气纹,云气密布间隐约可见仙人、瑞兽,背面云气丛林中有仙禽,似为朱雀。

其楼部有四层。第一层枋子层,左前角刻一损毁严重的展翅朱雀。第二层正面居中拱间刻一雄狮图,背面居中刻一瑞羊图。第三层与左阙图像大致相同。第四层所刻车马出行图中有两处被铲,凿为佛龛。

其阙顶的檐部比左阙子阙的保存得更为完整。

三、芦山县樊敏阙

芦山县樊敏阙现收藏于芦山县东汉石刻馆,存左阙及部分右阙阙顶残件,阙身朝西微偏南,石质为红砂石,该阙墓主为东汉巴郡太守樊敏。据《芦山县志》清刻本及阙后的樊敏碑记述,樊敏历任永昌长史、宕渠令、治中从事、巴郡太守等职,建安八年(203)卒,公元205年立碑,故该阙当为此时或稍后所建。[⑪]樊敏阙自北宋以来几经倾塌、重建,现存左阙为1957年参照雅安高颐阙修复,现虽有木质围栏保护,但尚未进行顶部遮盖(如图6-8所示)。

图 6-8　芦山县樊敏阙母阙与子阙正面、背面、左侧面、右侧面

（一）樊敏阙左阙主阙

樊敏阙左阙主阙由阙基、阙身、阙楼、阙顶四部分组成，高约5米。

该阙阙基、阙身的形制、尺寸规格皆与雅安高颐阙相仿，故此处不再赘述。

其楼部由四层石材构成。第一层枋子层，两角刻栌斗及角神，左前角的裸身人形角神，头已失、手托枋头。左后角的裸身人形角神头戴平帽、右手托枋、左手已毁。正面居中栌斗间刻一狮形双角辟邪衔鱼图，辟邪双爪紧抓鱼的头、尾。第二层斗拱层，正面和左侧面各有一垛斗拱，正面拱下刻一博浪沙锤秦王图，左侧面拱臂上静立着一只低头俯瞰的鸟。第三层为修复构件。第四层正面至左侧面刻一壮观热闹的白象迎仙图，图中一茂盛大树下三人席地而坐，似在观看左边一只大象，大象前有一象奴执钩逗引，象奴右边又有两人，大象身后跟随一人，大树右侧有一人奏乐，一人作恭迎状，再往右，隐约可见山峦间多人作游玩状。该图描述的是墓主灵魂由白象承载着进入仙界，并受到仙界热情欢迎的场面。它是一种象征着升仙的吉祥视觉符号。

其阙顶由两层石材垒成。第一层为修复构件。第二层为原有檐石，高约0.5米，四周出檐，上刻放射状椽子、连檐以及瓦当、瓦垄、角脊等。第三层为脊饰，其两端翘起，两侧为五圈纹，正脊居中刻一鹰头衔蛇图。

（二）樊敏阙左阙子阙

樊敏阙左阙子阙由阙基、阙身、阙楼和阙顶四部分组成，高约 2.8 米，阙基及阙身为修复构件。

其阙楼第一层刻栌斗和纵横枋子，高约 0.3 米，右前角角神已毁，右后角角神头已不存，左手托枋，右手抚膝。第二层三面各刻两垛斗拱，正面拱间刻一正襟危坐于龙虎座上的西王母，背面拱间图像漫漶脱落，似为玄武，右侧面拱间无刻饰。

其阙顶为一层单檐，整石，高约 0.4 米，正面、背面及右侧面皆出檐，其造型与主阙相同，檐上脊饰刻鹰头衔蛇图。

（三）樊敏碑及石兽

樊敏阙背后有一亭，亭内立一石碑，其形制与高颐颂碑基本相同，高约 3 米、宽约 1.2 米、厚约 0.3 米，碑额为圆形圭首形，碑身立于龟趺巨石之上，碑额上端龟首刻双螭交曲环拱图（如图 6-9 所示）。拱下穿孔上方竖刻两行大篆铭文，"汉故领校巴郡太守樊府君碑"，碑身正面刻隶书五百多字，部分文字尚可辨识。碑阴龟首亦刻双螭交曲环拱图，拱内刻一朱雀，碑阴上段的文字内容记述了宋代对樊敏碑的修缮。另外，樊敏阙后面坡上的樊府后院内还存有数具大型的汉代天禄、辟邪石雕。

四、德阳市司马孟台阙

司马孟台阙现位于德阳市黄许镇蒋家坝，约为东汉中晚期建造，现为省级文物重点保护单位，现仅存右阙主阙，其子阙已失，阙身朝西微偏北，材质为黄砂石，风化漫漶严重。宋人的《天下碑录》《汉隶字源》《复斋碑目》《墨宝》等金石书籍皆著录此阙。[13]现有文物保护碑，其大致内容为：阙主司马孟台，绵竹（今黄许镇）人，曾任上庸（今湖北房县）长，为民造福，深受爱戴，乡梓为其立碑以颂其功德。据此，部分学者认为此阙为功德碑。观其图像布局及雕刻内容，皆与雅安市高颐阙、绵阳市平阳府君阙相似，而其建筑形制和雕刻风格又与渠县汉阙相似，故本书认为该建筑应属汉阙（如图6-10所示）。

该阙由埋入地下的阙基以及阙身和阙楼组成，高约3米。

其阙身为高约1.8米、下宽约1米、进深约0.5米的整石，呈上收下侈侧脚式造型，于清代时被砌入砖亭中进行保护。龛额正面刻铭文"汉故上庸长司马孟台神道"，背面刻铭文"清光绪九年中瀚培修"。阙身四角隐起柱，除了右侧面用以承接子阙之外，其余三面栏额处减地平级刻车马出行图，风化漫漶甚重。阙身正面有汉隶铭文"上庸长"三字。

其阙楼由两层石材垒成。第一层栌斗及纵横枋子层，高约0.5米，正面居中两枋头下刻一层峦叠嶂的神山图，其左边刻三足乌，右边刻九尾狐，背面居中刻独角天禄衔蛇图。四隅皆刻角神。左前角角神呈跪姿、肩扛手托枋头。左后角刻一猴形角神，面部漫漶，肩扛手托枋头，左手抱一小猴，其造型与渠县赵家村东无铭阙、西无铭阙两阙中的辈辈封侯图非常相似。右前角刻一戴平帽、手执盾和棒的角神，右后角刻一人形角神，戴平冠，亦肩扛手托枋头。第二层呈斗形，高约0.5米，正、背面各有两垛斗拱，左、右各刻一垛，背面拱间居中刻一人抚琴，其下方似有三只正在聆听的神兽。左侧面居中刻一手托斗拱的跪坐之人，左边刻一九尾

巴蜀汉阙图像母题及视觉符号研究

图 6-10　德阳市司马孟台阙正、背面（来源于微博：Acot 一杯茶）

狐，右边刻一捣药玉兔。其余图案漫漶严重，难以辨识（如图 6-11 所示）。

五、夹江县杨公阙

　　夹江县杨公阙位于夹江县甘露乡双碑村，现存左、右阙之主阙，子阙皆失，两阙相距约 10 余米，阙身朝北微偏东，材质为红砂石，漫漶风化程度严重，但其建筑形制和部分图案尚可辨识。该阙于《金石录》《通志》《天下碑录》《隶释》《汉隶字源》《舆地纪胜》及清代《金石录补》《金石综例》《汉魏六朝墓铭纂例》《汉石例》等金石书籍皆有著录。[13] 阙主杨宗，生平不可考。有学者据宋代赵明诚的拓本跋语，以及《夹江县志》所载，推测杨宗曾官至益州太守。根据陈明达对该阙的建筑形制及风格、手法等特点的分析，学者认为杨公阙应建于高颐阙落成之后的东汉末期（209—220）。[14]

（二）杨公阙左阙主阙

　　杨公阙左阙主阙由阙基、阙身、阙楼、阙顶共十五层石

图 6-11 德阳市司马孟台阙正面、背面及细节图（来源于微博：Acot 一杯茶）

图 6-12 夹江县杨公阙左阙正面、背面、左侧面、右侧面

材垒成，高 5 米以上（如图 6-12 所示）。

其阙基由两层石材垒成，下铺鹅卵石，无刻饰，高约 0.4 米，子阙的基石已不存。

其阙身为五层整石构成，整体呈下宽上窄侧脚式造型，高约 2.8 米，正面、背面分别隐起三柱，有栏额和地栿，右侧面刻两柱，右侧面为承接子阙所用，正面柱间竖刻两行汉隶铭文"汉故益州牧杨府""君讳宗字口仲墓"，字迹漫漶严重。背面有多处后世之人题刻。

其楼部由四层整石垒成。第一层栌斗及枋子层，高约 0.4 米，正面、背面居中栌斗上各刻一图，风化漫漶严重，尚可见其背面残留着一排紧咬石层的巨齿，结合巴蜀汉阙图像的特点，此两处应分别为天禄、辟邪兽首图。四隅角神皆

混沌难辨。第二层体量比第一层略大，正、背面分别刻两垛斗拱，右侧面为一垛，四角刻散斗，背面一图中两人跪姿，其余拱间图案皆已泯灭，无法辨识。第三层比第一层略薄，上刻圆圈形二方连续纹样。第四层呈斗形，高约0.5米，正面刻仙人执鞭戏神兽图，左前角转角处刻双虎相戏图，两虎左边有一奔兔，右前角高浮雕刻一大兽，背面右侧刻戴冠、相向而立的两人，着及地长服之人执矩，着及膝短衣之人执规。其余四周所刻图像皆漫漶不清。

阙顶现存一层重檐下檐石层，左段已失，剩余右段高约0.3米，正面、背面及右侧面出檐，一周刻放射状椽子交于连檐，有瓦当、瓦垄及四个角脊。上檐和脊饰已毁。

（二）杨公阙右阙主阙

杨公阙右阙主阙由阙基、阙身、阙楼、阙顶共十二层石材垒成，其建筑形制、尺寸规格与左阙基本相同，但较左阙完整。阙基为两层整石。阙身背面有多处题刻为后世之人所作。各层图像漫漶尤甚，无法辨识，尚见楼部第四层右前角转角处高浮雕刻双龙相戏图，其右侧刻一仙人。阙顶下檐仅剩一半（如图6-13所示）。

图6-13 夹江杨公阙右阙正面、背面、左侧面、右侧面

❶ 蒙文通. 巴蜀古史论述 [M]. 成都：四川人民出版社，1981：65.

❷ 同❶：65-68.

❸ 司马迁. 史记：全10册 [M]. 北京：中华书局，2013.

❹ 同❶：97-98.

❺ 徐文彬，谭遥，龚廷万，等. 四川汉代石阙 [M]. 北京：文物出版社，1992：33.

❻ 同❺：34.

❼ 张孜江，高文. 中国汉阙全集 [M]. 北京：中国建筑工业出版社，2017：253.

❽〔法〕色伽兰，〔法〕郭鲁伯. 中国西部考古记·西域考古记举要 [M]. 冯承钧，译. 郑州：中州古籍出版社，2017：8.

❾ 同❺：26.

❿ 王志强. 蜀汉重臣李福当是平阳府君墓主阙 [J]. 巴蜀史志，2019（5）：53-54.

⓫ 同❺：35.

⓬ 同❺：27.

⓭ 同❼：297.

⓮ 同❺：38.

第二节

蜀地汉阙图像布局及题材类型特点

一、蜀地汉阙图像布局特点

从以上五处蜀地汉阙中，我们不难发现，它们除了在建筑形制、尺寸规格或雕刻风格、表现手法较为相似之外，还出现了部分图像于固定位置反复、高频率刻饰的情况，本书将其称为蜀地汉阙图像母题。这部分图像有的与渠县汉阙有非常相似的共同特点，有的却是颇为独特的个性化视觉符号。我们对蜀地汉阙图像的布局规律及具体图像名称进行了大致梳理（见表 6-1 所列）。由于阙基位置少有图案刻饰，故将其略去。

从表 6-1 可见，蜀地汉阙图像除了少量布局于阙身和阙顶之外，其余大部分图像主要集中于阙楼位置。楼部第一层通常刻有天禄、辟邪图案和四隅角神。第二层中，除了用以承接子阙的侧面之外，其余各面均有图像刻饰，主阙的图像内容特别丰富。第三层通常刻云气纹、仙禽瑞兽等图案，用以渲染仙界环境。第四层多刻饰方士执节（杖）、拜谒献礼西王母等升仙求药活动，以及仙人、仙禽、异兽等。很显

表 6-1　蜀地汉阙图像位置布局表

阙名	具体部分	阙身	图像布局位置 阙楼 第一层	第二层	第三层	第四层	阙顶
雅安市高颐阙	左阙主阙	三面栏额：车马出行图	—	—	—	正面：女仙启门图、方士执节图或杖谒见献礼西王母图 背面：周公辅成王图 转角处：仙人执鞭戏翼马图 左侧面：神山人物图 四角：仙人戏双龙图、英雄戏虎图、双峰似驼怪兽图	蛇衔鸟、蛇衔鼠、蜂巢、蛙、鱼、鹰衔绶带
	右阙主阙	车马出行图	正面：双角辟邪衔鱼图 背面：独角天禄衔蛇图 四角：角神图 横枋：仙境云气纹、仙禽瑞兽图	正面：博浪沙锤秦王图、高祖斩白蛇图 背面：九尾狐、三足乌、黄帝遗玄珠图 左侧面：季札挂剑图 右侧面：师旷鼓琴图	云气纹、仙禽瑞兽		
	右阙子阙	栏额：仙境云气纹 左侧面：仙人执剑比武图	左前角：角神图 左后角：角神图	正面：三足乌、九尾狐 背面：瑞羊食芝草图 左侧面：跪拜裸身人	仙境云气纹、仙禽瑞兽	车骑出行图，为主阙的连续图案	蛇衔鸟、蛇衔鼠、蜂巢、蛙、鱼
绵阳市平阳府君阙	左阙主阙	车骑出行图、佛龛、佛像	正面：辟邪图 背面：天禄图 左前角：角神图 横枋：云气纹、仙禽瑞兽图	正面：方士执节骑白鹿图、九尾狐、瑞羊、一人一马 背地：博浪沙锤秦王图、高祖斩白蛇图、一人、一兔 左侧面：小儿射雀图	仙境云气纹	正面：女仙启门图、执节拔杖方士图、珥谒献礼西王母图 背面：雄狮图 左前角：双虎相戏图 右前角：雄狮追兔图 左后角：双龙相戏图、蟾蜍图	
	左阙子阙	栏额：仙境云气纹	左前角：漫漶不清	正面：似龙形 背面：似玄武	仙境云气纹	车马出行图，与主阙栏额图案连接	
	右阙主阙	—	正面：双角辟邪兽背图 左前角：菓菓封侯图 左后角：人身兽首图 右后角：裸身人形角神图	正面：人、鸟、兽、一骑 背面：九尾狐、三足乌 右侧面：师旷鼓琴图		正面：神山仙人图 背面：狮头衔璧图 左前角：英雄戏虎图 右前角：双龙相戏图 右后角：仙人戏翼马图	
	右阙子阙	正面：仙境云气纹	左前角：展翅朱雀图	正面：雄狮图 背面：瑞羊图	—	车马出行图、佛龛	
芦山县樊敏阙	左阙主阙	—	正面：独角天禄衔鱼图 左前角：人形角神图 左后角：人形角神图	正面：博浪沙锤秦王图 左侧面：拱上立雀图	—	正面：白象迎仙	脊饰两侧：五圈纹 正脊居中：鹰头衔蛇
	左阙子阙	—	左前角、左后角：人形角神头已毁	正面：西王母图 背面：似玄武	—	—	正脊居中：鹰头衔蛇
德阳市司马孟台阙	右阙主阙	栏额：车马出行图	正面：神山图、三足乌、九尾狐 背面：双角辟邪衔蛇图 四隅：角神图	背面：抚琴图、一手托斗拱的跪坐之人、九尾狐、捣药玉兔			
夹江县杨氏阙	左阙主阙	—	背面：天禄或辟邪之巨齿 四隅：角神图	背面：两人跪姿	圆圈形二方连续纹样	正面：仙人执鞭戏神兽图 左前角：似狮大兽 右前角：双虎相戏图、奔兔 背面：执矩、执规两人	
	右阙主阙	—	—	—	—	左前角：双龙相戏图、仙人	

然，蜀地汉阙是依照"地—人—天"的空间顺序，由下至上依次分层进行图像刻饰，这种图像布局特点与巴地汉阙基本相同，体现了巴蜀汉阙图像在视觉程序上具有典型的程式化构图的艺术特征。蜀地汉阙楼部比巴地汉阙楼部普遍要多一层，这使"阙即仙界宫阙"的寓意更为突出。蜀地汉阙的四层阙楼似乎并非实指，而应为虚数"九"之意，即是古人所谓天有九霄或九重天，死者灵魂必须经过九霄才能够到达仙界。西汉时，阙是一种重要的仙界象征符号，这或许就是巴蜀人如此重视阙的楼部建筑结构的原因。

　　巴、蜀两地汉阙的图像布局亦存在一定差别。首先，最大的差异是，渠县汉阙的阙身通常严格遵循"前（上）朱雀、后（下）玄武、左青龙、右白虎"的方位刻饰四神图像，且阙门下方多刻铺首衔环图或玄武图，由此形成了正面的"朱雀＋铺首衔环"或"朱雀＋玄武"的图式，以及侧面尤为丰满大气的青龙（白虎）衔璧绶图式。因此，渠县汉阙四神图像视觉冲击力极强，而蜀地汉阙四神图像均被分散刻于楼部正面、背面、四角、顶部等位置。其次，巴地汉阙楼部的左右对称图式不多，而蜀地汉阙除了大量居中式图案之外，还有很多图案呈左右对称布局，这使蜀地汉阙比巴地汉阙更具威仪感。最后，蜀地汉阙阙身栏额处通常刻饰着车马出行图或仙境云气纹，而巴地汉阙的云气纹通常刻于楼部底层。

二、蜀地汉阙图像题材类型特点

　　本书在分析蜀地汉阙图像布局位置的基础上，再按照图像具体表现内容进行进一步的题材分类归纳，详情见表 6-2

表6-2 蜀地汉阙图像题材分类表

阙名	具体部分	图案题材类型 祥瑞符号	图案题材类型 升仙符号	著名历史人物故事	生活场景
雅安市高颐阙	左阙主阙	—	车马出行图		
	右阙主阙	云气纹、仙禽瑞兽、九尾狐、三足乌、神山人物、仙人戏翼马、仙人执鞭追翼马、辟邪衔鱼、天禄衔蛇、力士角神、双峰怪兽、蛇衔鸟、蛇衔鼠、蜂巢、蛙、鱼、鹰衔绶带	车马出行图、女仙启门图、方士执节图、谒见献礼西王母图、双龙相戏图、英雄斗虎图	博浪沙锤秦王图、高祖斩白蛇图、师旷鼓琴图、季札挂剑图、黄帝遗玄珠图、周公辅成王图	—
	右阙子阙	瑞羊食芝草、力士角神、云气纹、仙禽瑞兽、三足乌、九尾狐、蛇衔鸟、蛇衔鼠、蜂巢、蛙、鱼、仙人执剑比武	车骑出行图、跪拜裸身人	—	—
绵阳平阳府君阙	左阙主阙	云气纹、仙禽瑞兽、天禄、辟邪、角神、九尾狐、瑞羊、雄狮图、射雀图、雄狮追兔、蟾蜍	车骑出行图、女仙启门图、执节执鸠杖方士图、拜谒献礼西王母图、执节之人图、双龙相戏图、双虎戏图	高祖斩白蛇图、博浪沙锤秦王图	—
	左阙子阙	仙境云气纹、似龙形、玄武	车马出行图		—
	右阙主阙	泰萃封侯、人身兽首角神、裸人、仙人持节、一骑、九尾狐、三足乌、似狐、仙人戏翼马、狮头衔璧	昆仑神山图、双龙相戏图、双虎相戏图	师旷鼓琴图	—
	右阙子阙	朱雀展翅、瑞羊、雄狮、仙境云气纹	车马出行图	—	—
芦山县樊敏阙	左阙主阙	独角天禄衔鱼、力士角神、拱上立雀、五圈纹、鹰头衔蛇	白象迎仙图	博浪沙锤秦王	—
	左阙子阙	角神、似玄武、鹰头衔蛇	西王母端坐龙虎座图		
德阳市司马孟台阙	右阙主阙	双鱼辟邪衔蛇、三足乌、九尾狐、力士角神、九尾狐、捣药玉兔	车马出行图、西王母端坐龙虎座图、神山图	一手托斗栱的跪坐之人	师旷鼓琴图
夹江杨公阙	左阙主阙	天禄、辟邪、角神、仙人执鞭戏神兽、狮形大兽、圆圈纹、奔兔	两人跪姿图、双虎相戏图	执矩、执规两人	
	右阙主阙	仙人	双龙相戏图	—	

所列。

首先，由表6-2可知，蜀地汉阙图像题材主要可分为祥瑞符号、升仙活动符号、著名历史人物故事图案等三种类型，前两种图像占据了蜀地汉阙图像总数的最大比例。这种特点与巴地汉阙是一致的，且此类图像在巴地汉阙中也常见，如天禄、辟邪、角神、英雄戏虎、仙境云气纹、仙禽瑞兽、仙人持节骑白鹿、女仙启门、方士执节（杖）、谒见献礼西王母等图案。换言之，上述图案即是巴、蜀汉阙共有的图像母题及视觉符号。可见，汉代巴、蜀皆为神仙信仰炽盛之地，升仙愿望狂热而普遍，且两地文化交流密切频繁，连汉阙中的图像表现内容及造型亦多有相似。

其次，历史人物故事是蜀地汉阙图像又一重要的表现题材，其中以雅安市高颐阙、绵阳市平阳府君阙最为典型。这两阙皆刻有师旷鼓琴、高祖斩白蛇、博浪沙锤秦王等明君贤臣故事的图像。此外，芦山樊敏阙亦刻有博浪沙锤秦王图。此类图像体现了汉代蜀地墓葬文化深受中原政权和儒家思想文化的影响，具有浓厚的人间封建社会礼教色彩，它代表着上层统治阶级的政治立场。而在渠县汉阙中，历史人物故事图像仅有三幅，且皆为董永、荆轲这类社会底层人物的忠孝侠义故事，更加贴近民间普通百姓的现实生活和精神世界。可见，巴、蜀汉阙的此类图像具有明显不同的阶级特征。

最后，单纯意义的现实生活场景类图像在蜀地汉阙中很少见。蜀地诸阙中常见的车马出行图看似为生活场景，实则是一种特殊的升仙符号。不少学者认为它具有西上升天的特殊含义——车马队伍载着墓主灵魂从地下冥界出发，一路劳累颠簸，前往西方昆仑仙界。这一观点亦得到学界的普遍认同。此外，前文已经提及芦山樊敏阙中的大象图并非平常的动物表演图像，该大象不是凡间动物，而是象征祥瑞的仙界神兽白象。该图是蜀人想象中的一种对墓主升入仙界表示欢迎的隆重的仙界仪式。该图像应是深受南亚异域文化的影响，掺杂有明显的印度佛教文化元素，可说是蜀地与南亚文化交流的图证。对此本书在后文再予以详述。

第三节

蜀地汉阙图像母题及视觉符号解读

蜀地汉阙和巴地汉阙一样，其图像艺术的思想主旨皆以升天求仙为核心，整体上亦充满了神秘浪漫的巫文化色彩。从距今 3000～5000 年的三星堆、金沙等古蜀文化遗址中出土的大量青铜神树、青铜面具、金杖、青铜立人等神巫文化道具中可见，古蜀拥有异常发达的巫文化。据史料记载，唐宋乃至明清之际，蜀地巫风依然如故。清代唐甄《潜书·抑尊》云："蜀人之事神也，必冯（凭）巫，谓巫为端工，禳则为福，诅则为殃。"❶ 蜀地汉阙的浪漫诡秘之气是由蜀文化浓郁的浪漫好仙的特质决定的。

蜀地汉阙有很大一部分图像与巴地汉阙基本相同，属巴、蜀汉阙共同的图像母题及视觉符号，其余的如车马出行图、双龙相戏图、三足乌与九尾狐等图像，几乎出现于每一处蜀地汉阙之上。此外，师旷鼓琴、博浪沙锤秦王、高祖斩白蛇、神山、仙人等图像至少被蜀地汉阙刻饰 2 次以上。上述图像是蜀地汉阙区别于巴地汉阙的个性化图像母题。它们对于我们正确理解、把握蜀地汉阙图像所包含的地域文化信息，具有极为关键的作用。

一、图像母题一——车马出行图

车马出行图是汉代墓葬艺术中的一种常见图像，尤其是安徽、山东、河南、江苏等地的车马出行图，其人和马的数量众多，行进队伍阵容庞大。蜀地汉阙中的车马出行图亦有此种特点，这很可能是由于蜀地作为西南三省最大的平原地带，宽阔平坦，路况良好，大型车马较为常见，民间工匠非常熟悉此类图像题材。雅安市高颐阙的车马出行图在蜀地汉阙中显得尤为突出，不仅图像数量多达 7 幅，而且图中的骑吏、伍佰、车马众多，出行场面气势恢宏。绵阳市平阳府君阙的车马出行图虽已严重漫漶，但隐约可见其规模并不亚于高颐阙。

前文已提及，渠县汉阙中唯有赵家村西无铭阙刻有一幅甚是"小气"的一车一马的出行送别图（如图 6-14 所示）。巴地多崇山峻岭、多峡谷栈道，出行困难。曾被贬谪为忠州刺史的白居易刚到巴地上任时，本以为可乘坐皇帝赐予的五马朱轮车，却没想到作为"巫峡中心郡"的忠州尽是陡峭崎岖的石磴路，连条能跑马车的平路都没有，无奈作诗曰："一只兰船当驿路，百层石磴上州门。更无平地堪行处，虚受朱轮五马恩。"❷ 巴地路况在唐代尚且如此，于汉代更不可能好到哪里去，因此车马出行图只是蜀地汉阙的重要图像母题之一，在巴地汉阙中甚为稀有。

蜀地汉阙车马出行图看似是一种生活场景图像，其实质却具有非同寻常的特殊寓意。对于汉代墓葬中的车马出行图，信立祥先生认为："汉代祠堂中的车马出行图，一种是表现祠主自身出行或跟随天子等尊贵人物出行的场景；另一种是为了接受后人祭祀，祠主从地下世界赶赴祠堂途中或刚

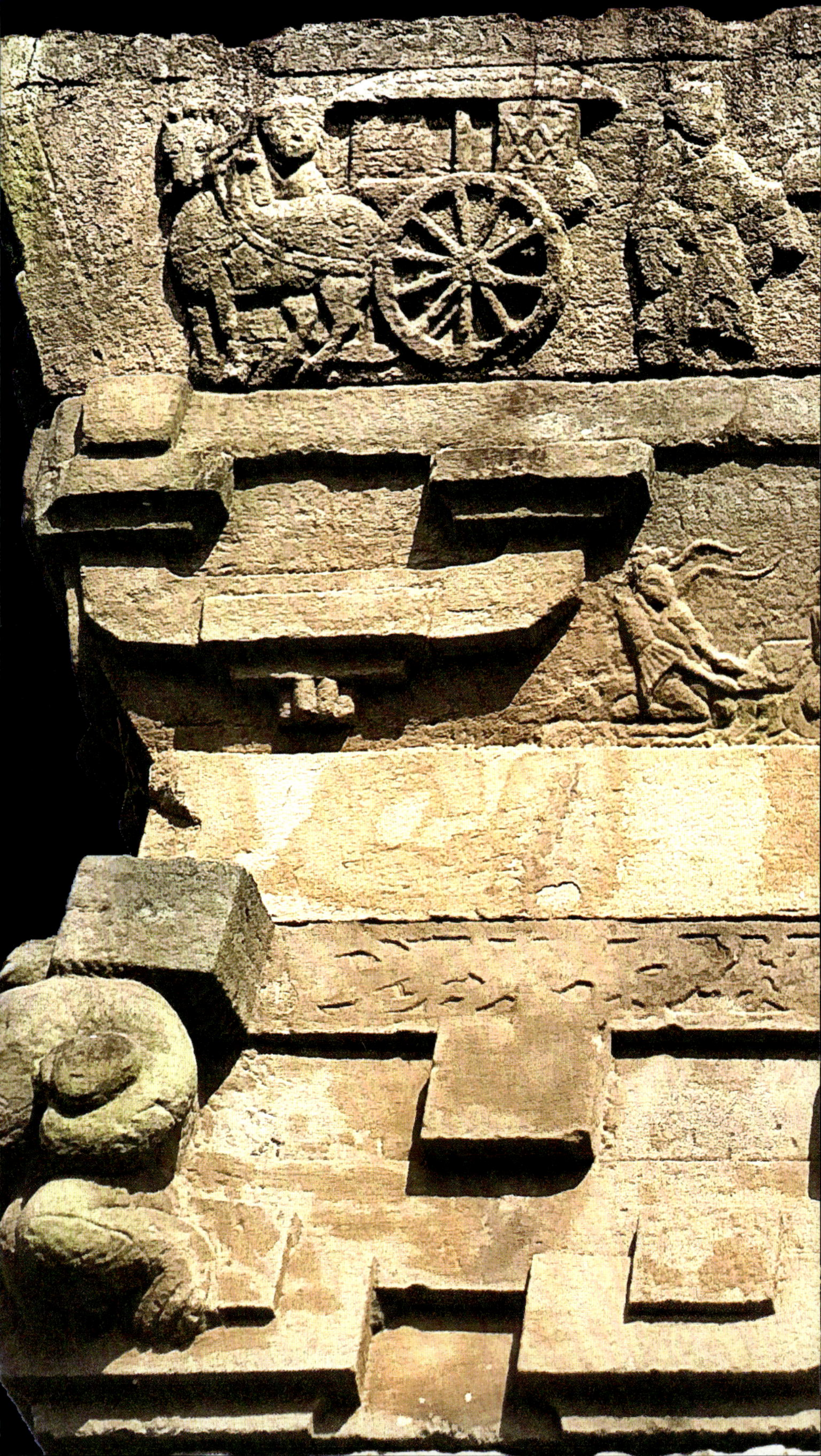

第六章 蜀地汉阙图像母题及其视觉符号研究

刚到达目的地的场景。"❸巫鸿先生则断言:"车马出行图一部分用以表示墓主的官职或墓主生前其他经历,另一部分是对送葬行列或者是想象中灵魂出行场面的描绘。"❹而学者王倩的观点颇具见地:"车马出行图既非现实生活图像,也非天界图像,车马实为承载墓主亡灵升入天界的工具,队伍由墓葬出发,一路向西,最后驶入云中,直奔西王母所在的世界。"❺

综合以上学者的观点,蜀地汉阙车马出行图应是作为一种重要的升仙祥瑞符号而存在的,但它可能既有信立祥先生说的对墓主生前车马出行的现实场景描绘的含义,又可能有学者王倩认为的车马队伍是护送墓主亡灵前往仙界的升仙工具的含义,或许还有巫鸿先生所说的是表示墓主生前官职的含义。

蜀地汉阙是表现墓主灵魂升仙的重要载体之一,其车马出行图均位于楼部下方的阙身栏额处,雅安市高颐阙的右阙主阙、子阙正面以及左阙正面的车马出行图,其行进方向均朝着两阙之间的神道,紧接着其右阙背面及侧面的车马出行图,其行进方向全部变为朝右,即白虎代表的西方。绵阳市平阳府君阙左、右阙之主阙所刻车马出行图同样遵循着这一规律。显然,蜀地车马出行图描述的是载着墓主灵魂的车马队伍从地下冥界出发,朝着墓阙神道方向行进,经阙门,再

图 6-15 雅安市高颐阙右阙主阙背面车马出行图

向上升至缭绕仙气中，向着阙楼顶层的最终目的地——昆仑仙界驶去（如图 6-15、图 6-16、图 6-17、图 6-18、图 6-19 所示）。

此外，众多学者通过对蜀地汉阙的铭文及古籍的考据，认为其车马出行图中的车辆形制、随从数量及行车规模均符合墓主生前的官职和地位。例如，雅安市高颐阙左阙正面所刻车马出行图中，墓主乘坐一轺车，车前有数名骑吏和十名伍佰开道，车后又紧跟数名骑吏。其右阙主阙正面车骑出行图中，车前有八名伍佰，车后有骑吏和随从（如图 6-20 所示）。其余几幅车马出行图亦是骑吏、随从、马匹，数量众多，有的图中多达三辆轺车。高颐为益州太守，系三千石以上官员，故而随同出行的仪仗队人员众多。❻绵阳市平阳府君阙中的车马出行图严重漫漶，但仍能看出一轺车前面有数名骑吏和八名伍佰开道（如图 6-21 所示）。平阳府君阙墓主为蜀汉重臣李福，曾任巴西太守，官至尚书仆射，封平阳亭侯。❼该阙所刻车马出行图的形制及规模均符合他的官阶及身份，这亦是一种对墓主生前车马队伍出行时的现实场景的描绘。

图 6-16　雅安市高颐阙右阙子阙正面车马出行图

图 6-17　雅安市高颐阙右阙子阙背面车马出行图

图 6-18　雅安市高颐阙右阙子阙左侧面车马出行图

图 6-19　雅安市高颐阙右阙主阙右侧面车马出行图

图 6-20　雅安市高颐阙右阙主阙正面车马出行图及拓片

图 6-21　绵阳市平阳府君阙左阙主阙正面车马出行图拓片

二、图像母题二——博浪沙锤秦王与高祖斩白蛇

在雅安市高颐阙、绵阳市平阳府君阙的楼部拱间,均刻饰着一对脸部相向、左右对称的人物图像,右边人物用力挥锤作进击状,左边人物执剑呈侧卧酣睡状(如图6-22、图6-23所示)。学界普遍认为这两幅图案表现的是"博浪沙锤秦王"和"高祖斩白蛇"的著名历史故事。[8]高颐阙中的博浪沙锤秦王图,其执锤人物所击打之物似为一条盘曲的龙,这十分符合元代陈孚《博浪沙》"一击车中胆气豪,祖龙社

图 6-22　雅安市高颐阙高祖斩白蛇与博浪沙锤秦王图

稷已惊摇"所描绘的张良雇用大力士刺杀秦王的故事场景。高颐阙中的高祖斩白蛇图,其握剑侧卧之人右肘处有一断蛇盘旋,脚前有一耳杯,这亦非常符合《史记·高祖本纪》"高祖醉,……拔剑击斩蛇,蛇遂分为两,径开。行数里,醉,因卧……"[9]的故事情节。而平阳府君阙的握剑侧卧之人,其身边无蛇、耳杯等故事道具,且与之对称的执锤人物

图 6-23　绵阳市平阳府君阙高祖斩白蛇与博浪沙锤秦王图

已漫漶不清,唯见其右边有一模糊的长颈四脚兽。樊敏阙中仅余博浪沙锤秦王图(如图6-24所示),其执锤之大力士身边并无他物。据其位置推测,该阙原本应有一幅高祖斩白蛇图与之对称。可见,这两幅对称式人物图像在蜀地汉阙中是一种较为流行的图像母题。

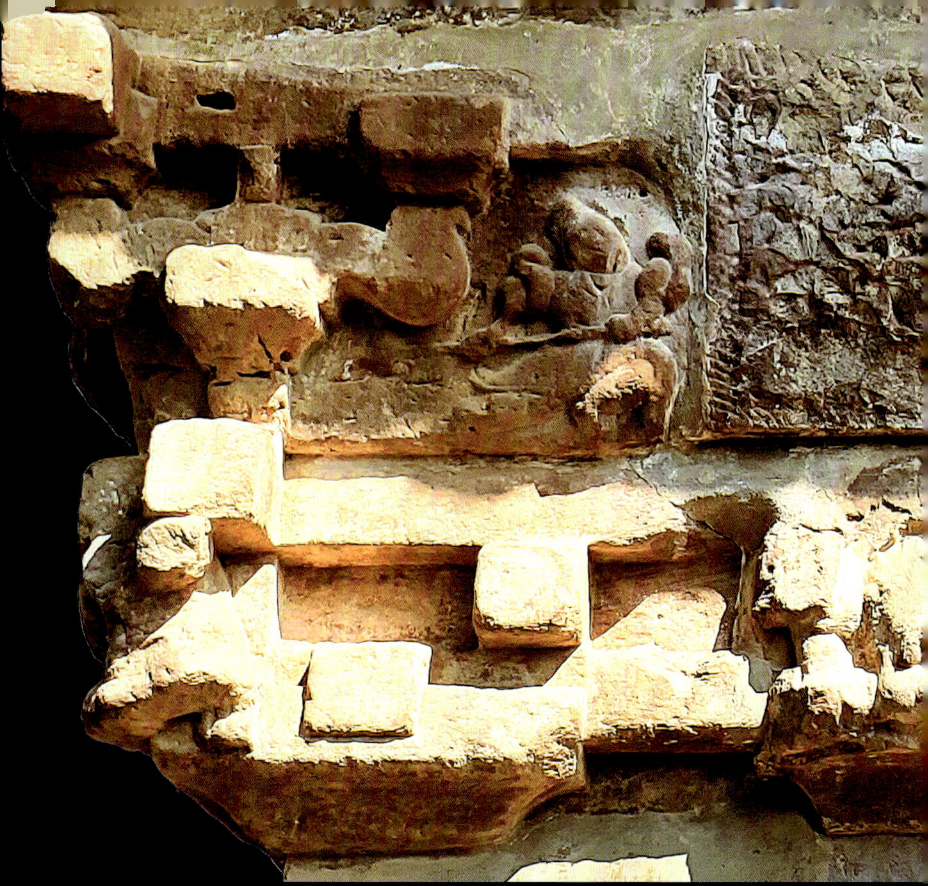

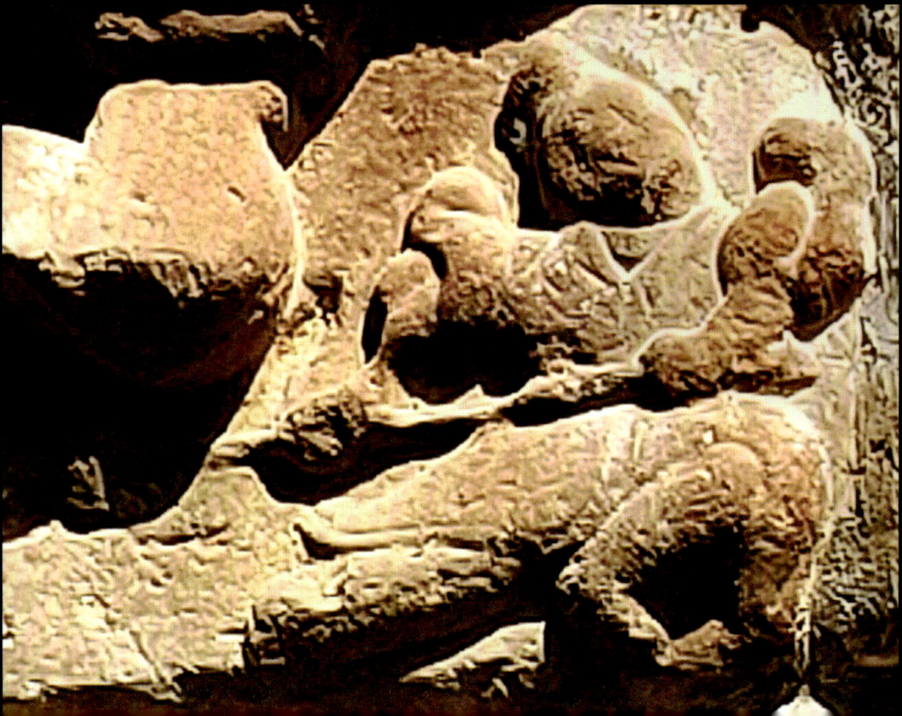

高祖斩白蛇图表达了汉代人对高祖刘邦反秦抗暴，救百姓于水深火热之中的英勇事迹的歌颂。而博浪沙锤秦王图则是人们对西汉开国功臣张良刺杀秦王的侠义之举的赞扬，这两幅图像皆具有重大的政治历史意义。从雅安市高颐阙、绵

但是，在缺乏榜题的情况下，仅凭上述蜀地三阙中的这一对人物图案就推断其为博浪沙锤秦王和高祖斩白蛇的历史典故图像，似乎证据不足。那么，此类图像中的人物是否还有其他特殊身份？具有重要参考价值的是，现藏于雅安博物馆的一尊芦山县沫东乡石箱村汉墓出土的石质摇钱树座，其上高浮雕刻仙人、仙禽、瑞兽、神山等图案，是典型的对西部昆仑仙界之视觉描述。该摇钱树座中段刻有一门，门中立着貌如老妪的西王母，门前左侧刻一抡锤力士，右侧刻一握剑之人，两人皆呈卧睡状（如图6-25所示）。有学者断定此表现的是"博浪沙锤秦王"和"高祖斩白蛇"的历史故事。⑩如此说来，这两人无疑是锤秦王的大力士和斩白蛇的刘邦了。那么，为何他俩会值守于西王母门外呢？或者两人只是碰巧刻饰于此处？显

图6-25 芦山县汉墓摇钱树座及守门人物细节图

然，学者的这一推断是有待商榷的。

我们可以再考察现藏于四川博物院的一对蜀地东汉石墓门（具体出土地址不详）上的人物图像（如图6-26所示）。这两扇墓门上方刻铺首衔环，下方刻人物，左边为一执环首刀之人，右边为一执锤之人，两人皆跪姿。从他们手执兵器，值守于墓门前的行为来看，该图像传达的信息很明确：这一对人物为墓门镇

第六章 蜀地汉阙图像母题及其视觉符号研究

205

图 6-26　四川博物院藏汉代石墓门及人物细节

守卫士，他们的职责是驱鬼祛邪，护卫墓主的阴间宅邸，使其免受孤魂野鬼侵扰。这一对墓门人物与芦山摇钱树座上的守门人物皆与门产生了密切联系，只不过前者为墓门，后者为西王母庭苑居所之门。因此，我们可以肯定这种成对的人物图像在蜀地墓葬中是一种辟邪镇鬼的祥瑞符号，即门神图像。

通过对蜀地汉阙、摇钱树座、东汉墓门上的执剑（刀）、抡锤人物图像的综合分析，我们可以推断，这一对人物在不同的墓葬环境中具有不同的身份：第一种是高颐阙中有明确故事情节的政治历史人物，即锤秦王的大力士和斩白蛇的刘邦；第二种是平阳府君阙、樊敏阙中的人物，由于缺乏断蛇、耳杯、盘龙等故事道具，他们的身份既可能是锤秦王的大力士和斩白蛇的刘邦，又可能是天门侍卫；第三种是芦山县汉墓摇钱树座上的人物，两人的身份很可能是西王母门庭的值守侍卫，是昆仑仙界的值守神；第四种是蜀地汉墓墓门上的人物，两人仅是驱鬼祛邪的阴宅卫士。总之，他们的具体身份并非固定不变，而是需要结合具体的图像或者相关故事情节及道具等来加以判断。

蜀地汉阙中的高祖斩白蛇图和博浪沙锤秦王图，其造型很可能来源于汉代的神荼、郁垒门神形象。神荼、郁垒是我国传说中最早的一对门神。东汉王充《论衡·订鬼篇》引《山海经》曰："沧海之中，有度朔之山，上有大桃木，其屈蟠三千里，其枝间东北曰鬼门，万鬼所出入也。上有二神人，一曰神荼，一曰郁垒，主阅领万鬼，恶害之鬼，执以苇索，而以食虎。"[11] 可见，早在汉代就有将神荼、郁垒形象画于门上以驱邪避灾的民间习俗。汉代门神还包括四神、铺首衔环、祥禽、瑞兽、人物等多种形象。[12] 蜀地汉阙中的高祖斩白蛇图和博浪沙锤秦王图应是在神荼、郁垒门神形象的基础上，经过进一步的艺术加工创造，使其被附会上浓厚的政治色彩。对于中、下层普通百姓来说，政治立场的表现并不那么重要。他们对"死后升仙、长生不老"更迷恋，故而这一对人物在蜀地民间墓葬中多以昆仑仙界或者阴宅的侍卫身份出现。总之，蜀地汉阙中的这一对人物图像源于古老的门神习俗，是汉代神荼、郁垒门神图像的一种流变形式，是蜀地门神信仰的一种特殊图像遗存。

三、图像母题三——师旷鼓琴

蜀地汉阙中，雅安市高颐阙、绵阳市平阳府君阙、德阳市司马孟台阙这三阙皆刻有鼓琴图。古时鼓琴又称操琴、抚琴。抚琴图是汉代艺术中的一种常见表现题材，巴蜀地区墓葬出土的汉画鼓琴图和鼓琴陶俑数量特别多，其中绵阳市、资阳市、忠县等地尤甚（如图6-27所示）。这类意义单纯的鼓琴图是蜀地墓葬中重要的图像母题之一，它从侧面生动地体现了蜀地古琴艺术古老而悠久的历史，它是蜀地上层阶级奢侈生活的真实写照，同时表达了墓主对生前高雅精神生活的喜爱、留恋，并希望自己死后能在另一个世界中继续享受美妙的乐舞。而蜀地汉阙中的鼓琴图却非同寻常，它是极为珍贵的师旷鼓琴图。

蜀地汉阙中，最引人注目的是雅安市高颐阙的师旷鼓琴图，它保存完好，图像清晰，雕刻精美细致、生动传神。学者认为它是根据《韩非子》《史记》所载"师旷鼓琴"的历史典故而创作的，是以图像形式记载我国先秦时期著名音乐家师旷的故事的唯一珍迹。在中国汉画中甚为罕见。[13]明代

图 6-27　四川博物院藏巴蜀汉代鼓琴俑和陶楼鼓琴乐舞俑

董斯张《广博物志》卷三四引《瑞应阁》云:"师旷鼓琴,通乎神明,玉羊白鹊,翱翔坠投。"[14] 高颐阙的师旷鼓琴图所刻内容非常符合该情节描述:凝神弹琴的师旷与举袖掩泣的晋平公相对跪坐于榻上,两人之间的空中坠下两鹤,师旷左边的两猴拭泪而立,晋平公右边两羊低首聆听。场景无比简洁明了,却又生动形象,人们透过画面仿佛感受到师旷琴声的哀怨凄婉之情(如图 6-28 所示)。

师旷,春秋时期著名音乐大师,古人称其为"乐圣"。不仅如此,他还是一位政治家,高居晋国太宰、大夫之位。他正直敢谏,具有强烈的民本主义思想,因提出"民贵君轻""君必惠民""仁义治国"等政见而深受诸侯及民众的敬重。他的君王晋平公晚年昏庸,大兴土木,民众怨怒,"师旷鼓琴"故事正是在此种历史背景下产生的。可见,师旷鼓琴的典故实质上是贤臣对昏君的乐谏。[15] 高颐阙师旷鼓琴图仅表现了该故事前半段情节。《韩非子》记载,师旷为晋平公弹奏唯德义之君才可听的《清徵》,"一奏有玄鹤二八来集,再奏而列,三奏延领而鸣,舒翼而舞,又奏《清角》,遂有玄云从西北方起,风雨骤至,裂帷幕、破俎豆、隳廊瓦……晋国大旱,赤地三年,平公之身遂癃病,故曰:'不务听治,

图 6-28　高颐阙师旷鼓琴图

而好五音不已，则穷身之事也'"。❶

　　高颐阙为何会刻饰一幅隐含政治意义的师旷鼓琴图呢？这应与其时代背景及墓主高颐的政治抱负具有密切关系。高颐生前任益州郡太守，此时正值东汉末年献帝时期，皇权名存实亡，群雄割据混战，社会血雨腥风、动荡不堪，民不聊生。面对风雨飘摇、虚弱无能的东汉政权，可以想象高颐的内心世界应是复杂而矛盾的。一方面，他通过高祖斩白蛇图和博浪沙锤秦王图这组图像表达他对大汉王朝的忠诚和热爱；另一方面，他又通过师旷鼓琴图对软弱无力的汉末皇权进行抨击批判。这何尝不是一种无奈、心酸的进谏方式呢？而这种忧国忧民的政治意识正是高颐深受儒家文化影响的直

图 6-29　绵阳市平阳府君阙师旷鼓琴图

实反映。

　　自西汉董仲舒"罢黜百家、独尊儒术"始,儒家文化正式取得了中国主流文化的统治地位。儒家主张积极入世、奋发有为、济世安邦的政治思想,这种积极进取的精神与家国天下紧密相联,即"修身、齐家、治国、平天下"[17]。管子和孟子倡导的"强国富民、民本仁政、礼义和谐、民贵君轻"[18],这些思想正是师旷政治主张的核心。高颐作为益州太守,他看到汉末乱世中西南地区底层百姓的疾苦生活,感触良多,因此才会借师旷鼓琴图来表达自己的"哀其不幸,怒其不争"。若非如此,我们怎会有机会见到这一罕见的乐谏昏君图呢?而这种特殊的阙上图谏方式,让我们深切感受到了墓主高颐的心怀天下、忧国忧民、关注民生的仁爱之心。

　　绵阳市平阳府君阙右阙的主阙左侧面的师旷鼓琴图漫漶严重(如图 6-29 所示),仅见两团相对席地跪坐的模糊人形,似为师旷抚琴,晋平公抚耳倾听,空中有鸟坠下,其余细节全无。德阳市司马孟台阙的鼓琴图刻于其楼部背面(如图 6-30 所示),与高颐阙和平阳府君阙不同的是,该图中鼓琴者的对面并未出现另一位故事主角,而是在其下方似有

图 6-30　德阳市司马孟台阙鼓琴图

两人一兽正在静立聆听，该图像与巴蜀地区常见的西王母图非常相似，但从该人物两手分开下伸的动作及其面前疑似古琴造型的物品来判断，它并不符合西王母双手合于腹部，端坐于几前或龙虎座上的典型动作造型。总之，平阳府君阙和司马孟台阙的鼓琴图虽然细节尽失，但基本可以肯定应是与高颐阙相似的师旷鼓琴图。

师旷鼓琴图像母题在蜀地汉阙中的流行，一方面，反映了身处汉末乱世之中的蜀地百姓极其渴望国泰民安、政治清明，就如师旷鼓琴故事前半段里，渴望师旷所弹的《清徵》中的"玄鹤来归、风轻云淡、康乐祥和"的盛世，而不是像该故事后半段中师旷所弹《清角》那样的雨骤雷鸣、国破家亡的凄惨结局；另一方面，亦体现了蜀地人民崇尚像师旷所拥有的正直无私、心怀天下苍生的美好德行的价值取向。该图具有的这种特殊政治寓意，可用以标榜墓主为官正直、体恤百姓的高尚品德，以此垂范后世。此外，师旷鼓琴图似乎还隐含一种升仙条件。当时的人们认为官居高位的墓主生前具有师旷那样的爱国忧民的美好德行，死后才会得到西王母及仙界的接纳，成为长生不死之仙。该图像所隐含的社会教

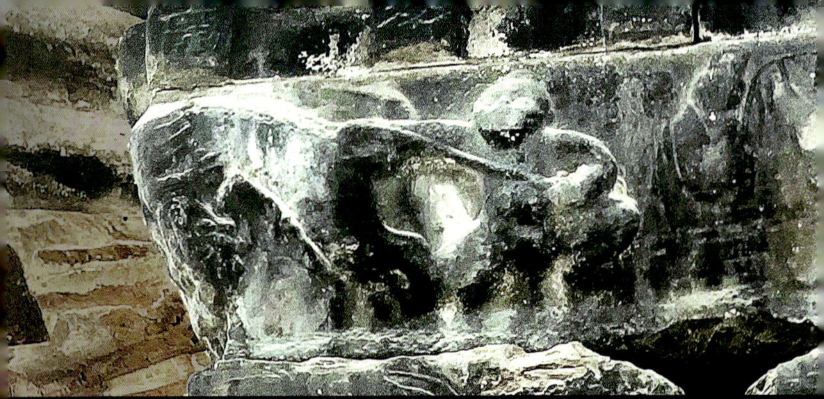

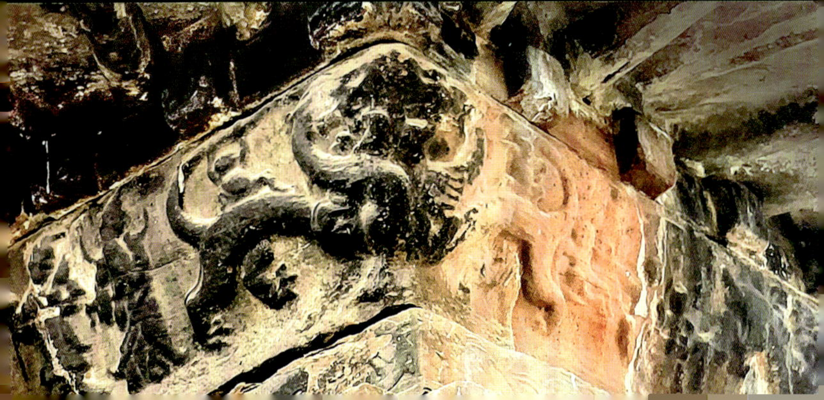

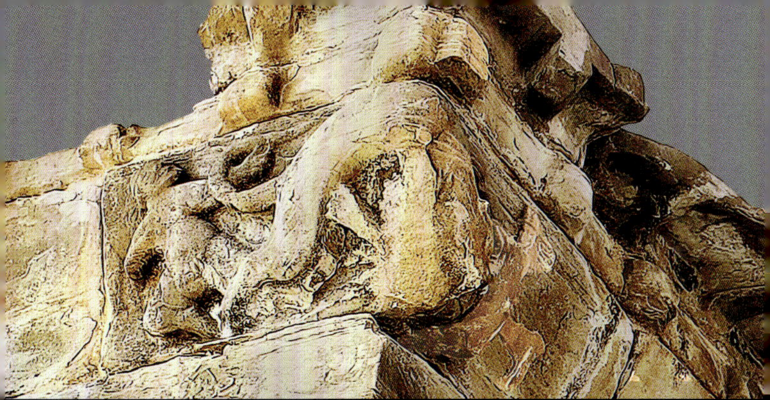

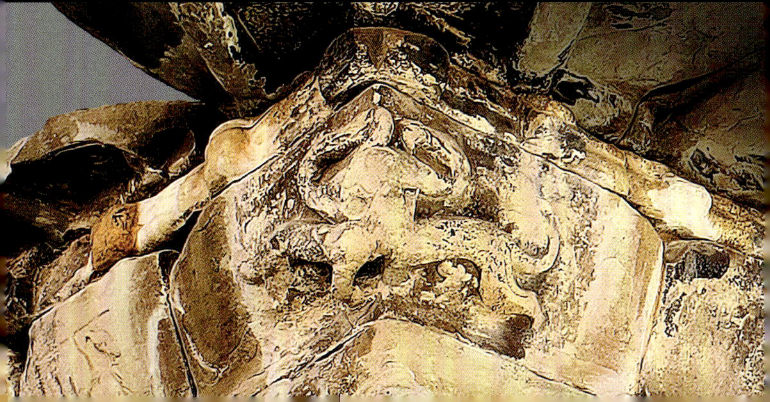

图 6-33　夹江县杨公阙双龙、双虎图

点。[19]其中，双龙图不仅被高频率刻饰于蜀地汉阙中，还出现在高颐阙、樊敏阙的颂碑上，十分引人注目。龙形象大量出现于不同场景的汉画像中，具有通天神兽、天命祥瑞、天文星宿等多种不同的寓意。[20]汉画中常见的人御龙图属最典型的升天图案。此类图中的人物可能是指墓主，但多数是指羽人，即等级较低的仙人。人与龙的互动场景除了人骑坐于龙身上之外，也常有仙人执仙草喂龙，或是与龙打斗玩耍等动作。蜀地汉阙中的双龙图，往往有仙人在龙身上抓住龙尾荡秋千或做嬉戏、追赶状等。总之，仙人御龙图或双龙图皆是墓主升天的祥瑞象征符号。还有学者认为："龙的形象来源于蛇，蛇是上古时代生殖与繁衍的象征，双龙即交龙，汉画中常见的双龙穿璧图象征着生命的循环往复，借助它可以实现生命的再生。"[21]可见，蜀地汉阙中的双龙图既是对仙界场景的生动描绘，又是引导墓主升天的特殊媒介。

值得注意的是，渠县汉阙中只有双虎图而无双龙图。虽然蜀地汉阙中的双虎图普遍不及渠县汉阙的优美生动、威猛雄壮、霸气逼人，但是两者于整体上仍十分相似，这表明蜀地汉阙的双虎图很可能是受巴地影响或出自同一粉本。总之,"双龙+双虎"图像是流行于蜀地汉阙的一种图像母题,双龙的神秘通天神性与双虎的威猛肃杀之气在蜀地汉阙中的结合,应具有辟邪镇鬼、护佑墓主升仙的作用,"双龙+双虎"图像是一种吉祥符号,亦是西部昆仑仙界的地界象征,同时具有生命重生的象征寓意。

需要指出的是,渠县汉阙中的英雄戏虎图和蜀地汉阙中的双龙、双虎图皆刻饰于靠近神道的主阙楼部侧面的两个转角处,并严格按照左青龙、右白虎的固定方位进行布局,这反映了汉代巴蜀地区墓葬文化深受中原文化熏染。这种以四神图像来指示空间方位的宇宙方位观念,具有浓厚的追求阴阳平衡、注重天人合一的思想。

五、蜀地汉阙图像母题五——昆仑神山图

蜀地汉阙中不但刻饰有九尾狐、三足乌,以及各种神异怪兽等昆仑仙界角色,而且出现了罕见的神山图像。例如,平阳府君阙右阙主阙楼部顶层正面居中刻有层峦叠嶂的三座神山,中间一人双手环抱一山,最右侧的神山上静立一鸟(如图6-34所示)。樊敏阙的白象迎仙图中,最右边亦出现了神山连绵的景象。对于此种图像,有学者依据《史记·秦始皇本纪》所载"齐人徐市等上书,言海中有三神山,名曰蓬莱、方丈、瀛洲,仙人居之",认为此图为东部海上三神山图。[22]本书认为,此图中的神山并非蓬莱仙山,而是昆仑神山。

中国上古神话大体分为西部昆仑山和东海蓬莱仙山两大中心系统。从先秦古籍神话传说以及秦始皇派徐福到东海

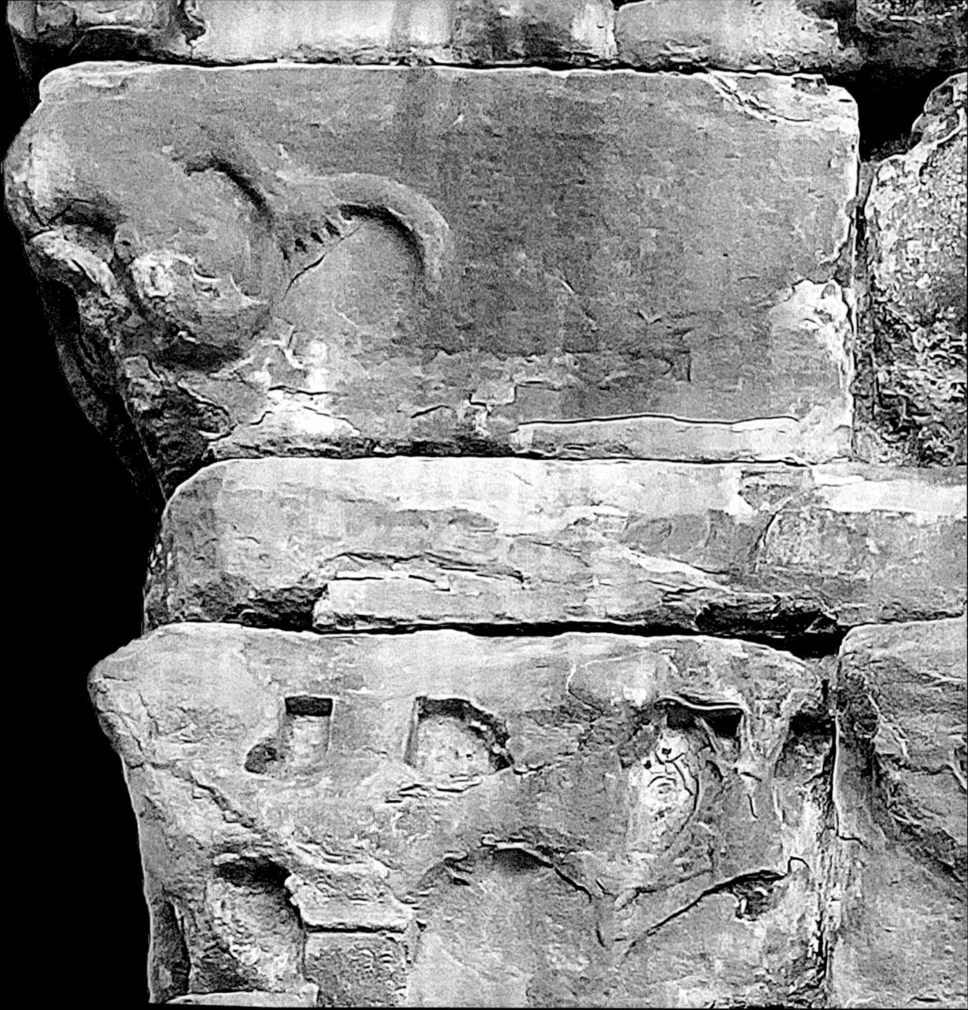

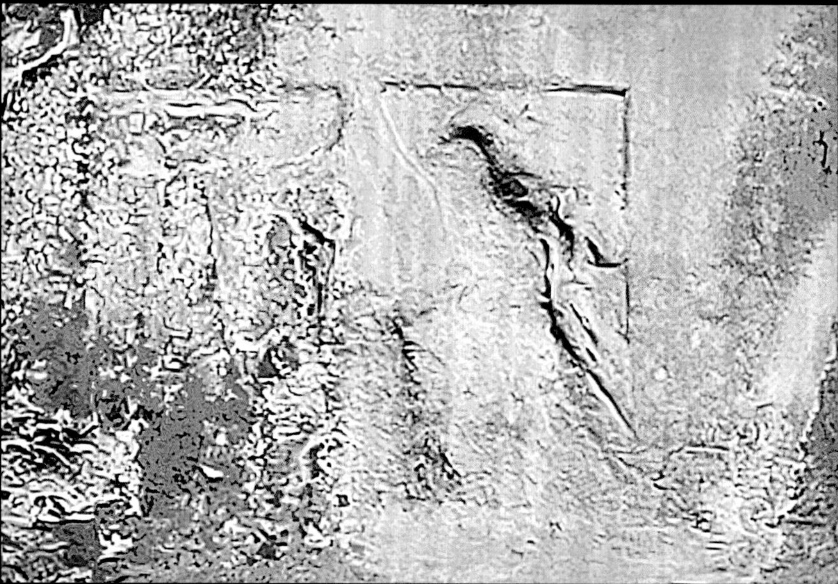

求仙的故事来看，彼时人们更为倾向于东海蓬莱仙山神话体系，至汉代以来西部昆仑神话才逐渐占据了上风，风行民间。[23]《山海经》与昆仑神话关系密切，蒙文通先生认为，《山海经》在战国时期成书于巴蜀地区，其中《海内经》可能出自古蜀，《大荒经》可能为巴国作品，《五藏三经》《海外经》很可能是接受巴蜀文化以后的楚国作品。[24]可见，巴蜀地区的西王母及昆仑神话流传历史极为久远，巴蜀民间对昆仑神话应是非常熟悉的。从巴蜀地区出土的汉画中对西王母及其仙班随从形象的大量刻饰现象看，在汉代巴蜀地区，西部昆仑神话在神仙信仰中始终处于至尊地位，并未出现东、西部神话交会并存的现象。因此，巴蜀汉阙亦不可能将

蓬莱仙山刻饰于代表昆仑仙界的楼部顶层位置。

汉代人认为入天之门在西北，升天之人，宜从昆仑上。[25]"昆仑之丘，或上倍之，是谓凉风之山，登之而不死。或上倍之，是谓悬圃，登之乃灵，能使风雨。或上倍之，乃维上天，登之乃神，是谓太帝之居。"[26]据此可知，昆仑山亦是由凉风、悬圃、天界三大神山构成的，其中天界为最高神山，它代表着昆仑最高之处，为西王母和天帝所居之地。平阳府君阙神山图中的三山应是指凉风、悬圃、天界这三大神山，求仙者环抱的那座山恰好是最高的。

此外，该神山图中所立之鸟可能是西王母身边的青鸟或三足乌。何志国教授指出，西汉中晚期至东汉时期，西王母图像中的三青鸟逐渐演变成了三足乌，并屡见于东汉时期的西王母图像中。[27]还有部分学者认为三青鸟即是三足乌。平阳府君阙昆仑神山图中的鸟不论是三足乌，还是三青鸟，都应是被西王母派遣前来接引求仙之人的昆仑仙界神鸟，它是一种象征着升仙的吉祥视觉符号。

❶ 唐甄. 潜书 [M]. 四库全书存目丛书. 影印北京图书馆藏康熙王闻远刻本. 济南: 齐鲁书社, 1995.
❷ 刘济民. 三峡诗话 [M]. 武汉: 湖北人民出版社, 2014. 58.
❸ 信立祥. 汉代画像石综合研究 [M]. 北京: 文物出版社, 2000: 118.
❹ [美] 巫鸿. 礼仪中的美术: 巫鸿中国古代美术史文编 [M]. 北京: 三联书店, 2010: 260.
❺ 王倩. 汉画像石西王母图像方位模式研究 [M]. 镇江: 江苏大学出版社, 2018: 48-49.
❻ 张孜江, 高文. 中国汉阙全集 [M]. 北京: 中国建筑工业出版社, 2017: 254-256.
❼ 王志强. 蜀汉重臣李福当是平阳府君阙墓主 [J]. 巴蜀史志, 2019(5): 53-54.
❽ 同❻: 250.
❾ 司马迁. 史记 [M]. 北京: 中华书局, 1959: 347.
❿ 王煜, 师若予, 郭凤武. 雅安芦山汉墓出土摇钱树座初步研究——再谈摇钱树的整体意义 [J]. 中国国家博物馆馆刊, 2016(5): 42.
⓫ 杨卫华, 程波涛. 门神 [M]. 北京: 中国社会出版社, 2010: 23.
⓬ 同⓫: 24.
⓭ 幸晓峰. 四川汉阙与《师旷鼓琴》[J]. 文史杂志, 2009(2): 41.
⓮ 同❻: 260.
⓯ 方萌. "师旷鼓琴"给人的启示 [J]. 齐鲁艺苑, 1981(1): 33.
⓰ 韩非. 韩非子 [M]. 高华平, 等, 译注. 北京: 中华书局, 2015.
⓱ 任者春, 郭玉峰. 齐鲁文化与社会主义核心价值体系研究 [M]. 济南: 山东人民出版社, 2014: 5.
⓲ 同⓱: 12.
⓳ 张光直. 濮阳三蹻与中国古代美术上的人兽母题 [J]. 文物, 1988(11)
⓴ 王维一. 汉画像石上的龙、凤形象比较研究 [J]. 文物鉴定与鉴赏, 2018(7): 56.
㉑ 孙秋. 汉画像石双龙穿璧图形的象征意义 [J]. 美术教育研究, 2012(1): 32.
㉒ 同❻: 275.
㉓ 杨絮飞. 中国汉画造型艺术图典祥瑞 [M]. 郑州: 大象出版社, 2014: 1.
㉔ 蒙文通. 巴蜀古史论述 [M]. 成都: 四川人民出版社, 1981: 169.
㉕ 黄晖. 论衡校释 [M]. 北京: 中华书局, 1990: 319.
㉖ 陈广忠. 淮南子译注 [M]. 长春: 吉林文史出版社, 1990: 187.
㉗ 何志国. 论汉代西王母图像的两个系统——兼谈四川西王母图像的特点和起源 [J]. 民族艺术, 2007(1): 99.

通过前文的阐述和解析，我们归纳总结出巴地汉阙与蜀地汉阙在图像母题及视觉符号方面的个性特征差异和各自的特殊文化内涵。但从整体上看，巴地汉阙与蜀地汉阙仍然具有大量相同或近似的图像母题及视觉符号，比如巴蜀汉阙共同刻饰有四神、狮形辟邪与天禄兽首、角神、西王母仙班、仙境云气纹、执节拜谒献礼西王母、女仙启门、射猴射雀等重要图像。尽管这些共有的图像母题及视觉符号在具体造型、雕刻位置、场景布局等方面存在着明显差别，但它们皆是以墓主前往昆仑仙界向西王母寻求不死药，以求长生不老的神仙思想和庇佑后世子孙富贵显赫的美好愿望为核心思想而展开的石刻图像艺术创作。这些图像母题及视觉符号生动地记录了巴蜀地区在民间丧俗、宇宙观念、精神信仰等方面的真实状态，它们所表达的驱邪纳福的吉祥寓意和奋发进取的精神内涵几乎一致，均具有相同的巴蜀地域文化特征。

透过巴蜀汉阙共有的图像母题及视觉符号，我们能够深切感受到汉代巴蜀人对短暂人生的珍视、对未知世界的积极探索、对生老病死的坦然从容，以及对美好生活的憧憬与热爱。当代中国人可从中汲取其蕴含的丰富哲学思想，把古代巴蜀文化的优秀思想精髓同当代中国社会价值观念贯通起来，激发在建设社会主义现代化强国的新征程中保持积极开拓、艰苦探索的创造活力，让中华优秀传统文化展现出璀璨的时代风采。

第七章 巴蜀汉阙共有图像母题及其视觉符号研究

第一节

图像母题之一
四神图像

朱雀、玄武、青龙、白虎四神图像或其中至少两种元素，是每一处巴蜀汉阙皆刻的重要图像母题，以巴地渠县汉阙为典型，除冯焕阙之外，其余汉阙严格遵循"左（东）青龙、右（西）白虎、前（上）朱雀、后（下）玄武"的布局规律，其阙门正面通常上刻朱雀、下刻玄武，或者楼部背面刻玄武，青龙皆刻于左阙主阙靠近神道的内侧，白虎皆刻于右阙主阙靠近神道的内侧。虽然蜀地汉阙的四神图像布局较为分散，但仍然大体遵循"前朱雀、后玄武、左青龙、右白虎"的方位规律。四神图像在四川、山东、河南、陕西等地区的汉画、瓦当以及铜镜、玉器等墓葬器物中司空见惯。它们多按东西南北或前后左右的方位进行布局，将人们想象中的冥间世界构建成一个由四神所代表的四方天、四方地、四方星球组成的宇宙空间。四神被汉代人看作阴阳协调、天地交合的象征。它们不仅是四方之神灵，而且兼有冥间保护神的身份。

四神观念大约形成于周代，战国至秦汉时期的《礼记》中指四神为龙、凤、麟、龟四兽，汉代《三辅黄图》中则是指朱雀、玄武、苍龙、白虎四灵。王小盾认为："四神是宇

宙秩序之机
在四方观念
四分的方位
四分的方位
宿理论、阴
想的影响下
在上古的中
龙代表胚胎
化合；老虎
和人神之间
表太阳、光
织的种种
寿、祖先和
见，四神是
一定水平后
初是动物神
中后期以后
的兴起，四
护卫墓主升
神秘力量
四神图像
代中原文化
二十八宿理
说在巴蜀地
推崇。

朱雀在
神和火神。

"凤为火精，在天为朱雀。"《法言·问明》注云："朱鸟，凤也。南方朱鸟，羽虫之长。"❸沈括《梦溪笔谈》卷七曰："四方取象……唯朱雀莫知何物，但谓鸟而朱者，羽族赤而翔上，集必附木，此火之象也。或谓长离……或云，鸟即凤也。"❹《史记》中称朱雀为"赤鸟"，其造型是多种动物的复合形，亦可谓之凤凰。《尔雅·释鸟》说凤凰外形特征是鸡头、燕颔、蛇颈、龟背、鱼尾、五彩色，高六尺许。❺渠县汉阙中的朱雀似乎多以孔雀为主要造型依据，其中，沈府君阙的朱雀头上长有一支形似眼睛，又似叶片或水滴状的羽冠，王家坪无铭阙、赵家村东无铭阙这两阙的朱雀头上皆生一支顶端分叉的羽冠，分叉之间镶一圆珠，其细节刻画更为繁复精细（如图7-1、图7-2、图7-3所示）。渠县汉阙中的朱雀，其头部皆朝着神道方向引颈而鸣，孔雀形的羽尾上扬，两翅舒展欲翔，一足悬空，另一足独立，其身份应是接引墓主灵魂的仙界神灵。

玄武即元武，它起源于殷商之前中国东夷民族的龟蛇动物崇拜和天象星宿崇拜。原始人在巫术中发展出龟灵崇拜，龟蛇合体的"玄冥"即代表着北方冥世和北方星宿的神灵，后逐渐演变成殷商时期的龟卜文化，龟体现了当时人们的冥间信仰。龟既象征着祖灵，又象征着冥神和地神、黑暗之神和北方之神灵。❻《重修纬书集成》曰："二十八宿，天元气，万物之精也。……北方斗、牛、女、虚、危、室、壁七宿，其形如龟蛇，曰后玄武。"❼玄武图像在巴蜀汉阙中总是遵循着处于下方或背后的布局规律，其中，渠县赵家村东无铭阙、西无铭阙两阙的玄武皆刻于朱雀下方。赵家村东无铭阙玄武图已漫漶不清，只有《中国汉阙全集》中有模糊的拓片。赵家村西无铭阙玄武图如图7-4所示。渠县冯焕阙（图7-5）、绵阳市平阳府君阙（图7-6）、芦山县樊敏阙这

图 7-1 渠县沈府君阙朱雀、白虎、青龙图

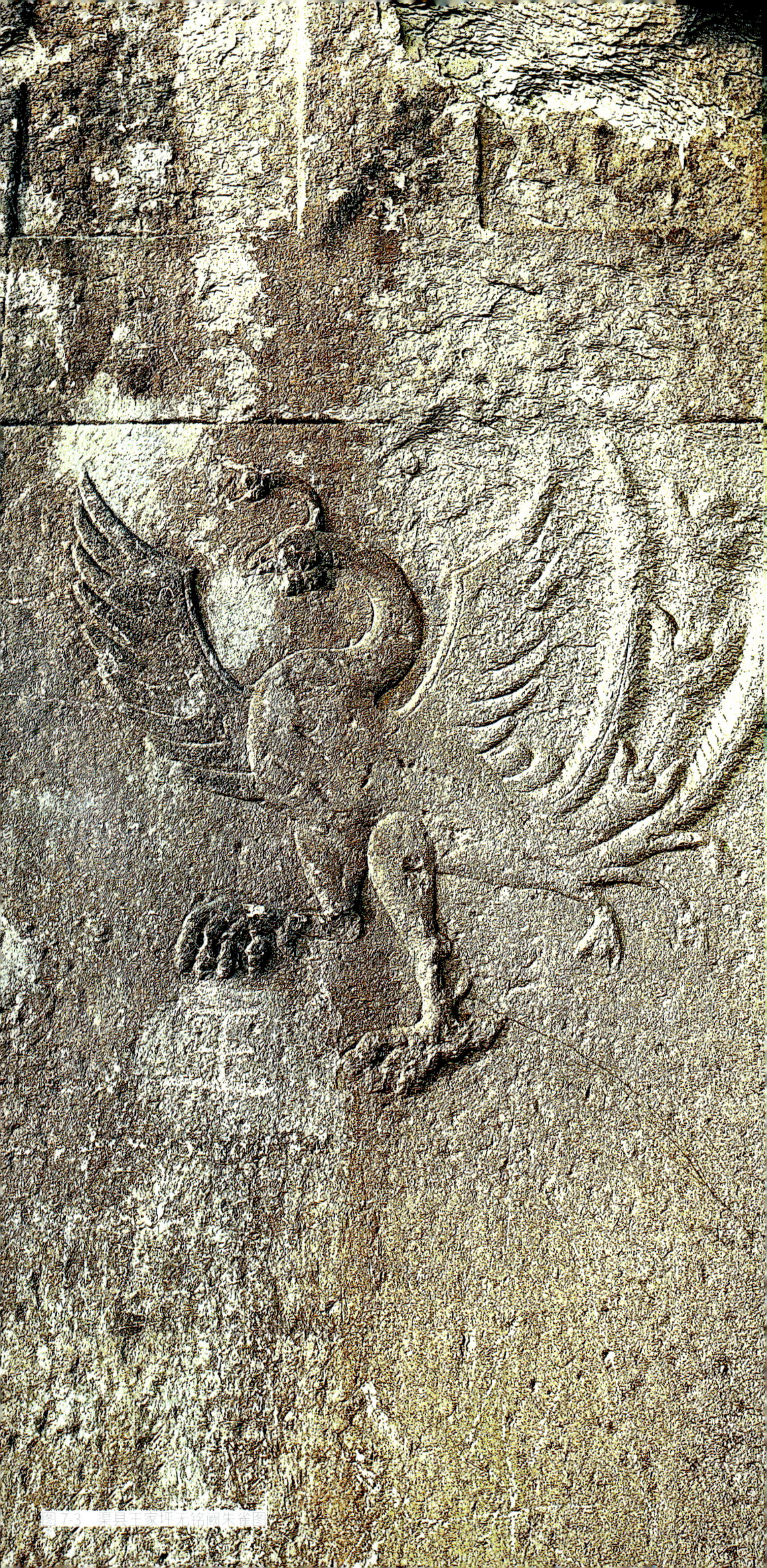

图 7-4　渠县赵家村西无铭阙玄武图

图 7-5　渠县冯焕阙玄武图

三阙则刻于楼部背面拱间。《礼记·曲礼上》曰："行，前朱鸟而后玄武，左青龙而右白虎。"[8]董仲舒《五行之义》曰："木居左、金居右、火居前、水居后。"[9]"前（上）朱雀南、后（下）玄武北、左青龙东、右白虎西"成为四神图像的固定方位模式，在汉代艺术中被广泛应用。[10]汉代四神图像中，大多数为四神共存或"朱雀+玄武""青龙+白虎"这三种图式，而冯焕阙是罕见的"前青龙、后玄武"图式。

汉代玄武图像有龟蛇相缠、一龟两蛇或独龟等造型，但最常见造型为龟蛇相缠的复合形，巴蜀汉阙中的玄武即为这种造型。《后汉书·王梁传》曰："玄武，神之名。"李贤注："玄武，北方之神，龟蛇合体。"[11]《楚辞远游》注"玄武，北方神名"，洪兴祖补注"玄武谓龟蛇，位在北方，故名曰玄，身有鳞甲，故曰武"[12]。渠县赵家村东无铭阙的玄武图现已无法辨识，其原来刻饰位置有水泥修补痕迹。《四川汉代石阙》（1992年版）对该玄武图案的描述为："阙门正面下部刻玄武，蛇绕玄武两周后头向前伸，龟蛇两头相对。"[13]

青龙即苍龙，被古人视为东方木神，是四象中的东方神兽。关于龙的起源，学界主要有图腾说和气候星象说，即源于原始人类对自然界中神奇、凶猛动物或雷电、星辰等的观察、崇拜和想象。[14]还有学者研究认为早期的龙象征着生命胚胎，龙崇拜源于生殖崇拜。[15]龙的记载最早见于《山海经》"龙首蛇身""人面龙身""人首蛇身""乘两龙""珥两龙"等怪兽形象的描述。《管子》曰："龙生于水，被五色而游，故神。欲小则化入蚕蠋，欲大则藏于天下，欲尚则凌于云气，欲下则入于神泉。变化无日，上下无时。"[16]可见，龙于先秦之前就已是人们崇拜的神灵了。

古人按照龙是否有角、毛、翼、足、鳞，以及能否变

第七章　巴蜀汉阙共有图像母题及其视觉符号研究

图 7-7　蒲家湾无铭阙、沈府君阙、王家坪阙、赵家村东无铭阙的青龙衔璧绶图

社会地位显赫尊贵的吉祥符号。[19]

青龙、玉璧的组合图像在汉代墓葬中极为常见，尤其是河南、山东等地有龙身穿璧、穿（十字）环、捧璧或双龙交缠成多个环状璧等经典图式，用以表达龙飞升上天、到达仙界之意。[20]如山东莒南县孙氏阙和河南登封市三阙，均刻饰有此类龙璧组合图像，但渠县汉阙的青龙、璧、绶三元素并存的竖式图像却很少见，因此极具辨识度。不仅如此，渠县汉阙中的白虎亦同样是口衔璧绶的竖式造型。渠县汉阙与重庆的江北区盘溪无铭阙、万州区武陵阙，成都市王君平阙这三阙的青龙、白虎衔璧绶图几乎是一模一样[21]，亦与成都市郊曾家包汉墓中的青龙、白虎衔璧绶图案十分相似。[22]这表明巴、蜀两地很可能有同一粉本流传。重庆忠县乌杨阙的青龙、白虎图和蒥井沟无铭阙的白虎图，虽与渠县汉阙非常相似，但并未出现璧、绶等图案元素。

白虎为四神中的西方金神。学者们认为白虎崇拜源于上古时期西部山地民族的原始图腾宗教信仰，并播染至中原地区，被吸收进四神图像体系。《山海经·西山经》载："又北二百二十里，曰孟山……其兽多白狼白虎……""又西二百二十里，曰鸟鼠同穴之山，其上多白虎、白玉。"[23]《抱朴子》曰："虎及鹿兔，皆寿千岁，满五百岁者，其色全白。"[24]《风俗通义》云："虎者，阳物，百兽之长也，能执搏挫锐，噬食鬼魅。"所以汉代人"画虎于门，皆追效于前事，冀以卫凶也"[25]。可见，白虎自古就被视为一种能够驱鬼禳灾的瑞兽。西汉时期的白虎造型基本是无翼的，有翼白虎图案多见于王莽时期至东汉早期的河南地区，约在东汉中期传播至山东南部及四川等地，至东汉晚期则主要流行于四川及江苏、山东、河南等地。[26]渠县汉阙仅存两幅白虎衔璧绶图。其中，赵家村西无铭阙中的白虎图，其虎身部位已经漫漶剥落。沈府君阙白虎图的虎背上刻有两条明显的弧线状羽翼（如图7-8所示），这更为直观地强调了白虎的神性。

渠县汉阙左阙刻青龙、右阙刻白虎，完全遵循汉代四神图像典型的布局方位。早在新石器时代，黄河中游地区的居民就形成了以龙象征东方和东方星宿，以虎象征西方和西方星宿的观念，并认为虎与龙是人们升入天界的媒介。[27]对于龙、虎组合图像的崇拜，可追溯至公元前4000年前的河南濮阳墓葬出土的蚌塑龙虎图，以及湖北随州出土的战国早期曾侯乙墓漆箱上的龙虎彩绘图。这些龙虎图像与北斗星象相组合，描绘了具有原始宗教意义的升天场景，初步具备了形成四象图像的基本要素，它们具有代表东、西或者左、右方位，以及春、秋季节等不同概念在时间、空间合二为一的综合性含义。[28]可见，早在先秦时期，青龙、白虎的组合图式就已发展成熟。它是巫术观念和升天信仰的产物，是一种重要的墓葬祭祀图像和升天符号。

渠县汉阙的青龙、白虎衔璧绶图案皆呈竖式刻饰于左、右阙的整个阙身内侧，其面积和浮雕高差比阙门正面的朱雀、玄武大得多，明显具有更加强烈的视觉冲击力，可见賨人对于青龙、白虎的崇拜远胜于朱雀、玄武。张光直先生对河南濮阳蚌塑龙虎图的论述为"人骑龙、虎奔走"的形象，所表达的就是墓主乘着龙虎升天的含义。后来的道教亦认为有道术的人可以借着龙、虎、鹿三'蹻'的脚力上天入地、穿山下水，并且同鬼神相交往，这其实是以古老的乘龙虎升天的观念为渊源"。[29]这也是渠县汉阙的青龙、白虎衔璧绶图为何要处理得远比朱雀、玄武图壮观醒目得多的原因。

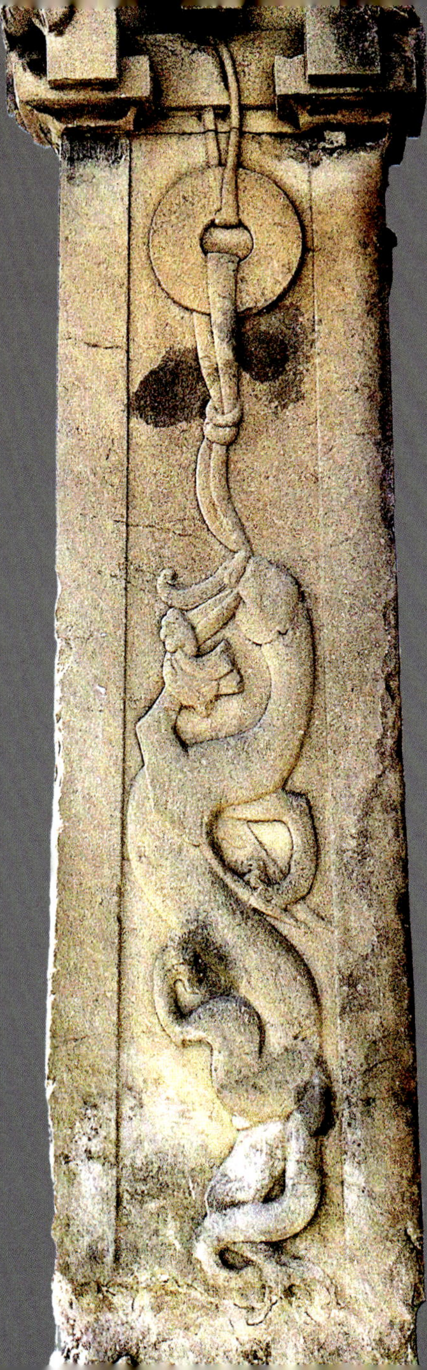

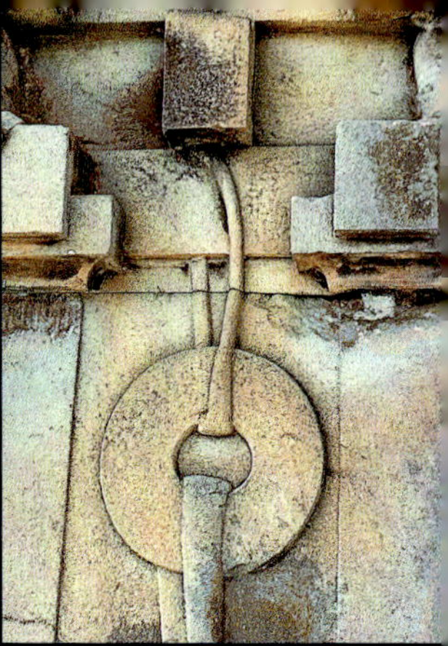

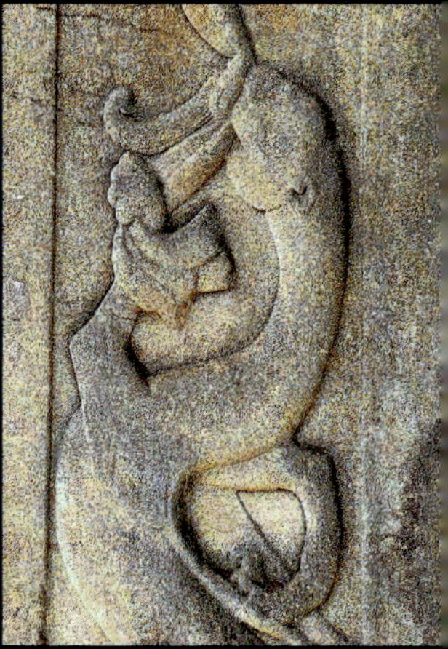

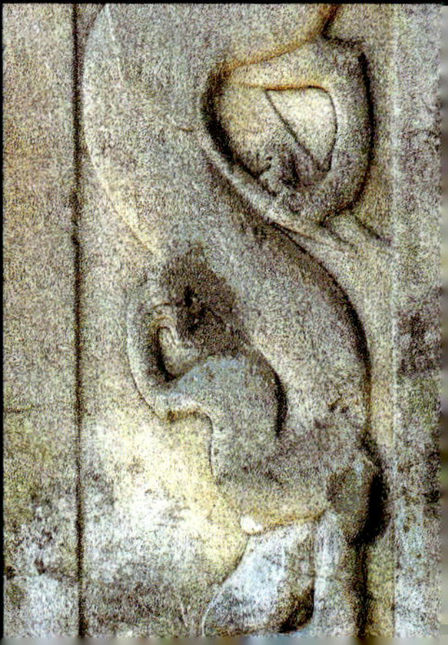

❶ 王小盾.四神：起源和体系形成[M].上海：上海人民出版社,2008：18.
❷ 同❶：179.
❸ 汪荣宝.法言义疏[M].北京：中华书局,1987：208.
❹ 沈括.梦溪笔谈[M].长沙：岳麓书社,1998：66.
❺ 冯洪钱,冯兰兰,冯新英.《礼记》中的凤凰原动物考证[J].农业考古,2006(4)：43.
❻ 同❶：46.
❼ 〔日〕安居香山,中村璋八.纬书集成[M].石家庄：河北人民出版社,1994：366.
❽ 〔清〕孙希旦.礼记集解[M].北京：中华书局,1989：74.
❾ 董仲舒.春秋繁露[M].凌曙,注.北京：中华书局,1976：391.
❿ 程万里.汉画四神图像[M].南京：东南大学出版社,2012：175.
⓫ 范晔.二十四史：后汉书[M].李贤,等注.北京：中华书局,1965：774.
⓬ 洪兴祖.楚辞补注[M].北京：中华书局,1983：171.
⓭ 徐文彬,谭遥,龚廷万,等.四川汉代石阙[M].北京：文物出版社,1992：42.
⓮ 潘攀.汉代神兽图像研究[M].北京：文物出版社,2017：32.
⓯ 同❶：89-92.
⓰ 赵守玉.管子注译：下册[M].南宁：广西人民出版社,1987：29.
⓱ 王念孙.广雅疏证[M].上海：上海古籍出版社,1983.
⓲ 同⓮：58.
⓳ 张道一.汉画故事[M].重庆：重庆大学出版社,2006：371.
⓴ 同⓮：58.
㉑ 张孜江,高文.中国汉阙全集[M].北京：中国建筑工业出版社,2017：371.
㉒ 高文.四川汉代画像石[M].成都：巴蜀书社,1987：99.
㉓ 袁珂注.山海经全译[M].北京：北京联合出版公司,2016：45.
㉔ 王明.抱朴子内篇校释[M].北京：中华书局,1985：47.
㉕ 王充.论衡[M].上海：上海人民出版社,1974：247.
㉖ 同㉑：129.
㉗ 同❿：179.
㉘ 同❿：36.
㉙ 同❶：172.

第二节

图像母题之二
狮形辟邪与天禄兽首

巴蜀汉阙中除了冯焕阙之外，其余汉阙皆在楼部正面或背面的居中位置高浮雕刻饰着一种头生独角或双角的兽首，它们从楼部探头俯瞰，作值守状。其中，巴地汉阙的这一类图像总体保存较好，蜀地汉阙多数漫漶严重，但仍可见非常固定的左右对称或前后呼应的刻饰布局规律。这一兽首图像是巴蜀汉阙升仙图像体系中的一种独特视觉符号，它从未在山东、河南汉阙中出现过，因此，这亦是一个值得探讨的极为重要的巴蜀汉阙图像母题。

一、巴蜀汉阙狮形兽首图案的来源

对于这种巴蜀汉阙兽首图像，目前学界多称其为铺首或饕餮。❶ 如《四川汉代石阙》阐述为"阙楼下段正面居中刻铺首"❷；《中国汉阙全集》论述为"沈府君阙楼部正面居中刻一面目狰狞、巨口獠牙、口衔圆环的兽面，这种兽面在商周青铜器上常见，它善于看守财物，把它的形象雕画在门或器物上，称铺首衔环"❸；《賨人故里：一幅用賨人文化碎片拼成的图》中亦称渠县诸阙的这一图案为铺首。❹但根据汉代铺首或饕餮的造型特点，以及诸多古籍的记载来看，该兽首图像并不符合铺首或饕餮的造型。该兽首神情凶悍，眼如铜铃，双耳不大，上竖贴于头顶两侧，鬃毛浓密弯曲，鼻孔粗大，其形象很符合雄狮的面部特征（如图7-9所示），唯有不同的是其额顶生有独角或双角。

这种狮形兽首图像很可能是汉代巴蜀地区雄狮崇拜思想的一种视觉体现，而绵阳市平阳府君阙为笔者的这一猜想提供了图像依据。该阙左阙主阙楼部顶层背面居中刻一威风凛凛的雄狮全身像，右前角又高浮雕刻一雄狮追兔图；其右阙主阙楼部顶层背面居中刻一狮头衔璧图；其右阙子阙楼部正面居中亦刻有一雄狮全身图。并且，平阳府君阙雄狮图像的布局位置非常醒目，皆刻饰于楼部顶层的背面居中或转角处，与双龙、双虎、羽人、翼马等图像处于同一石层。可见，狮子在蜀地汉阙中是被视为与这些仙人、异兽同等重要的一种仙界祥瑞符号。此外，夹江县杨公阙左阙的楼部顶层亦似有狮形大兽，但漫漶严重。

现在，我们无法知道那些已损毁的蜀地汉阙图像中是否有狮形图，但值得注意的是，以雅安市高颐阙阙前、芦山县樊敏阙后坡樊府内的狮形石兽为典型代表，川西雅安地区目前出土的汉代大型狮形石兽多达十余尊，占据全国存量的一半之多，而川东地区目前仅有一尊出土于重庆忠县的狮形石兽。色伽兰在《中国西部考古记》中曾提到："吾人所发现之新标型中，有一坐兽造像，颈身下部尚完好，其装饰与其姿势，为汉代造像中所未见者，兽在渠县诸无铭阙附近。"❺这证明渠县汉阙原本亦是有石兽的，遗憾的是现已不存，其石兽数量和形制特点无从知晓。上述情况表明，汉代巴蜀地

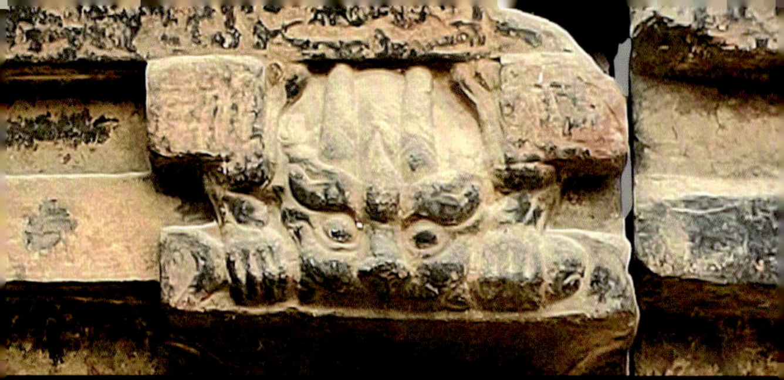

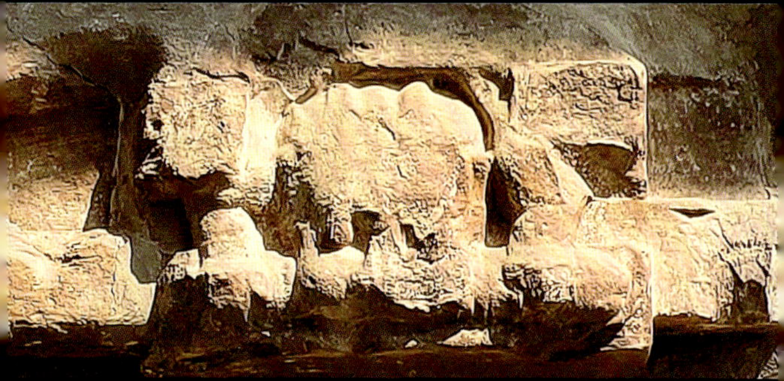

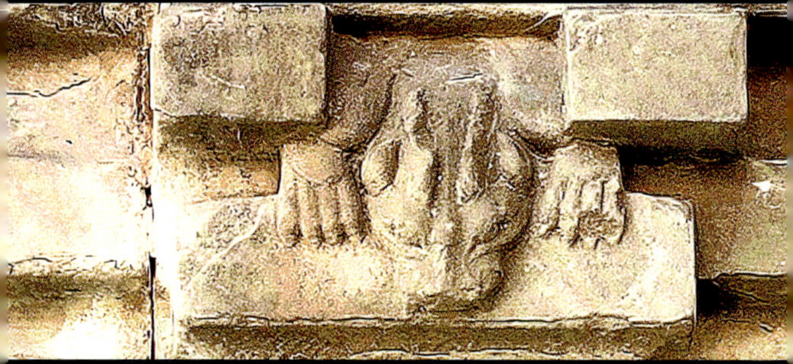

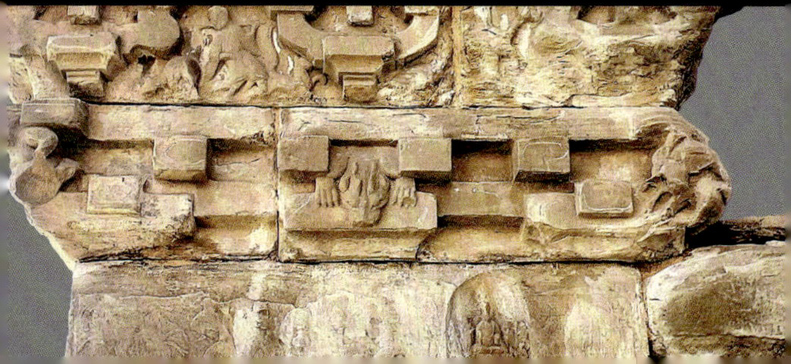

区墓葬中普遍存在狮形石兽。

　　对于狮形石兽造型的来源，学界历来争议颇多。有学者指出："我国古代造型艺术中，在圆雕动物中新出现的狮子和有翼兽可能来自波斯和北印度。"[6]但有人坚持认为，辟邪与天禄是中国原始宗教的产物，伴随着汉代方仙信仰的兴起，经过艺术加工形成的与神仙思想有关的中国神兽。[7]笔者认为，巴蜀狮形石兽应是以上两种观点的结合体——中国本土不产狮子，狮子文化及带翼狮形石兽很有可能是通过"南方丝绸之路"进入蜀地，并以雅安为中心向周边迅速传播。从文献可知，古代西域的葛逻禄部有狮子部落，喀喇汗朝有狮子汗、狮子王，他们皆将狮子视为自己的民族图腾，以狮子作为其民族标志和象征。[8]可见，彼时的疏勒、大月氏、安息等西域诸国是将狮子作为一种吉祥物向汉朝进贡的，汉代人因其珍稀、外形威武而视其为神物。后来，狮子的形象还被加上了羽翼和角，成为汉代至南北朝时期墓葬中常见的神兽形象——辟邪、天禄，它们常与狮子、獬豸、大象、骆驼、马、麒麟等的石像生一起立于帝王及达官显贵的墓前神道两边，具有明确的值守护卫功能，亦是墓主尊贵身份的象征。

　　此外，还有学者指出，河南和巴蜀地区出土的有翼神兽几乎属于同一时代，两者之间几乎看不出直接传播影响的痕迹，它们有可能是同时沿着丝绸之路"神兽西来"路线上的两条分支，长江上游地区可能是南朝石兽的来源之一，它们经过长江上游地区的巴、渝一带顺江而下传入南朝是完全有可能的[9]。因此，巴蜀地区有翼狮形石兽很有可能既吸收了外来文明的诸多因素，又保存着中国古代传统石刻艺术的精髓。它是中西文化交流的产物。

图 7-10 渠县蒲家湾阙，沈府君阙左、右阙，赵家村西无铭阙的狮形天禄、辟邪兽首图

目前，学界习惯称汉代狮形石兽为天禄、辟邪。"辟邪"一词源于梵语，意为"火狮子"，它最早见于西汉元帝时期的《急就篇》所载"射魃辟邪除群凶，方能擘御妖邪也"[10]。天禄，因谐音"天鹿"而被赋予了"天降福禄"之意。汉代非常流行在艺术品、服饰、织物、带钩等物品上装饰辟邪、天禄图案。它们具有驱邪去秽、拔除不详的吉祥寓意。[11]因此，巴蜀汉阙中的辟邪、天禄兽首图案应具有镇守天门、祛邪除妖的功能，其口衔或爪抓吉祥之物更能凸显其接引墓主升仙，并在仙界永享福禄的祥瑞寓意。

巴蜀汉阙中的狮形兽首图案很有可能是天禄、辟邪的头部特征特写（如图7-10所示）。这一结论的图像依据为：该兽首图案多成对出现，且头部生角，一兽为独角，另一兽为双角，这说明它们是有雌雄之分的，而蜀地所发现的数尊大型石兽亦具有雌雄之分的造型特点。如雅安市高颐阙、芦山县樊敏阙、芦山县杨统墓等阙、墓前的石兽雌雄配对而立。[12]而铺首与饕餮的造型十分类似，是集龙、虎、牛、羊、鸟、凤、人之特征于一体的笼统抽象的怪兽形象。目前并未发现其头部的角有单、双或雌、雄区别的图像证据或文献记述，但天禄、辟邪在古代恰有独角为雄性、双角为雌性之说。

汉代辟邪、天禄的共同外形特征是有角，兽身似狮，多有翼，张口、仰首、颔下长须、脸部有鬃毛。早期单独出现的双角神兽或许是对狮子的神异化表现，"辟邪"可能是以其神性为特征的别称，以取代其本名"狻猊"。一角的狮身神兽出现的时间则晚一些，无论是名字还是外形，都是为了与双角狮身神兽匹配。[13]根据古籍记载及汉代出土文物可知，当辟邪、天禄成双出现时，才有了角的单双区分，但当

图 7-12　芦山县樊敏阙石辟邪前爪抚蟾蜍、大蟹

图 7-13　雅安市高颐阙石辟邪前爪抚大蟹

其单独出现时,一般为双角造型。通常双角的狮形神兽被称为辟邪,独角的狮形神兽被称为天禄,单独出现的则都可称为辟邪。[14]可见,辟邪、天禄图像发展到后来,角的单双并不重要,人们更在意的是它们在墓葬中的护卫功能和吉祥寓意。巴蜀汉阙格外强调辟邪、天禄的角的单双区别,这表明汉代巴蜀地区受阴阳五行学说影响颇为深刻。

此外,巴蜀汉阙兽首图案多以口衔着鱼、蛇、幼兽或者橘子大小的圆形玉璧,还有个别兽头仅以一排巨齿紧咬石层,兽头下方通常露出一双骨节突出的四趾利爪紧扣所衔之物或石层。令人惊讶的是,这种以脚爪抓握鱼、蛇、幼兽的造型构思竟然与蜀地出土的石辟邪如出一辙。雅安市高颐阙,芦山县樊敏阙及杨统墓,还有芦山沫东石羊上村等地发现的墓、阙前的石辟邪,雄性前爪抚一蟾蜍,雌性前爪抚一大蟹,有的所抓小兽因漫漶而无法辨识。有趣的是,无论是巴蜀汉阙狮形兽首,还是蜀地墓阙前石辟邪,它们所抓或所衔的蛇、鱼、蟾蜍、大蟹等物,皆具有生命力强、多子等特征,或有财富、功名等吉祥寓意。个别狮形兽首所衔的玉璧,作为沟通天地鬼神的传统通天礼器,历来被视为一种重要的升天祥瑞符号。可见,巴蜀汉阙兽首图像造型设计与雅安地区出土的大型狮形石兽具有高度同一性(如图7-11、图7-12、图7-13所示)。

二、巴蜀汉阙辟邪、天禄兽首图像之比较

巴蜀汉阙成双出现的辟邪、天禄兽首图像在汉代墓葬艺术中十分罕见,颇具独特的巴蜀地域文化特征,但就其图像的雕刻、艺术风格、布局规律等细节来看,巴、蜀两地汉阙

仍然存在着明显的差异。

渠县汉阙中，沈府君阙的辟邪、天禄兽首图案保存得非常完整，细节繁复精妙，鬃毛刻画得细致入微，表情狰狞可怖，造型栩栩如生，充分展现了汉代辟邪、天禄震慑人心的神威。该阙左阙楼部正面居中高浮雕刻辟邪兽首，其头生双角，四趾利爪紧扣石层，口衔圆形玉璧；其右阙楼部则刻天禄兽首，头生一角，但口未衔物，利齿紧咬石层，其余细节与左阙辟邪基本相同。沈府君阙的这一对兽首图案完全符合"有角、似狮、颔下长须、脸部有鬃毛"的汉代辟邪、天禄的特征描述。

蒲家湾无铭阙的天禄兽首图案与沈府君阙的兽首图案非常相似，其额头正中生一独角，口衔一枚圆形玉璧。需要注意的是，该阙楼部背面位置疑似刻有一辟邪兽首，可惜损毁严重，难以识别。《四川汉代石阙》描述为"蒲家湾无铭阙阙楼背面正中刻铺首臀部，右后爪抓获一小兽"[15]，《中国汉阙全集》直接引用了这一论述。[16]仔细辨识该图案，两只利爪尚存，一爪紧抓一幼兽，其双爪下方还有八颗粗壮的巨齿紧咬石层，这排巨齿正好说明了这一图像是头部，而并非臀部，它很可能是与该阙楼部正面的天禄相对应的另一神兽辟邪。蒲家湾无铭阙这种刻饰于阙楼正面、背面的辟邪、天禄兽首图案布局，属于前后呼应图式。

赵家村西无铭阙的天禄兽首图案造型与沈府君阙、蒲家湾无铭阙的兽首图案基本一致，不同的是该天禄头上的独角更长更粗一些，明显上翻的鼻孔不似狮子，倒有几分像猪鼻，尤其是眼部几乎没有具体结构和表情，故其造型细节、神情表现明显不如前面两阙那么精细繁复、惟妙逼真。该阙楼部背面未见辟邪兽首图案，故其已失去的左阙主阙应是刻有双角辟邪兽首图案的。王家坪无铭阙楼部正面的兽首图案已漫漶至细节无存，其楼部背面对应位置未见图案，故该阙兽首图案原为左、右阙对称式布局。此外，赵家村东无铭阙楼部正面、背面居中位置所刻图案已完全模糊成团，但仍可看出其布局形式与蒲家湾无铭阙的辟邪、天禄的前后组合图式是相同的。

需要特别提出的是，重庆忠县的乌杨阙、丁房阙、眢井沟阙等阙皆为两重阙楼形制，因而每层阙楼正面居中位置都分别刻饰有一只兽头图案，它们仍然遵循着左右对称式布局的规律。《中国汉阙全集》中说："眢井沟阙正面居中为铺首头部，背面刻尾部。"[17] 从巴蜀汉阙兽头图案的布局规律来看，这一阐述显然是有待商榷的。眢井沟无铭阙有两只兽头造型，其鬃毛浓密卷曲，似猪的鼻孔造型与渠县赵家村西无铭阙的尤为相似。重庆地区的其余汉阙兽头图案非常奇特，其造型既不像狮，也不似虎，造型细节生硬简单、粗糙潦草，但面目狰狞、獠牙利爪，凶神恶煞之气甚重，它们显然被巴人赋予了辟除妖邪的神力，因此亦可称其为辟邪。

蜀地汉阙中，雅安市高颐阙的辟邪、天禄兽首图案保存得最为完好，辟邪兽首图案，头生双角，眉弓、两鬓及颔部鬃毛浓密卷曲，口衔一鱼，双爪紧抓鱼的头尾；其阙楼背面的天禄兽首头生一角，口衔一蛇，双爪抓蛇身，其余造型细节与该阙辟邪大致相同。高颐阙的这一对兽首轮廓圆润、线条柔和、神情温和，没有巴地汉阙那般繁复精细，造型锋锐，其凶悍凌厉感远不及巴地汉阙的那般强烈。此外，绵阳市平阳府君阙的左、右主阙正面皆刻双角辟邪，其角瘦长，口未衔物，未见利齿，利爪紧抓石层，两阙背面对应位置的天禄图案已漫漶成团；德阳市司马孟台阙楼部背面居中刻有独角天禄衔蛇图；夹江县杨公阙仅见一排紧咬石层的巨齿残像，其余三处辟邪、天禄兽首图案已漫漶模糊。

总之，巴蜀汉阙的辟邪、天禄兽首图案同时存在两种图式，即左右对称式和前后呼应式。虽然巴蜀汉阙中只有渠县沈府君阙、雅安市高颐阙、绵阳市平阳府君阙、夹江县杨公阙的双阙幸存，但我们可根据这四阙来推测那些已失去一阙的汉阙的辟邪、天禄兽首图案的大致造型及刻饰位置。巴蜀汉阙的这一兽首图像母题以阙楼为载体，呈左右或前后对称成对出现，头部仿佛穿石而出，值守于阙楼之上，突显了辟邪、天禄神兽辟邪镇鬼之寓意，它们与四神图像一样，是墓主灵魂升仙过程中必不可少的引导者和护卫者，皆体现了和谐平衡的阴阳五行思想观念，是汉代巴蜀地区浓厚的升仙思想的反映。

❶《四川汉代石阙》《中国汉阙全集》以及诸多论文皆以"铺首"或"饕餮"称呼该图案.
❷ 徐文彬,谭遥,龚廷万,等. 四川汉代石阙 [M]. 北京:文物出版社,1992:40-44.
❸ 张孜江,高文. 中国汉阙全集 [M]. 北京:中国建筑工业出版社,2017:325.
❹ 罗洪忠. 宾人故里:一幅用宾人文化碎片拼成的图 [M]. 上海:学林出版社,2012:76.
❺〔法〕色伽兰,〔法〕郭鲁柏. 中国西部考古记·西域考古记举要 [M]. 冯承钧,译. 郑州:中州古籍出版社,2017.
❻ 沈福伟. 中西文化交流史 [M]. 上海:上海人民出版社,1985:67-74.
❼ 卜友常. 汉代墓葬艺术考述 [M]. 上海:上海三联书店,2015:211.
❽ 何星亮. 中国少数民族图腾崇拜 [M]. 北京:五洲传播出版社,2006:11.
❾ 霍威. 神兽西来——重庆忠县新发现石辟邪及其意义初探 [J]. 长江文明,2008(1):25-26.
❿ 卜友常. 南阳小西关发现的汉代嫦娥奔月画像石研究 [D]. 杭州:中国美术学院,2006:56.
⓫ 潘攀. 汉画神兽图像研究 [M]. 北京:文物出版社,2017:157.
⓬ 同❼:169.
⓭ 潘攀. 汉画神兽图像研究 [M]. 北京:文物出版社,2017:156-160.
⓮ 同⓭:158.
⓯ 同❷:42.
⓰ 同❸:329.
⓱ 同❸:386.

第三节

图像母题之三 角神

巴蜀汉阙中又一重要的图像母题是其楼部枋子层四隅皆有圆雕角神形象。其中，雅安市高颐阙的角神保存最为完好，数量最多，造型极为丰富；其次是渠县赵家村西无铭阙、芦山县樊敏阙、德阳市司马孟台阙等阙；其余巴蜀汉阙的角神则漫漶残损严重，头部及四肢大多已不存。角神是巴蜀汉阙图像艺术必不可少的重要组成部分之一，但却不见于山东、河南汉阙中，因此甚为罕见。不仅如此，四川乐山麻浩崖墓、乐山柿子湾崖墓等汉代巴蜀墓葬建筑中，亦发现有与巴蜀汉阙十分相似的角神造像。角神图案为我们提供了研究汉代巴蜀地区的阶级意识、社会习俗、衣着服饰等方面的珍贵资料。

角神即宝藏神、宝瓶或扛坐神，它是与建筑结构息息相关的特殊雕刻图像。对于它的位置及其用途，梁思成解释为"是放在角由栌之上以支承大角梁的构件，有时刻作力士形象，称角神"❶。陈明达也说："角神是坐于转角铺作由栌平盘枓上，上承大角梁的构件。"❷ 简言之，角神是替代转角檐椽或斗拱而出现的。据先秦时期遗留下来的图像资料，

图 7-14 蒲家湾无铭阙、平阳府君阙力士角神

作为承重功能的艺术化表达,神兽或力士形象的角神已出现在战国建筑上,其设置与汉代流行的以神兽坐镇空间四角的习俗意蕴相通。[3] 至汉代,角神的实用功能逐渐削弱,装饰作用反而增强,而巴蜀墓葬建筑中的角神,其功能不只是装饰性,更重要的应是与升仙思想相关联。有学者认为,这类神人异灵形象的角神力士起着镇墓压邪的作用,也许就是人们通往天国的守护神。[4] 川渝墓阙上的角神的功能应与铺首及文献记载的赤熊、门卒相同,都是为墓主人保驾护航的镇

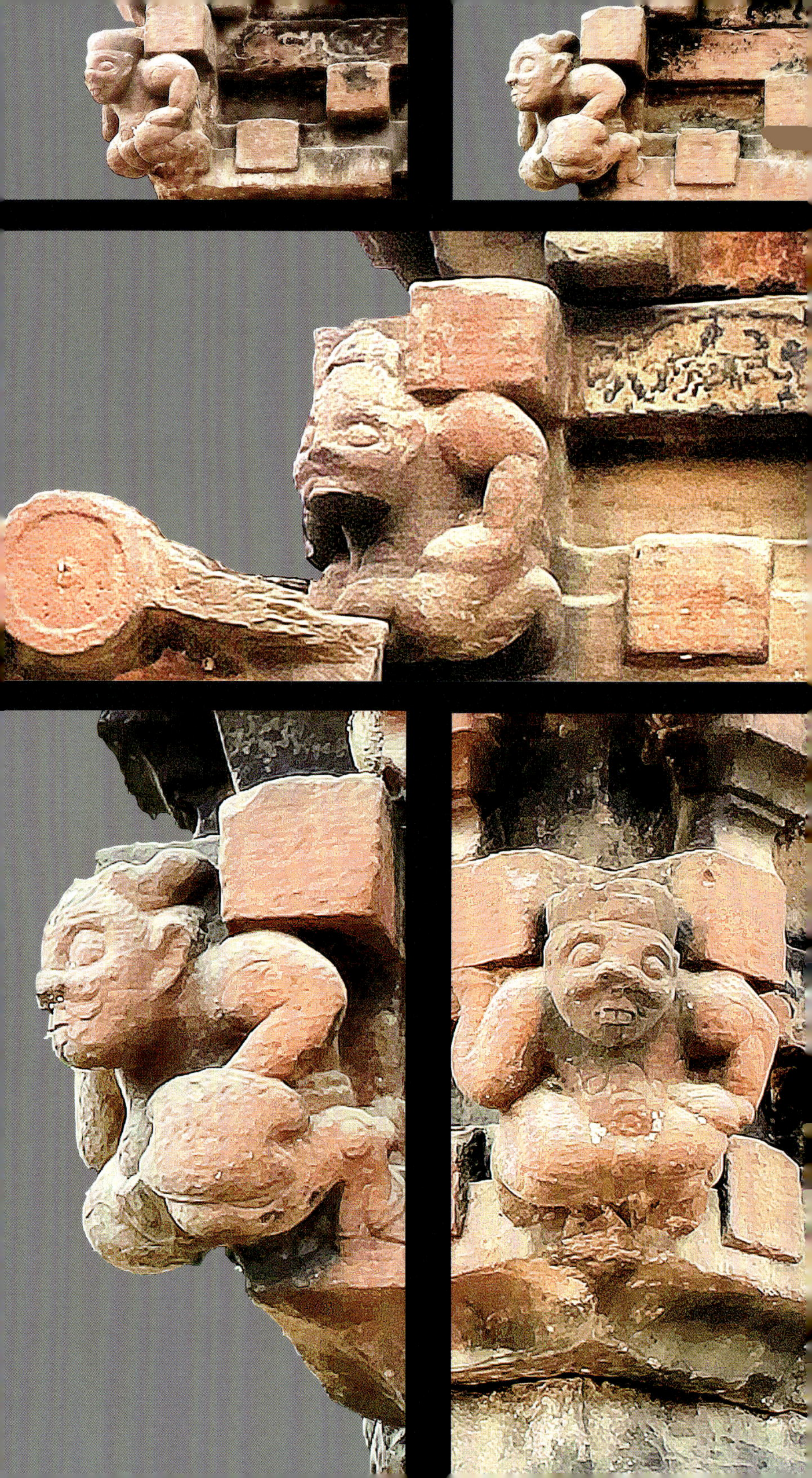

上，背顶枋头，坐姿；绵阳市平阳府君阙的左、右阙之主阙的力士角神皆戴平帽、裸身，手执戈盾（如图 7-14 所示）；雅安市高颐阙右阙主阙楼部的左、右前角之力士角神与蒲家湾无铭阙的力士角神造型基本相同，但身形更为健硕，臂部肌肉暴突，左前角的头戴平帽，右前角的力士椎髻、手执戈盾（如图 7-15 所示）；芦山县樊敏阙、德阳市司马孟台阙的力士角神造型与雅安市高颐阙较为相似；重庆忠县汉阙的力士角神多慈眉善目、笑意盈盈，造型与佛教中的弥勒佛有几分相似，毫无凶煞之气，疑为后世所刻。

　　有学者认为，力士角神源于秦汉时期对先秦著名的孟贲、任鄙、乌获、夏育等大力士的崇拜风尚。[6]《水经注·渭水》载："秦始皇造桥，铁锁重不能胜，故刻石作力士孟贲等像以祭之，镦乃可移动也。"[7] 可见，早在秦朝时期，人们就认为大力士图像具有神秘的巫术力量，将其祭奉为神灵，以求建筑稳固长久。研究表明，从湖北江陵凤凰山出土的秦代木箧漆绘角抵图案，到长沙马王堆 1 号、3 号汉墓帛画中的力士形象，再到南朝梁的南京萧宏墓、萧秀墓及宋墅村三处石柱的力士浮雕，这些人物皆身材肥硕，裸上身，仅着短裤，头束发髻或披发，为先秦以来角抵力士的典型装束，后世的唐代及日本相扑手的装束与之一脉相沿。[8] 巴蜀汉阙人形力士角神，虽多数头面部被毁，但可见其躯体短胖粗壮，仅着及膝短裤，坐于阙楼四隅，以其肩背或单手托举枋头，以此凸显力士角神力能扛鼎的承重神力，此种造型颇符合大力士的形象特点。

　　巴蜀地区汉画中亦发现有大力士神的身影，例如，成都郫都区竹瓦铺一出土石棺画像为牛郎织女与龙虎戏璧的场景，图像下方居中位置有一肩扛巨璧的裸身力士，仅着短

图 7-16　四川博物院藏成都郫都区竹瓦铺石棺牛郎织女图中裸身力士及细节拓片

裤,肚子肥圆,肌肉健硕,头顶发髻明显,右手作托举状,其造型与巴蜀汉阙力士角神造型极为相似(如图 7-16 所示)。巴蜀汉阙中,除了少数披发或椎髻之外,多数力士角神头戴一种平顶冠帽。在汉代巴蜀地区的汉画及雕塑人物中,头戴平顶帽是地位卑微的底层人物的身份标识,以重庆忠县涂井崖墓、成都天回山崖墓及成都新繁的汉代陶俑为典型,这些陶俑中有大量庖厨俑,门

图 7-17　忠县博物馆藏东汉戴平顶帽陶俑（出土于忠县新田湾、花灯、崖脚等墓群遗址）

吏俑、武士俑、抚琴俑，甚至石质的墓门神、石翁仲，皆有头戴此种平帽者（如图 7-17 所示）。巴蜀汉阙力士角神头戴平帽的这一造型细节应是刻意强调他们的身份为墓主的侍从或仆役。

那么，巴蜀汉阙为何要将大力士角神设为墓主的侍从或仆役形象呢？据推测，原因之一可能是秦汉时期的大力士是孔武有力、刚猛勇敢的代名词，人们将其作为角神刻于巴蜀汉阙上，认为他们不仅可保阙的稳固长久，而且具有击杀前来侵扰的恶鬼妖怪的神力，他们是为墓主求仙升天服务的，属墓主的私人武士和保护神；原因之二可能是创作者意欲以头戴平帽的力士角神来衬托、炫耀墓主的身份地位。早在尚武成风的先秦时期，大力士常常供职于好武养士的帝王将相身边，其职责之一便是保护主人、震慑敌人。《史记·秦本纪》载："武王有力好戏，力士任鄙、乌获、孟说皆至大官。王与孟说举鼎，绝膑。"❷可见，能成为大力士主人者必是显赫人物。据此可知，巴蜀地区墓葬中头戴平帽的力士角神或者门吏仆役越多，意味着墓主的社会地位越尊贵，这或许是雅安市高颐阙连其子阙楼部也要刻上两名戴平帽的角神的原因了。

巴蜀汉阙人形角神的第二种类型是门吏角神。例如，渠县沈府君阙左阙楼部右前角的门吏角神头部已不存，剩余部分身着交襟汉服、手执戈；赵家村西无铭阙楼部左后角为一头戴平帽的门卒，着短衣短裤；雅安市高颐阙右阙子阙楼部左前角，左后角各刻一名戴平帽、着汉服、手执盾的门卒（如图 7-18 所示）。汉代执戈盾者一般为低级武官和护卫之士，因此在汉画中有大量头戴平帽，身着交襟汉服，官阶低微的门吏，他们通常躬身侍立于阙下或城门外，手执戈、

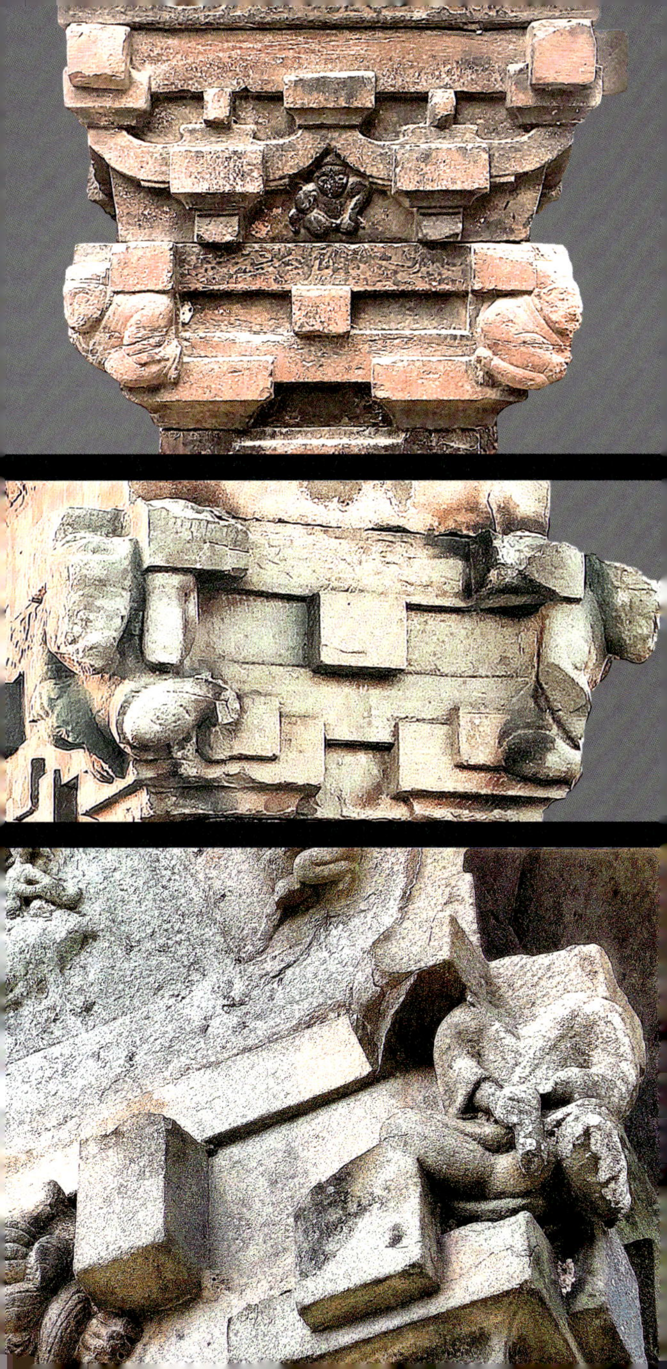

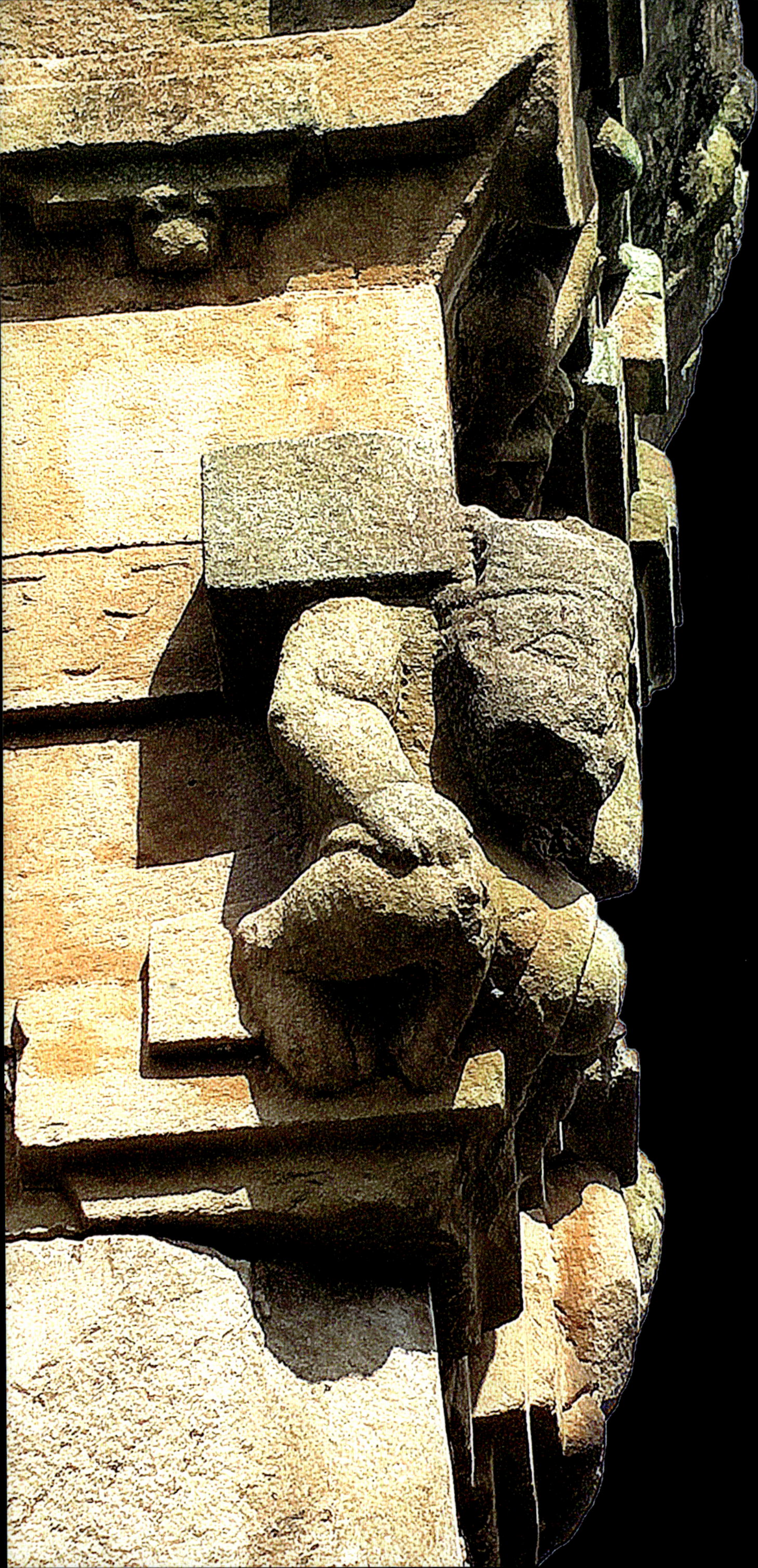

盾、斧、剑、棒等兵械，其职责为防偷窃，抓盗贼；还有的门吏手执棨戟、钺、金吾、节、笏等仪仗道具，以表示忠于职守或者恭迎长者、上级或贵宾的光临。[10]例如，成都郫都石棺和彭山双河石棺的石刻画像中，皆在双阙之间刻有头戴平帽、捧盾作迎候状的门亭长。[11]他们与力士角神一样，皆是为墓主升天求仙服务的侍从或仆役，他们的衣着服饰和所持兵械真实生动地描绘出汉代巴蜀地区的社会阶级形态和礼仪习俗，以及门吏仆役的部分生活状态。

  巴蜀汉阙中还有一种数量不多但造型十分独特的人形角神，即吹笛胡人。本书第二章已经提及，渠县赵家村西无铭阙和雅安市高颐阙在其楼部角神位置皆刻有一名吹笛胡人（如图7-19所示）。《中国汉阙全集》和《四川汉代石阙》及部分论文中皆统称其为角神或力士，而笔者认为，此种角神疑似为吹笛胡人，尤其是赵家村西无铭阙的胡人特征甚是明显，高鼻深目，颧骨突出，衣着并非宽衣大袖或及膝长服，而是着短服长裤，穿靴，双手置于胸前作抚摸胡须状；高颐阙角神位置的胡人，其手抚胡须的动作更为清晰。但一般情况下，人在抚摸胡须时习惯只用一只手，而不是同时用两只手，且这两名角神的双手动作与巴蜀地区出土的汉代吹笛陶俑的动作极为一致（如图7-20所示），因此，这两名角神双手所抚之物很有可能就是胡笛，由于胡笛形状细长，在最初雕刻时，只能附着在胡人的下颌及颈部，经过近两千年的风化漫漶，它已模糊不成形，而让人误以为是胡须了。

  "吹笛胡人"形象在河南、陕西、山西、贵州、云南等地区均有发现，其中，尤以巴蜀地区最为集中和常见，达州、重庆、眉山、乐山、宜宾、遂宁、德阳、内江等地皆出土有大量胡人俑以及房屋模型上的胡人像、摩崖石刻和

图 7-19 雅安市高颐阙、渠县赵家村西无铭阙的吹笛胡人角神

画像石中的胡人图，以吹笛胡人陶俑居多。[12] 刘文锁教授认为，汉代巴蜀地区尤其是成都平原已有大量非华夏民族在此活动，假设长江沿线及附近地区（南阳、山东等）所发现的胡人俑有一个共同渊源，则巴蜀之胡人造像或可能是其蓝本。[13] 邢义田先生总结：汉代胡人的形象标准除了深目高鼻、尖顶帽、左衽之外，还有披发、编发、椎髻，上身着窄袖交襟短衣，腰束带，下身穿长裤，脚穿靴等特征。[14] 汉代巴蜀及西南夷地区出土的吹笛胡人俑所戴帽式有尖顶帽、圆顶帽、平顶帽等三种式样。[15] 巴蜀汉阙中的吹笛胡人非常符

图 7-20　忠县博物馆藏吹笛胡人俑及线描图

合上述的胡人样貌及衣饰特点。

那么胡人形象为何会出现在巴蜀汉阙的角神的位置上呢？本书认为合理的解释是，吹笛胡人与巴蜀丧葬仪式中的巫术活动有关，它是巴蜀地区一种具有异域文化色彩的升仙符号。学者张晓杰指出，吹笛胡人在汉代社会中主要扮演着宴饮乐师和引魂胡巫这两类角色，并且吹笛胡人很可能是与巴蜀关系复杂而密切的羌胡民族，其所吹乐器正是羌笛，巴蜀吹笛胡人这一形象反映了汉代事死如生和引魂升仙的丧葬观念。⓰ 据此，正因为他们具有引魂乐巫的特殊身份，其形象才会出现在巴蜀汉阙中。人们将此形象雕刻在角神位置，用意是通过胡巫吹笛来沟通天神，从而接引墓主灵魂进入仙界。至于巴蜀汉阙中的胡巫形象是否符合羌胡民族的相貌并不重要，这或许是巴蜀工匠对胡人形象固有的、程式化的一种表现手法，只要其形象特征及服饰装扮不似当时的华夏族群即可。

巴蜀汉阙的第三种角神形象为猕猴造型。例如，在渠县沈府君阙左阙左后角位置，似为一只头身皆残的大猴，其右肩上攀着一小猴；渠县赵家村西无铭阙楼部右后角刻一大猴搂一小猴，其头上攀爬着另一小猴；渠县赵家村东无铭阙楼部左后角似刻一大猴搂一小猴，面部皆毁、漫漶严重，肩上是否有小猴不能确定；绵阳市平阳府君阙右阙主阙楼部右前角似为一残缺的大猴，肩下一小猴作攀爬嬉戏状，又有一小猴横躺于其膝上，大猴以爪抚其头；德阳市司马孟台阙背面楼部左边尚可辨识出一大猴搂一小猴（如图 7-21 所示）。

不仅如此，巴蜀汉阙中还出现了攀于斗拱之上的猴子，以及抓住龙尾荡秋千的猴子，还有聆听师旷鼓琴的猴子等。此外，在巴蜀地区的汉画中亦时常发现猴的身影，例如，成都曾家包汉墓的一画像石中，一只拴在木桩上的小猴正在伸爪逗玩一匹骏马，此类图像被认为是"猴可使马避免感染瘟疫或怪疾"的汉代习俗、观念的图像证据；四川泸州出土的石棺画像中，一对可爱的小猴攀爬于汉阙之上。因此，汉画中姿态各异的猴图像，如马厩里逗马的猴、屋脊上行走的猴、树干上攀缘的猴、和仙禽瑞兽一起嬉戏的猴，甚至是在仙界中和西王母同时出现的猴，这些猴都富有神奇的灵性和吉祥寓意。[17] 可见，猴出现在巴蜀汉阙角神的位置并非是随意而为，在汉代巴蜀地区，猴无疑是一种重要的祥瑞符号，必定具有某种特殊的含义。

前文已经论及巴蜀汉阙中的大小猴组合图像是一种由谐音衍生出的吉祥符号，小猴攀爬于大猴背上，有"辈辈封侯"之象征寓意，为后世常见的一种中国民间吉祥图案，但同一时期其他地区却少有这种图像。那么，这种猴图像为何会与镇守汉阙、防御恶鬼的大力士和门吏角神一起出现于巴蜀汉阙的角神位置之上呢？有学者指出，猴因善于攀爬的天性，

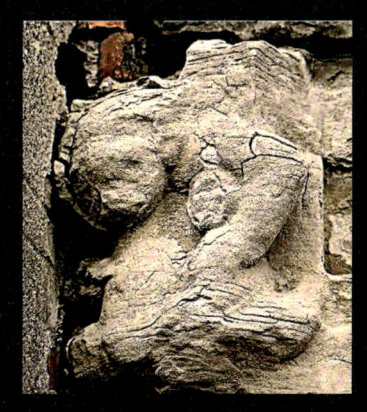

图 7-21 渠县沈府君阙、渠县赵家村西无铭阙、渠县赵家村东无铭阙、德阳市司马孟台阙的大小猴组合图

可由人间攀升到天国神境，因此它具有引导死者灵魂升天的特殊神力，这类猴并非普通的猴，而是拥有灵魂接引者身份的仙猴。[18] 笔者认为，除此之外，巴蜀汉阙的猴角神或许还保留有上古时期巴蜀地区周边少数民族尤其是藏、羌民族浓厚的猴神崇拜的影子。

近年民间文化研究证实，猴祖传说、猴图腾崇拜曾广泛存在于藏、羌、土家、傈僳、纳西、苗等民族中。[19] 巧合的是，这些民族主要分布于云南、贵州、西藏、青海、甘肃等毗邻巴蜀的西南、西北地区。任树民先生研究认为："汉藏同根同源，拥有共同祖先，猴文化的原发性来自史前的图腾文化，在汉、藏民族间有极其悠久的历史渊源，是对同一血缘进化祖先——猕猴的崇拜和缅怀。"[20]《西藏图经》《旧唐书》《资治通鉴》等文献记载，吐蕃（今西藏）以猴为图腾，并有纹猴面的习俗，现今藏族跳神仪式中仍保留着猴王面具的舞蹈。[21]法国藏学家石泰安在《汉藏走廊的羌族》一文中指出，猕猴传说是中国西部（四川及附近地区）少数民族文明的特点，羌族文化中存在"猴祖"信仰，猴是羌人的保护神，是其巫术信仰中的圣物，是其神话传说中的英雄，代表着神圣与力量。[22]可见，古代巴蜀地区应是猴图腾文化的流行地之一。

学者秦榕认为："远古时代的羌族以猴神为祖神，黄帝、炎帝部落均为羌人的分支，夏族亦起源于西羌，三者同是古羌族后裔，皆以猴神为祖图腾，大约在新石器时代之初，龙才逐渐代替了趋于衰落的猴图腾，走上了华夏民族新图腾的神坛，而猴则隐退到几乎看不见的地方，只保留在一些少数民族的传说中。"[23]据此，汉代巴蜀地区，尤其是四川盆地西缘，西连甘孜、北接阿坝，藏、羌、巴蜀、中原等多种文化在此交会碰撞，这造就了巴蜀文化的杂糅性，亦保留了浓厚的猴图腾崇拜痕迹。巴蜀汉阙如此青睐猴图案，可见猴是汉代巴蜀民间信仰中能够庇佑族人、驱邪纳吉的仙界神灵之一。

此外，巴蜀汉阙中的渠县沈府君阙右阙左后角位置刻一兽首人身角神，其头生一对长角，裸上身，着短裤，面部五官与人相仿，大耳，右手损毁不存，左臂肌肉暴突，执盾，造型独特，甚是引人注目。半人半兽是古人源于原始图腾崇拜的宗教心理，人们将某种动物典型特征的形象元素与人体

图 7-22　渠县沈府君阙左阙牛角神及细节

某一部分相结合,认为这样的形象具有一种奇异能力,如在《山海经》中经常出现于西王母身边的牛首、鸡首、鸟兽或马首与人身结合的神灵,在诸多古籍中,他们往往是神人或神兽,亦可能是恐怖的妖魔鬼怪。[24] 在各地出土的汉画中,以及巴蜀地区出土的汉墓陶俑中,亦可找到此类半人半兽的武士俑形象(如图 7-22、图 7-23 所示)。

巨牛。《后汉书》《说文》《通典》《史记》等文献中均有记载，其形象曾在两汉之交的河南地区的汉画中流行，东汉中晚期传播至秦地，且多装饰于墓门两侧，汉末随着山东、河南、安徽、江苏等地浓厚的神仙信仰、早期道教思想、谶纬符瑞等的流行，逐渐演变为拟人化、神异化的半人半兽形象。㉕据此，牛首人身图像艺术很可能是由秦地输入巴蜀地区。沈府君阙的牛首人身角神，头上有匕首一般的尖角，肌肉健美发达，应是基于"南山丰大特"勇猛擅斗和力大无穷的特点而为之。其手中执盾，意在利用其镇守汉阙，确保墓主魂魄安全。

综上所述，巴蜀汉阙角神图像造型多样，想象力极为丰富。第一种是拥有千钧之力，既能使墓阙固若金汤，又能够击杀鬼怪、保护墓主升天的人形大力士角神，牛首人身角神则属力士角神的一种特殊造型；第二种是负责防盗抓贼的门吏角神；第三种是吹笛胡人角神，他担负着沟通天地，引导墓主灵魂升仙的重要职责；第四种是猴角神，它们可能既有接引墓主升天的仙界使者身份，又是庇佑子孙封侯晋爵、家业昌盛的吉祥符号。以上四种角色与狮形辟邪、天禄神兽同处于阙楼下层，它们将阙楼团团围在中间，皆向外张望值守，构成了一个为墓主升仙服务的安全保卫系统。

❶ 梁思成. 梁思成全集: 第七卷 [M]. 北京: 中国建筑工业出版社, 2001: 251.

❷ 陈明达.《营造法式》辞解 [M]. 天津: 天津大学出版社, 2010: 174.

❸ 于志飞, 王紫微. 力擎桁梧骈角神 [J]. 文史知识, 2016 (12): 59.

❹ 贝蕾. 四川汉代力士雕刻造型释源 [J]. 巴蜀史志, 2011 (2): 64.

❺ 刘欣怡. 川渝地区汉代墓阙"角神"题材研究 [J]. 西江月, 2014 (5): 38.

❻ 宋震昊. 略论南朝石柱上的露髻力士 [J]. 东南文化, 2011 (6): 84.

❼ 陈桥驿. 水经注校释 [M]. 杭州: 杭州大学出版社, 1999: 396.

❽ 同❻: 84-86.

❾ 司马迁. 史记 [M]. 陈曦, 等, 译. 北京: 中华书局, 2019.

❿ 黄剑华. 汉代画像中的门吏与持械人物探讨 [J]. 中原文物, 2012 (1): 62.

⓫ 高文. 四川汉代汉画像石 [M]. 成都: 巴蜀书社, 1987: 8-71.

⓬ 张晓杰. 汉代巴蜀吹笛胡人形象的造型特征与文化意涵 [J]. 雕塑, 2014 (1): 28.

⓭ 刘文锁. 巴蜀"胡人"图像札记 [J]. 四川文物, 2005 (4): 55.

⓮ 邢义田. 古代中国及欧亚文献、图像与考古资料中的"胡人"外貌 [M]. 北京: 文物出版社, 2000.

⓯ 同⓭: 54.

⓰ 张晓杰. 汉代巴蜀吹笛胡人形象研究 [D]. 北京: 中央民族大学, 2012.

⓱ 霍浩. 汉画中猴形象初探. 文物鉴定与鉴赏, 2019 (5): 25.

⓲ 同⓱: 26.

⓳ 秦榕. 中国猿猴意象与猴文化源流论 [D]. 福州: 福建师范大学, 2008 (4).

⓴ 任树民. 从"猴文化"看汉藏同根同源的历史踪迹 [J]. 西藏艺术研究, 2004 (2): 86.

㉑ 同⓲: 85.

㉒ [法] 石泰安. 汉藏走廊的羌族 [J]. 西北民族研究, (1): 358-365.

㉓ 秦榕. 猴祖崇拜之正面的猴神——中国猴文化研究之二 [J]. 福建论坛 (社科教育版), 2007 (S1): 76.

㉔ 李景江. 论半人半兽神的心理根源 [J]. 民族文学研究, 1987 (5).

㉕ 潘攀. 汉代神兽图像研究 [M]. 北京: 文物出版社, 2017: 179-180.

第四节

▎图像母题之四
▎西王母仙班图

　　西王母仙班图是巴蜀汉阙又一常见的图像母题。西王母在汉代神话信仰中居于极其崇高的地位，她频繁出现于汉墓壁画、画像石（砖）、铜镜纹样等画像艺术中。西王母的身份由上古时期的凶神几经演变，到东汉时期成为统治昆仑世界的女神，尤其是四川、江苏、陕北等地发现的汉画中的西王母形象，表明了其并非道教中的西王母。她首先是作为西方昆仑世界的不死女神而存在，其次才是阴性力量的象征符号，人们崇拜她是因为她能够赐予祈求者财富与长寿，并让其灵魂得以重生❶。在神仙思想泛滥的汉代巴蜀之地，掌握着不死药的西王母自然是巴蜀汉阙图像中不可或缺的重要角色，人们对她的崇拜，其实质是对永恒生命的追求、向往。这种崇拜有着深厚的巴蜀巫文化历史渊源，并非源于道教影响。

　　汉画中的西王母往往不会单独出现，而总是有青龙、白虎、玉兔、蟾蜍、羽人，或者东王公、伏羲、女娲、昆仑山、扶桑树、瑞草等伴随着她同时出现，这些元素共同构成一个较为稳定的昆仑仙班图像体系，形成了一套极富象征寓

图 7-24　渠县蒲家湾无铭阙西王母仙班图

意的特殊视觉符号。英国汉学家鲁惟一通过对汉代铜镜、画像石（砖）的研究指出，汉代艺术中的西王母图像可分为十种象征性符号，即胜、龙虎、玉兔、蟾蜍、三足乌、武丁、哀求者、九尾狐、六博、宇宙树（柱、山）10 种神话形象。上述 10 种神话形象均指向了权力、不死与永生。[2] 但各地的西王母仙班图的具体内容有较大差异，巴蜀汉阙中的西王母仙班图多以西王母为中心，环绕阙楼一周布满九尾狐、白鹿、朱雀、拜谒者、羽人、芝草、云气等祥瑞图案。

渠县汉阙的西王母仙班图通常以剔地浅浮雕形式刻饰于阙楼下段位置，起着交代和渲染仙界场景的过渡作用。例如，渠县蒲家湾无铭阙的西王母仙班图像由多个场景共同组成一个庞杂丰满的天上世界：西王母端坐于龙虎座之上，正在接受左右两名求仙者的跪拜，一羽人骑着翼马向西王母飞奔而来，在仙草蜿蜒、云气缭绕之间，九尾狐、朱雀、翼龙、翼马、麒麟、白鹤等仙禽异兽打闹嬉戏、翱翔翻飞，背面则有一仙人手持网兜，另一仙人手持弓箭、随犬飞奔，整个仙界充满了浓郁的人间礼教色彩和生活气息（如图 7-24、图 7-25 所示）。其余渠县汉阙的西王母仙班图皆不及蒲家湾无铭阙的清晰完好，有的已严重漫漶模糊（如图 7-26 所示）。

蜀地汉阙的西王母仙班图则多刻于阙身栏额外或楼部底

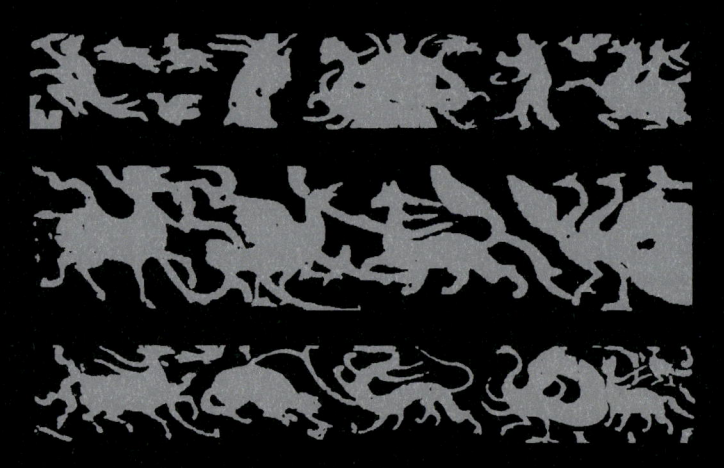

图 7-25 渠县蒲家湾无铭阙的西王母仙班图拓片（摄于中国汉阙文化博物馆）

图 7-26 渠县沈府君阙的西王母仙班图

层位置，图中布满云气蔓草，隐约间似有白鹿、白鹤、朱雀、仙人及各种难以识别的仙禽瑞兽。但奇怪的是，蜀地汉阙中，西王母、九尾狐、三足乌等典型的仙班角色并未出现，而是将其以高浮雕形式分别刻饰于楼部拱间，这样

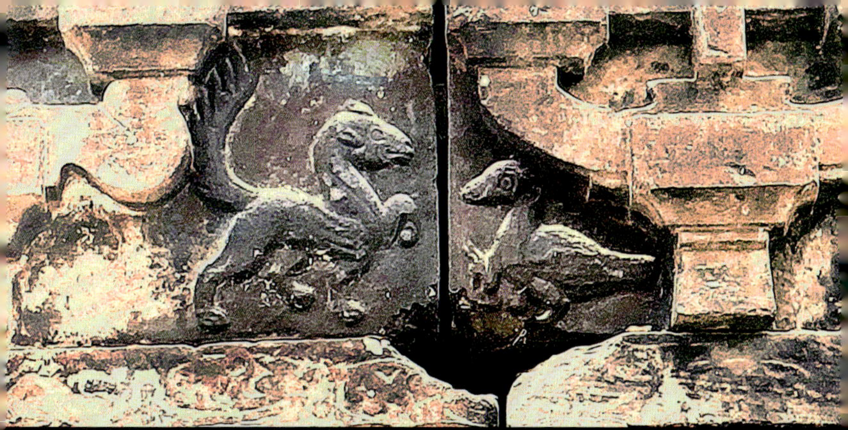
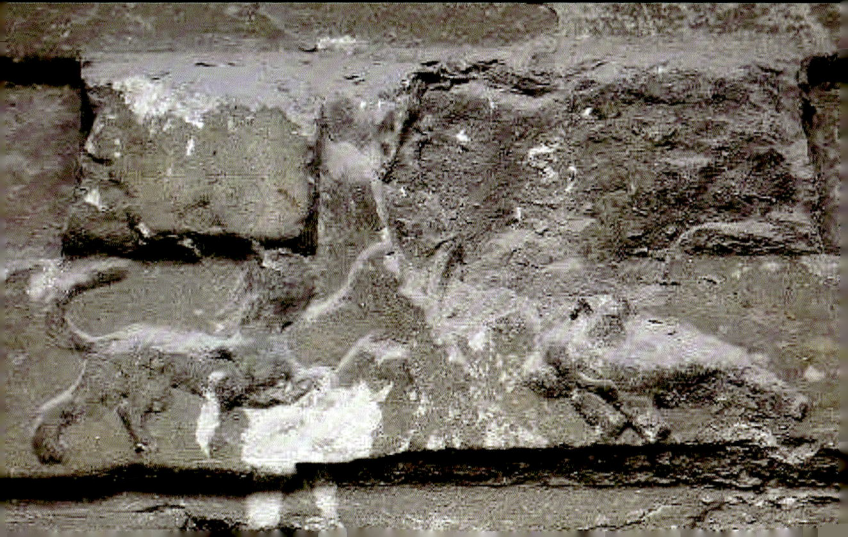

的西王母图；绵阳市平阳府君阙右阙主阙背面拱间的漫漶残像似为九尾狐、三足乌。

值得注意的是，巴蜀汉阙的西王母仙班图中，唯有西王母为正面形象，她始终占据画面的视觉中心位置，正襟危坐于龙虎座上，其余元素皆为侧面剪影形象，它们以西王母为中心，呈左右对称形式依次排开。这种构图形式表明，巴蜀汉阙刻意强调西王母作为神仙信仰中的昆仑女神，拥有至高无上的独尊地位。而同一时期的江苏、山东、河南、安徽、陕西、山西等地区的西王母图像中，时常会有一个东王公来与西王母配对，让两者各自占据画面一半位置，以表阴阳平衡。巴蜀汉阙的西王母仙班图，在汉文化大融合进程中依然保持了上古时期西部昆仑神话体系的原生性，因此颇具地域视觉识别性。

① 王倩. 汉画像石西王母图像方位模式研究[M]. 镇江：江苏大学出版社，2018：5-6.
② Michael Loewe.Ways to Paradise：The Chinese Quest for Immortality[M]. London：George & Unwin，1979：103.

第五节

图像母题之五
仙境云气纹

　　巴蜀汉阙中的仙境云气纹几乎是每处汉阙必刻的一种图像母题，图像开张舒展，充满生机活力。它通常不独立出现，而总是与西王母仙班图组合在一起。这种图案在汉画中亦是一种常见的浅浮雕纹饰，图与地高差起伏微弱，整体呈现出一种平整、隐约的剪影效果，用以渲染、烘托仙界场景。需要指出的是，由于蜀地汉阙漫漶情况严重，很多图像无法辨识，部分学者在阐述这一图案时，都会因其细长弯曲的带状造型，误认为它只是一种单纯的藤蔓植物纹样，但卷草纹及缠枝纹虽然富有曼妙的大自然气息，但它们不足以渲染与凡间完全不同的神仙世界的神秘虚幻之意境，而云气纹则是最适合用来表现仙界背景的图案之一。《汉书·司马相如传》载："相如既奏大人赋，天子大说，飘飘有陵云气游天地之闲意。"[1] 仔细观察陕西、山东、四川、安徽等地汉画中的仙界背景图案，其云气皆似枝蔓或树根造型，其间亦可能夹杂着少量仙草、神树等元素。

　　此外，巴蜀汉阙云气纹中有许多仙禽瑞兽，大多漫漶严重，难以辨识，只能根据其残像进行推测。《后汉书·南蛮西南夷列传》载："是时郡尉府舍皆有雕饰，画山海神灵，

图 7-28　雅安市高颐阙右阙主阙正面的仙境云气纹

奇禽异兽，以炫耀之。"❷可见，汉代流行在一些高等级的庙殿、府宅等建筑中装饰奇禽瑞兽图案，这种装饰手法亦被带到墓葬图像艺术中。阙作为汉代巴蜀地区重要的升仙符号之一，其仙境云气纹中的仙禽神兽必然是墓主借以升仙的交通工具，它们兼有接引、陪护墓主升仙的特殊功能。

汉代仙禽神兽体系异常庞杂，大致包括虎、豹、狮子、龙、凤、神鸟、飞生（飞鼠）、龟、蛇及有角神兽、多头神兽、半人半兽神兽、九尾狐、玄武、日月神兽等，还有以现实动物为原型的天马、神牛、天鸡、瑞羊、天狗、天鹿、猴、熊、罴、鱼、象、骆驼、猪等神兽。❸西汉《列仙传》记载的众多仙人中，有24位是借助龙、虎、凤、神鸟、牛、羊、鱼、鹿等仙禽神兽之力而升仙。❹除此之外，河南洛阳卜千秋墓和陕西靖边汉墓的升仙图中还有鹳、鹤、龟、燕、兔、蛇等图案；四川绵阳三台县姬家梁东汉墓中的车马出行图中，走在队伍最前面开道的便是两只仙鹤，队伍中还有龙、凤。可见，蜀地汉阙仙境云气纹中，应刻饰了这一类辅助墓主升仙的灵禽神兽，当然，还可能有等级较低的羽人，他们一同前来接引墓主（如图 7-28、图 7-29 所示）。

图 7-29　雅安市高颐阙右阙子阙正面的仙境云气纹

第七章
蜀汉阙有关图像及其题符号觉究

❶ 班固. 汉书[M]. 北京：中华书局，1962.
❷ 范晔. 二十四史：后汉书[M]. 李贤，等注. 北京：中华书局，1965.
❸ 潘攀. 汉代神兽图像研究[M]. 北京：文物出版社，2017：2.
❹ 同❸：253.

第六节

图像母题之六
持节拜谒献礼西王母图

在巴蜀汉阙楼部顶层正面，通常刻有一幅方士引领墓主求仙于西王母的图像场景，图中出现了女仙、方士、墓主、侍从等几种人物角色，人数多少似乎并不固定，通常为4~6人。该图像生动地表现了墓主升仙仪式的庄重神秘感，表达了对西王母的崇拜之情，因此它亦是巴蜀汉阙中非常醒目的一个图像母题。由于该图像较为复杂，本书将其细分为"方士持节拜谒献礼西王母""女仙启门"两个图像母题进行讨论。

一、关于巴蜀汉阙的方士或仙人所持之旌节

巴蜀汉阙图像中，大量的骑白鹿（翼龙）仙人和拜谒西王母的方士等，皆手持或肩扛着一根细长的竿状物，这便是汉代旌节。汉节大致由周代的旌节发展而来，西周时期，"节"已经被广泛应用，且分类繁多。《周礼·地官》曰："守邦国者用玉节，守都鄙者用角节。凡邦国之使节，山国用虎节，土国用人节，泽国用龙节，皆金也，以英荡辅之。门关用符节，货贿用玺节，道路用旌节，皆有期以反节。凡通达

于天下者，必有节，以传辅之。无节者，有几则不达。"❶可见，周代的旌节只是一种道路通行凭证。到秦汉时期，旌节不再只是道路通行凭信，而是成为帝王派遣使者或临时授予某种特权的标识物，是皇权的象征符号。

　　西汉时期，除了持节护卫皇帝、代表皇帝处理一般政务外，持节行事的主要目的和作用是处理重大政治事件、出使少数民族及周边国家、主持重大礼仪活动，在丧葬中持节视丧，从事巫术等神秘活动，巡行天下，安抚百姓等。❷可见，皇帝派使者持节，亦有表示重视及监督之意味。汉史上武帝赐给齐国方士公孙卿"持节常先行候名山"之特权，而后又"使卿持节设具而候神人，乃作通天台，置祠具其下，将招来神仙之属"❸。宣帝时，民间传说益州有金马、碧鸡等神灵，于是帝遣谏大夫王褒持节前往寻求。据此，巴蜀汉阙拜谒献礼西王母图像中的持节之人，其身份很可能是从事祭祀巫术活动的方士，即巫师，他们具有沟通天、地、人、神的特殊能力，其执节目的是向仙界证明自己是人间帝王派来的使者，是为死者求升仙而来。巴蜀汉阙图像中的人物持节行为，从侧面反映了汉代封建礼教思想对巴蜀神仙思想的无形渗透，以及巴蜀人对大汉政权及中原文化的认同。

　　关于汉节形状，李贤注《后汉书·光武帝纪》曰："节，所以为信也，以竹为之，柄长八尺，以旄牛尾为其眊三重。冯衍与田邑书曰：'今以一节之任，建三军之威，岂特宠其八尺之竹，牦牛之尾哉！'"❹渠县蒲家湾无铭阙中的骑鹿仙人所持之节，其顶端的三重旌毛造型十分清晰，《中国汉阙全集》描述为"其楼部正面刻一仙人骑鹿，鹿正在向前飞奔，仙人头后飘一连环球之物"❺。从该图案拓片上看，仙人头部后方的"连环球之物"恰似一串有三个椭圆形果子的

图 7-30　渠县蒲家湾无铭阙仙人持节图
（拓片摄于中国汉阙文化馆）

糖葫芦（如图 7-30 所示），这难道不正符合李贤注中的关于汉节竿头"以牦牛尾为其眊三重"的描述吗？此外，渠县赵家村东无铭阙中的方士所持旄节，尚见三重旄毛的模糊造型，其余渠县汉阙中的旄节造型多已漫漶残缺（如图 7-31、图 7-32 所示）。

　　对于巴蜀汉阙中的旄节，学界还有其他观点。如《中国汉阙全集》描述："渠县赵家村东无铭阙楼部背面刻一人，头戴冠、身着长袍、手抱一长物，似乎为鸠杖，或为金吾。"[6] 又如《賨人故里：一幅用賨人文化碎片拼成的图》中称渠县汉阙中的持节人物为"持杖者"[7]。本书不认同以上观点。汉代的旄节、鸠杖以及金吾有着不同的内涵和用途，其形状亦存在差别。鸠杖，是汉代政府颁发给高龄老者的一种铜质或木质手杖执杖者享有免徭役、免市税等特权，其扶手处多制成斑鸠鸟造型，这与汉节的三重旄毛球状造型明显不同；汉代金吾是负责治安巡逻或职守警卫、仪仗等武

图 7-31　渠县赵家村东阙、王家坪阙的持节仙人

图 7-32　渠县沈府君阙左、右阙的持节仙人骑白鹿图

图 7-33　雅安市高颐阙的拜谒献礼西王母图中两名仙人所持之节

图像，其中多为三重旄毛样式的汉节，少数汉节只有两重形似三角形的旗状物。例如，雅安市高颐阙的拜谒献礼西王母图中，有一方士持三重牦牛尾旄节，其左边又有另一方士手持两重经幡的旄节（如图 7-33 所示）；山东嘉祥县武梁祠的画像中，亦刻有使者持两重旄毛之节拜见王陵母的故事场景。以上两种汉节在旄毛样式上存在细微差别。

综上所述，方士持节拜谒献礼图是巴蜀汉阙中一个重要的求仙问药的视觉象征符号。该图中的方士手持旄节，率领墓主及侍从等候于西王母门庭之外，有的方士甚至虔诚地蜷跪于地，墓主的侍从往往手持芝草之类的礼物，明显有献礼以讨好西王母之意。方士持节的这一图案造型，突出了方士在神仙信仰中的特殊媒介作用。

二、关于巴蜀汉阙拜谒献礼图中的方士所持之蜀杖

在巴蜀汉阙图像中，似乎还出现了持杖的老者形象。例如，雅安市高颐阙右阙主阙左侧面楼部顶层中间刻两人，右

边之人漫漶严重，但隐约可辨其戴冠、着长服，右手持旌节，左手持一长约0.5米的形似树枝的短杖，杖首立有一鸟或鸡（如图7-34所示）；渠县王家坪无铭阙拜谒献礼西王母图中，最右边有一头戴山形冠、身穿长服的方士持一长杖，杖首造型为鸡或鸟（如图7-35、图7-36所示）。以上两幅图像中的杖看上去似乎即是体现汉代养老尊老制度的鸠杖，但本书认为，此杖并非鸠杖，很可能是汉代巴蜀地区的方士所持的一种具有古蜀地域文化特征的蜀杖。

　　杖，在古代西南地区是神巫的地位和身份之象征符号。学者刘弘认为：用杖习俗是古蜀国政治、宗教习俗的重要组成部分和外在表现形式之一，这一习俗从成都平原经南方丝绸之路的"零关道""博南道"传播至西南夷地区，在蜀、笮、滇、嶲、邛等地流行，持杖人为国王、部落酋长、邑君、巫师等各级政治、宗教领袖人物。[9]在三星堆及金沙遗址，以及川西南的盐源，云南的晋宁、江川、祥云等地，皆有大量铜杖首以及少量铜杖、木杖及木杖首、藤杖出土。西南少数民族用杖习俗从殷商一直延续到了西汉，而中原地区却无此习俗。刘弘将出土于三星堆及金沙遗址的杖称作蜀杖，将在西南其他地区出土的杖称作西南夷杖。[10]因此，巴蜀汉阙图像中方士所持之杖可称为蜀杖的孑遗，它应是深受古蜀宗教用杖习俗的影响。

　　首先，雅安市高颐阙右阙主阙楼部顶层左侧面中的人物，其所持之棍状物仅长约半米，如此短的杖不可能是鸠杖。关于鸠杖的长度规格，《汉书·礼仪志》载："王杖长九尺。"甘肃、山东等地出土的多枚汉代鸠杖长度约1.8~2.1米，其长度远超普通人身高。[11]而实物考古及图像研究表明，古代西南民族使用的杖有长短之分。其中，短

图 7-34　雅安市高颐阙主阙左侧楼部的左边仙人持鸟（鸡）首蜀杖，中间仙人持旌节

图 7-35　渠县王家坪无铭阙拜谒献礼西王母图

杖长约 0.5 米。成都金沙遗址出土的青铜小立人腰间所插的杖，四川盐源出土的枝形器枝端中央所立人物腰间斜配的杖，云南呈贡天子庙墓葬出土铜鼎上所刻的巫师手握于胸前的杖，以及云南晋宁石寨山墓葬出土铜片上所刻的杖，它们均属于短杖。[12] 据此，雅安市高颐阙中这一人物所持之物，并非《中国汉阙全集》中所说的"树枝上站立一鸟"[13]，它很可能正是神巫所使用的杖首为鸟形或鸡形的短杖。

巴蜀汉阙图像中方士（即巫师）所持蜀杖，之所以容易与鸠杖相混淆，其重要原因是蜀杖的杖首造型亦常用鸡或鸟。三星堆遗址一号祭祀坑出土了我国殷商时期的金杖，其上刻有鸟和鱼图案。三星堆遗址二号祭祀坑出土了铜鸟、铜鸡形杖首，鸟大眼尖喙，长翅分尾，背羽高耸；鸡高冠尖嘴，毛羽丰满，昂首挺身。[14] 四川盐源出土的九节鱼纹铜杖，其杖首立一巨喙高冠翘尾的雄鸡。云南的晋宁石寨山、江川李家山、昆明羊甫头、呈贡天子庙以及滇西、滇西北等地出土了大量的雄鸡、雀、鸠、（鹫）鹰、鹤、孔雀、鸳鸯等禽鸟造型的铜杖首。[15] 李立教授认为：鸠杖的起源似可追溯到早期图腾崇拜时期的"鸟杖"。鸠首形杖早在三星堆文化时期即已出现，后在西周、春秋及战国时期的考古中均有发现，说明汉代鸠杖在器型上是有传统可言的[16]。可见，巴蜀汉阙图像中方士所持之杖当为蜀杖。

其次，渠县王家坪无铭阙拜谒献礼西王母图中最右边的持杖人物，他身穿交襟燕尾长服，头戴山形冠，冠顶呈锯齿状的五瓣花形。孙长初先生认为，汉代铺首头部的山字形高冠，是对史前原始神巫形象的简化或抽象，以神巫所戴冠帽作为艺术表现的化身，它象征着巫师一类的神人。[17] 著名的三星堆青铜大立人像，学界认为他是一位地位崇高的大巫

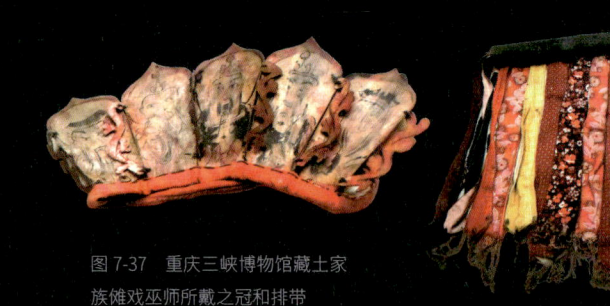

图 7-37　重庆三峡博物馆藏土家族傩戏巫师所戴之冠和排带

师，其头戴山形高冠，冠顶似盛开的花朵。该遗址出土的金杖上亦刻有两名头戴锯齿状山形冠的巫师。三星堆还有一些被认为用于宗教祭祀的青铜面具，其头部正中亦装饰有花状高冠。总之，山形冠（或称羽冠或花冠）是古蜀巫师从事巫术活动时所佩戴的标志性冠帽。

再次，渠县王家坪无铭阙中的持杖人物，其所穿燕尾长服不仅与三星堆青铜大立人像的极为相似，而且还与土家族傩戏中被称为"排带"的巫师服饰非常相似，其所戴山形冠在后世或受佛教影响，被称为"五佛冠"，是川渝地区后世的"端公""师娘子"（即男巫师、女巫师）及土家族的"梯玛"（即巫师）的冠（如图 7-37 所示）。据此，渠县王家坪无铭阙中的这一持杖人物并非老者，而很可能是一名巫师，其所持之鸡首形长杖应为神巫身份标识，是蜀杖，而非汉代老者所持的鸠杖。

最后，虽然刘弘指出西南地区的巴、冉、夜郎、駹等并不属于用杖民族，还有学者认为，自商至两周时期，重庆地区未有类似蜀文化的铜杖出土，这可能与巴人未接受古蜀宗教信仰有直接关系。重庆地区出土的鸟形铜杖首的源头应在巴文化内寻找，是巴人尚鸟习俗的保留及延续。⑱但是本书认为，从渠县王家坪无铭阙谒见献礼西王母图中的方士持蜀杖的行为看，巴地仍然受到了古蜀用杖习俗的影响。

❶ 孙诒让. 周礼正义 [M]. 北京: 中华书局, 1987: 1112.

❷ 宋艳萍. 西汉持节制度考 [J]. 东方论坛, 2017 (6): 43.

❸ 司马迁. 史记 [M]. 赵生群, 修订. 北京: 中华书局, 2013: 602-606.

❹ 范晔. 二十四史·后汉书 [M]. 李贤, 等注. 北京: 中华书局, 1965: 10-11.

❺ 张孜江, 高文. 中国汉阙全集 [M]. 北京: 中国建筑工业出版社, 2017: 330.

❻ 同❺: 339.

❼ 罗洪忠. 賨人故里: 一幅用賨人文化碎片拼成的图 [M]. 上海: 学林出版社, 2012: 74.

❽ 同❺: 353.

❾ 刘弘. 西南地区用杖习俗研究 [C]. 巴蜀文化研究集刊, 2009 (9): 107-109.

❿ 同❾: 99-106.

⓫ 李立. "鸠杖"考辨 [J]. 深圳大学学报 (人文社会科学版), 2008 (2): 132.

⓬ 刘弘. 西南地区用杖习俗研究 [C]. 巴蜀文化研究集刊, 2009 (9): 100.

⓭ 同❺: 263.

⓮ 同⓫: 100.

⓯ 同⓫: 100.

⓰ 同⓫: 132.

⓱ 孙长初. 汉画像石"铺首衔环"图像解析 [J]. 南京艺术学院学报 (美术与设计版), 2006 (3): 52-54.

⓲ 杨斌, 邹丹. 浅论重庆地区出土的汉代铜鸠杖首 [J]. 文物鉴定与鉴赏, 2018 (14): 16.

第七节

图像母题之七
女仙启门图

巴蜀汉阙中女仙启门图刻饰于渠县的王家坪无铭阙、赵家村东无铭阙、赵家村西无铭阙,重庆忠县丁房阙,雅安市高颐阙,绵阳市平阳府君阙等阙的楼部顶层正面居中位置,它通常紧临方士执节拜谒献礼西王母图,与之组成一个完整的墓主求仙场景。"启门图"曾于东汉及宋金时期广为流行,尤其是东汉中晚期,它大量出现于四川、山东、江苏北部等地区,该图中的启门人在山东、江苏地区以男性居多,而在巴蜀地区多为女性。例如,著名的芦山县王晖石棺、荥经县汉代石棺、南溪区2号石棺、东汉巴郡朐忍令景云碑等汉代巴蜀墓葬画像中,均刻饰有启门图。可见这一图像母题在汉

图 7-38
雅安市高颐阙
拜谒献礼图

代的巴蜀墓葬文化中具有极为重要的特殊寓意。

与其他汉阙相比较,雅安市高颐阙的女仙启门图相对保存最为完整,渠县王家坪无铭阙虽漫漶严重,但其场景仍保持了完整性。在这一类图像中,一门总是半启半掩,门内一梳着高髻的女仙探出头身,门外则是数名拜谒献礼者(如图7-38 所示)。这些拜谒者中有执旌节或持蜀杖的方士、求仙问药的墓主、手执灵芝或其他礼物的低等级长耳仙人等人物角色。在王家坪无铭阙的这一图像中,除了执灵芝的仙人为裸身、短裤的侍从装束之外,其余四人皆身着长袍或燕尾长裙,肩肘处飘飞着羽翼,这从侧面映射出了汉代巴蜀社会存在的森严的等级制度,并被直接植入神仙信仰。

女子启门图在不同时期、不同地域中有着不同的图像程式,其含义亦不尽相同,学界通常称其为妇人启门图,而学者罗二虎分析,"这一图像描述了道士(即方士)作为墓主

图 7-39　荥经县石棺的启门女仙及细节图

的使者来到仙境门前，跪拜于主守仙境之门的大司（西王母的属吏）面前，向其表达墓主希望升仙的愿望，并请求让墓主进入仙境的故事情节。"[1]学者吴雪杉亦指出："巴蜀地区的启门图像与西王母信仰关系密切，启门者为仙境或西王母使者。"[2]以上两位学者的观点是较为合理的——在汉代神话传说中，西王母是一位统帅仙界女仙的昆仑女神，除了身边

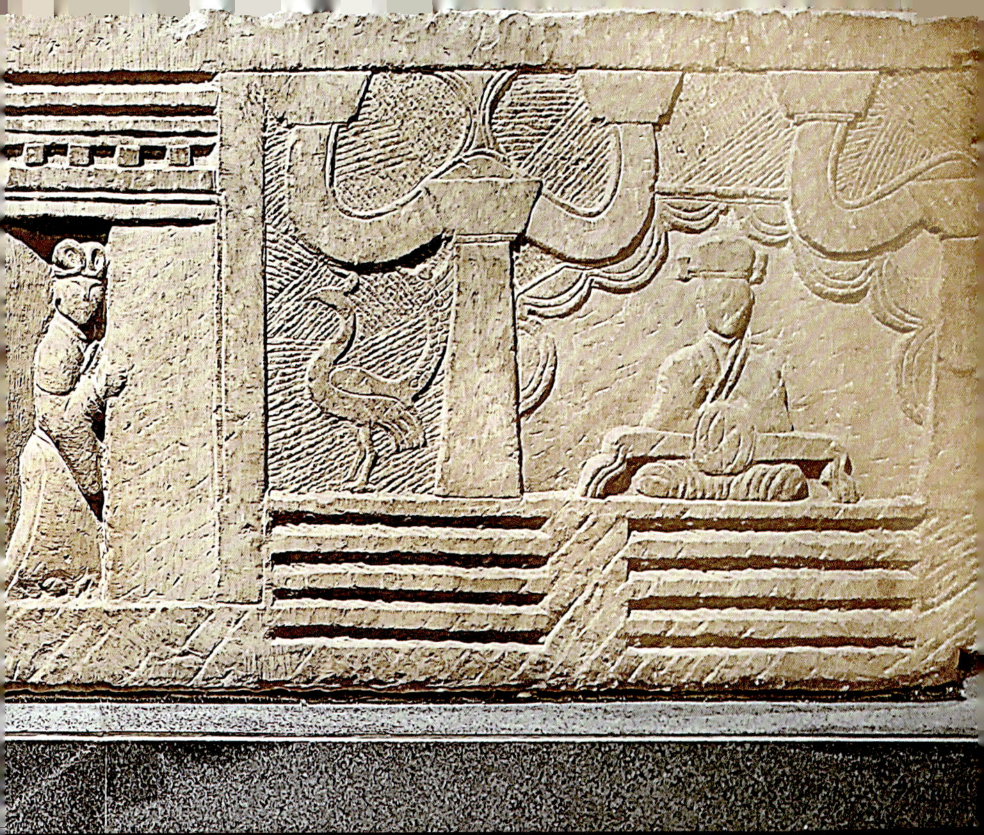

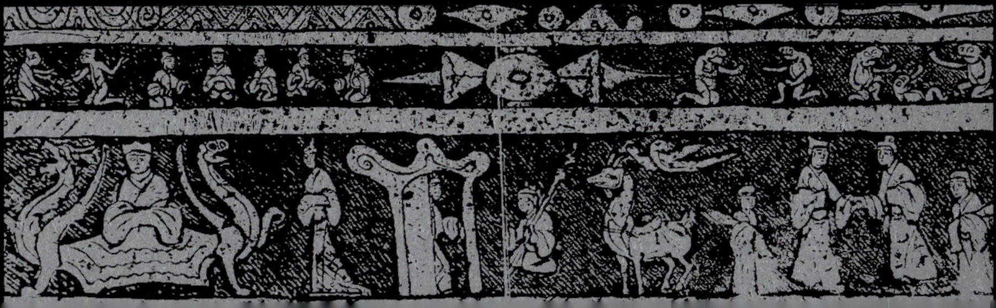

所载司马相如、扬雄等所作的汉赋来看，在汉代人的神仙信仰中，玉女是一位受人崇拜的女仙，她多出现于帝宫，也常与西王母产生联系。启门女子为玉女的最直接证据是梁人李膺《益州记》的记载："龙盘山南有石，长三十长，高五丈，当中有户及扉，若人掩闭，古老以为玉女房。"这表明"半启门"为"玉女房"的说法至南朝时期仍在流传。据此，启门女子应是文献中经常提及的"玉女"，而她所开启的便是进入西王母神仙世界的门户。❸据此观点，巴蜀汉阙女仙启门图亦可称为"玉女启门图"。

最直接的图像证据是，四川荥经县汉代石棺和宜宾市南溪区长顺坡3号石棺皆刻有启门图（如图7-39、图7-40所示），图中均出现了西王母与启门女子同时在场的罕见场景，女子守在半掩的门口向外张望，西王母则端坐于屋内，这两幅图像表明启门女子为西王母的侍女或使者，其职责是迎接前来拜谒西王母的求仙者。此外，还有学者将该图像称为"仙人启门图"，但巴蜀汉阙中的启门女仙与低等级仙人的造型区别很明显：女仙的相貌、形体与常人无异，头梳两鬟或三鬟高髻，身着宽衣广袖交襟燕尾长裙，多肩生羽翼，而低等级仙人形体瘦削，大耳出颠，上身赤裸，下着及膝短裙或短裤、无羽翼，通常执节乘白鹿（翼龙），或手执灵芝、丹药作侍奉状。因此，本书认为，将巴蜀汉阙这一图像称为"仙人启门图"并不妥当。

值得注意的是，渠县汉阙启门图中女仙的标志性发型为结鬟高髻。汉代《乐府诗集·杂歌谣辞》中的《城中谣》有"城中好高髻，四方高一尺"的夸张、讥讽的描述。根据不同的梳法，高髻又可分为高椎髻、结鬟髻、拧盘髻等发式。"鬟"

最高贵华美的贵妇发型之一，秦汉时期的飞仙髻为双鬟。《炎毂子》曰："汉武帝时，王母降，诸仙发髻皆异人间，帝令宫中效之，号'飞仙髻'。"❹因此，渠县赵家村西无铭阙中的启门女子和该阙背面仙人六博图中右边的女子，还有王家坪无铭阙中的启门女子，其头上皆梳三鬟高髻（如图7-41、图7-42所示），这种发型是賨人对飞仙髻的想象，但它应是源于賨人现实生活之所见。

有趣的是，在重庆江北区盘龙溪无铭阙阙身右侧面的女娲捧月图中，女娲头上亦梳着三鬟式飞仙髻，这表明，这一发型在巴地汉阙中是除了西王母之外的其余女仙或女神的身份象征。而在蜀地的高颐阙、平阳府君阙中，启门女仙所梳高髻与巴地汉阙的有细微区别，皆为两鬟式飞仙髻（如图7-43、图7-44所示）。总之，结鬟飞仙髻在巴蜀汉阙中是西王母身边的女仙与昆仑仙界使者的身份象征，启门图通过女仙的特殊身份来暗示，求仙者渴望见到的西王母已是一门之隔，升仙愿望的实现已近在咫尺。此外，巴蜀汉阙中的启门女仙和持节方士皆着交襟燕尾长服，裙摆明显，这说明此种服装在汉代巴蜀地区被视为神人的装束。

既然巴蜀汉阙中的启门女子是西王母身边的女仙或仙界使者，那么她所启之"门"的具体属性就应为西王母居所的庭院大门了。显然，女仙开启这一扇门具有美妙而充满祥瑞的深意：此门是仙界与人间的最后一道分界，女仙将求仙凡人迎进这一道门，就意味着死者即将得到西王母的正式接纳和认可，获得永恒的生命和无尽的幸福。本书认为，此图像具有预示死者即将获得不死之药的含义。我们可以从出土于重庆云阳的东汉巴郡朐忍令景云碑中找到证据：在该碑碑首处亦刻有一幅启门图（如图7-45所示），图中同时出现了

巴蜀汉阙图像母题及视觉符号研究

图 7-41　渠县赵家村西无铭阙六博图中的三鬟髻女仙及拓片

图 7-42　渠县王家坪无铭阙启门女仙图及拓片

图 7-43 雅安市高颐阙两鬟髻女仙 　　图 7-44 绵阳市平阳府君阙两鬟髻女仙

292　巴蜀汉阙图像母题及视觉符号研究

第七章 巴蜀汉阙共有图像母题及其视觉符号研究

启门女仙和执药仙人，这位挽着三鬟式飞仙髻的女仙倚门而立，大门左侧一仙人长耳出颠，双手各捧着一颗圆圆的药丸向大门走来。此外，四川合江县的1号石棺画像中则出现了西王母与执药仙人同框的罕见场景，图中西王母正襟危坐于龙虎座上，其左侧恭立着一位长耳出颠的仙人，他正在向西王母递送一颗椭圆形丸状物。

然而，为何在巴蜀汉阙的女仙启门图和方士持节拜谒献礼西王母图中，始终不见西王母的身影呢？这或许是因为人们认为仙界庭苑的值守、启门、送药等工作应由西王母的手下侍从来完成，而不应是身份尊贵的西王母来做，创作者以这种表现手法来突显了西王母作为昆仑仙界最高女神的至尊地位，巧妙地渲染出了仙界的无限神秘感。

对于以上两种巴蜀汉阙图像母题，学者罗二虎总结道："这种新的升仙程式出现并且流行，道士的作用在这一升仙程式中得到突显，这是东汉中晚期之时早期道教的兴起和天师道在巴蜀地区盛行的这一历史事件在考古遗存中的反映。道士作为通灵者可来往于人神之间，并在东汉时期就已经开始活跃在与丧葬仪式相关的活动中。"[5] 这种分析与《后汉书》所说的"汉世异术之士甚众"的情况亦是十分符合的。

❶ 罗二虎. 东汉墓"仙人半开门"图像解析 [J]. 考古, 2014 (9): 82.

❷ 吴雪杉. 汉代启门图像性别含义释读 [J]. 文艺研究, 2007 (2): 111.

❸ 王传明. 也谈汉代"半启门"图 [C]. 考古学集刊, 2019: 185.

❹ 张春新, 荀世祥. 发髻上的中国 [M]. 重庆: 重庆出版社, 2011: 70-73.

❺ 同 ❶: 83.

第八节

图像母题之八
射猴射雀图

前文已提及，在巴蜀汉阙的角神位置上，至少有五处以上刻饰有大猴、小猴相组合的圆雕图像，除此之外，巴蜀汉阙还反复出现了一种与猴有关的射猴射雀图，图中通常是拱下一男子作弓步蹲身、拉弓搭箭仰射状，拱上的猴子惊慌攀逃，一鸟雀却静立俯瞰。其中，渠县沈府君阙和赵家村西无铭阙的这一图像较为清晰完好（如图7-46、图7-47所示），王家坪无铭阙、赵家村东无铭阙亦尚有部分残像。蜀地的绵阳市平阳府君阙和芦山县樊敏阙亦有此类图像。

对于射猴图，众多学者持有不同意见。巫鸿先生在《汉代艺术中的"白猿传"画像》一文中认为，被人用武器所攻击的猿或猴在巴蜀墓葬雕刻中是邪灵精怪的化身，根据《吕氏春秋》《淮南子》等古籍记载推测，渠县汉阙这一图案为神箭手养由基射猿图，是以"后羿射日"的神话为基础发展而来的构图形式，它被雕刻于墓葬建筑上，象征对死者灵魂的保护，与"祛除妖魔"或"护卫灵魂"的主题密切相关。[1] 本书认为，巫鸿先生的这一观点并不完全正确，他忽略或疏漏了这一图像中的人、猴、鸟雀三者之间的关联

图 7-46　沈府君阙的射猴射雀图

性，未从这一固定的图式入手研究，从而导致对这一巴蜀汉阙图像母题的误解，未能发现它原本的寓意。

而邢义田先生却敏锐地注意到了射猴射雀图的格套问题。他认为："汉画像在没有榜题的情况下要推断其欲意传达的信息，可解析图案构成的格套。"[2] 所谓格套，即是某一单元图案的基本构成形式、元素及变化规律。邢义田先生在学者信立祥的部分观点的基础上，通过对全国各地以树、鸟、仰射之人等为核心元素构成的 36 幅汉画，以及内蒙古和林格尔汉墓中的一幅刻有"立官桂树"榜题的射雀壁画的深入解析，并结合汉代通假字读音习惯和古籍记载，指出"凡是由大树、树上之猴或鸟、树下之仰射者这三要素构成的汉画像，并非真正的狩猎图，而是射侯射爵图。鸟即雀、爵，猴即侯，树下之人射雀或射猴，象征着追求富贵，反映了汉代人生愿望的重要一面"[3] "有些图中增添了车马、羊、狗、鱼、阙、庙等，树木的繁简，树上鸟、猴的并存或单独出现，鸟、猴数目和仰射者人数多少，均不影响此图案的基本寓意"[4]。

巴蜀汉阙的射猴射雀图中，鸟、猴、仰射之人三者并存或鸟、猴单独出现的情况皆有，图中虽无树，但创作者的意图却很明显，是将斗拱作为一棵大树，拱臂恰似大树伸出的两枝丫杈，雀和猴皆攀爬或栖息于拱臂上，这种借形造型的巧妙构思在汉代"射侯射爵图"中很是罕见，这使巴蜀汉阙的这一图像格套颇具独特的辨识度。射猴射雀图大量出现于四川、陕西、山东、河南、江苏等地的汉画像中，常见猴与汉阙、楼阁、车马、树、鸟、仰射之人等元素相组合，此类图像具有"马上封侯""封侯进爵""避马瘟"的隐喻。[5] 还有学者认为猴是具有神性的动物，可以将人的灵魂引导到天

图 7-48　渠县赵家村西无铭阙的封爵图

国,或者具有利于生殖繁衍、助家宅平安、助长寿长生等多种吉祥寓意。❺因此,巴蜀汉阙的射猴射雀图并非巫鸿先生所说的养由基射猿图或后羿射日图,它应属邢义田先生分析的具有期盼后辈子孙封侯晋爵、家族繁荣的特殊寓意的"射侯射爵图"。

此外,渠县赵家村西无铭阙刻有一幅看似为顽童掏鸟窝的图像(如图 7-48 所示),图中仅有一鸟静立拱上,并无猴的身影。本书认为,该图中男童执竿所捅的拱上那个形似锅盖的物体并非鸟窝,而很可能是一个蜂巢,"蜂"与"封"谐音,鸟雀与蜂巢并存,取义"封爵"。因此,该图称为"封爵图"更为合适。

需要指出的是,巴蜀汉阙射猴射雀图中的猴、雀,应指代的是汉代军功爵制。军功爵制是产生于春秋、确立于战国、兴盛于秦汉的一种军政制度,是统治者在政权更迭中用于鼓舞士气、提高军队战斗力的奖励工具,大批立有战功的将帅士卒通过军功爵制获得高位,封君食邑,不但成为军功贵族、地主或自耕农,还能获得法律和赋役方面的优待。❼

自秦灭巴蜀之后，巴賨地区便成为秦汉帝国的优质兵源地之一，《华阳国志》载："汉高帝灭秦，为汉王，王巴、蜀，阆中人范目……为募发賨民，要与共定秦，秦地既定，封目为长安建章乡侯……徙封阆中慈乡侯。目固辞。乃封渡沔侯……賨民天性劲勇，初为汉代前锋，陷阵"❽"巴东郡人多劲勇，少文学，有将帅之才"❾"其人勇敢能战，昔羌人数入汉中，后得板楯，来虏殄尽，号为神兵，羌人畏忌"。史籍中关于板楯蛮尚武善战的记载不胜枚举，与渠县汉阙有关的冯焕、冯绲父子及沈府君，亦应是通过军功爵制走上仕途。可见，军功爵制成就了大批巴賨职业军人，他们通过军功得以封侯拜爵，这应是巴賨男儿实现精忠报国，求得功名利禄与家族兴旺的一条重要途径。

据此，军功爵制与巴人重视军功、尚武的巴賨文化传统关系更为密切。《北史·董绍传》载"萧宝夤反于长安，绍上书求击之，云：'臣当出瞎巴三千，生噉蜀子。'孝明谓黄门徐纥曰：'此巴真瞎也？'纥答：'此绍之壮辞，云巴人劲勇，见敌无所畏，非实瞎也。'帝大笑"❿。此段史料中的"瞎巴"一词将巴人的英勇善战描绘得栩栩如生，亦从侧面说明了巴地从军现象普遍，常被作为军队精锐力量或陷阵死士，这与常璩在《华阳国志》中"巴有将、蜀有相"的精辟概括是相吻合的。

值得注意的是，"射侯射雀图"所指的并非民爵、吏爵等低等级爵位，而是高等级的王侯贵族爵。汉代军人功爵制大致分为民爵、吏爵、官爵、王侯贵族爵四种等级，巴蜀汉阙的主人应是已拥有较高爵位的达官显贵或豪门望族，他们希望后辈子孙取得更高等级的爵位。但西汉文帝、景帝以后，政府大量赐民爵、卖官爵，爵位成为政府增加财政收入的廉价商品和皇帝欢庆节日的点缀品，东汉以后的察举、征辟任官制和募兵制的推行进一步使军功爵制成了空头文书，县侯、乡侯、亭侯等均成为毫无价值的虚封，而仍然保持着较高价值的王、列侯等高等级爵位却已变成了世袭制。⑪可见，获取列侯等高等级爵位成为人们的人生梦想，而射猴射雀图亦是巴蜀汉阙中一种典型的祥瑞符号。

与渠县汉阙相比较，蜀地汉阙的"射侯射雀图"明显要简略很多，绵阳市平阳府君阙仅有一鸟、一人；芦山县樊敏阙仅见一鸟（如图7-49、图7-50所示）。这一图像母题反映出了汉代巴蜀人斗志昂扬、踌躇满志的精神风貌和积极进取、豁达乐观的人生态度。据此，我们就能够理解渠县沈府君阙的射侯射雀图中，创作者为何偏要故意刻画出仰射裸人了。裸人形象在汉代射侯射雀图中是罕见的，有人说此为巴賨地区粗犷豪放的民俗表现，但这恐怕不是主要因

图 7-49　绵阳市平阳府君阙的射雀图

❶〔美〕巫鸿. 传统革新·巫鸿美术史文集：卷一 [M]. 上海：上海人民出版社，2019：256-257.

❷ 邢义田. 汉代画像中的"射爵射侯图"[C]. 中央研究院历史语言研究所集刊，2000：2-3.

❸ 同❷：1.

❹ 同❷：14.

❺ 徐畅. 猕马温、马上封侯与射爵——汉画像中的细节内涵 [J]. 中国国家博物馆馆刊，2017：10.

❻ 崔浩. 汉画中猴形象初探 [J]. 文物鉴定与鉴赏，2019（5）：26-27.

❼ 朱绍侯. 军功爵制考论 [M]. 北京：商务印书馆，2008：165-166.

❽ 常璩. 华阳国志译注 [M]. 王启明，赵静，译注. 成都：四川大学出版社，2007：11.

❾ 同❽：34.

❿ 李大师，李延寿. 北史 [M]. 北京：中华书局，2013.

⓫ 同❼：167-168.

从中国汉阙的整体美学特征上看，一方面，巴蜀汉阙与中原汉阙相比较，它们虽然在社会礼仪、民间丧俗等因素上具有一定的大汉文化统一性特征，但在石阙整体造型、图像题材类型、图像经营布局、图像母题及具体视觉符号等方面，仍然具有较大的差异，由此导致它们在具体的美学特征上各自具有独特的艺术风格和地域文化色彩；另一方面，巴地汉阙和蜀地汉阙虽然具有很多共同的文化内涵和艺术特征，但它们在美学特征上亦存在着一定的差异。本章将通过对巴蜀汉阙与中原汉阙的细节分析比较，来归纳出它们在图像艺术雕刻技法与造型特点、图像时空构图模式、图像视觉程序结构布局、图像主要透视构图特点等美学特征方面的具体风貌和重要区别。同时，本章还将对巴、蜀两地汉阙在图像题材、雕刻风格、艺术精神等美学特征方面进行差异性比较，并从地理环境、经济基础、族群性格、历史文化传承等方面来探讨其差异形成的诸多原因。

　　通过以上不同地域的汉阙图像艺术美学特征的差异性比较，我们可以清楚地看到中国汉阙文化在不同地域甚至族群之间呈现出和而不同、求同存异的发展状态。巴蜀地区或巴地与蜀地之间，汉阙文化虽然深受山东、河南等地区的影响，但在以中原文化为主体的文化大一统与民族大融合的进程中，巴蜀汉阙文化与中原汉阙文化既同步发展，又彼此独立、相互区别，由此保留了大量的巴蜀地域文化特殊印记，因此，巴蜀汉阙图像艺术美学特征具有极高的视觉辨识度。

第八章 巴蜀汉阙图像艺术美学特征

第一节

巴蜀汉阙图像艺术
雕刻技法与造型特点

两汉时代仍然是中国古代雕塑艺术发展的初级阶段，尤其是东汉时代的墓室浮雕和陶俑像运用雕塑艺术语言来表达生活的深度，反映广泛的社会生活现实，其表现手法多种多样，艺术形式丰富多彩。[1]巴蜀汉阙图像艺术是东汉中晚期墓葬艺术的重要组成部分，但由于巴蜀地处中国西南内陆，相对封闭独立，从而使其在融入汉文化的过程中，仍然保持着浓郁的地域色彩、民族色彩，因此巴蜀汉阙图像艺术在中国古代雕塑史上亦是独特的。它使这一时期的雕塑艺术增添了几分神奇的魅力。

一、巴蜀汉阙图像艺术雕刻技法

巴蜀汉阙图像艺术的雕刻技法种类非常丰富，其中有一小部分成像技法与汉画像石是相同的，即凸面阴刻法和减地浅浮雕法。王子云先生在《中国雕塑艺术史》中认同闫文儒教授说的"山东、河南、四川、山西各地出土的石刻画，虽刻法不一，但在总体上不外乎阴刻法和减地法。它还不能说是真正的浮雕，而是浮雕的先驱，因而属于中国早期的雕刻。把东汉石壁浮雕列入中国早期的雕刻是很恰当的"❷。巴蜀汉阙中的仙境云气纹、西王母仙班图等图像，皆普遍应用了汉画像石刻技法中的减地平级法，以刀代笔，似绘亦刻。这是介于雕塑与绘画之间的一种特殊表现技法，它强调图案轮廓曲线的舒展流畅。巴蜀汉阙的这部分图像石刻总体上呈现出粗犷、简洁的剪影式效果。

巴蜀汉阙中最引人注目的是大量的以高浮雕和圆雕技法表现的图像。高浮雕，即铲地较深、图像浮起很高、图像细节亦根据立体表现的原则以不同的凹凸深度来刻画，整体立体感比浅浮雕强烈得多的浮雕技法之一。❸圆雕，则是一种多方位、多角度的图像立体浮雕技法，它可使观赏者从不同角度看到雕刻对象的不同侧面。具体说来，在巴蜀汉阙的楼部下段居中往往以高浮雕刻饰出天禄、辟邪兽首，四隅位置的角神仅以肩背与阙楼连为一体，因而它们完全算得上是圆雕了。阙楼再往上的绝大多数图案则多用高浮雕刻饰，最后是接近圆雕的顶盖造型。这种以高浮雕、圆雕形式为主的巴蜀汉阙图像造型具有多维空间的物质实体性，人们可以根据不同层次、重点去审视和欣赏同一个图像，并加深对该对象的理解和记忆，这显然要远比山东、河南汉阙明显平面化的以减地浅浮雕为主的图像更具有视觉吸引力（如图 8-1、图 8-2、图 8-3 所示）。

巴蜀汉阙图像艺术是中国早期雕塑中的集浮雕、圆雕、平刻、绘画等美术技法于一体的典型代表作品。石刻技法发展到东汉末年，进入成熟阶段，受地域风格和材质的影响，不同地区往往有所不同，但雅安市高颐阙、芦山县樊敏阙以及巴蜀地区的其他几个汉阙、石棺上面的图像表现技法还很

图 8-1　雅安市高颐阙

生疏。❹巴蜀汉阙这种整体上较为生疏的石刻技法，固然没有山东、河南汉阙那样娴熟高超的技巧，但却保留了一份朴拙、本真的巴蜀文化特质。伯希和在谈到四川新津的几幅石棺画像时说："四川的雕刻与山东所见者相比具有十分不同的特征，它更为自然，更为生动。"❺巴蜀汉阙图像艺术亦是如此，它比山东、河南的汉阙更具生动、自然的气韵，丝毫不失打动人心的艺术感染力。

　　巴蜀汉阙虽然使用了多种雕刻技法，但它并非无目的的随意设置，而是经过精心构思。在同一座巴蜀汉阙上，仙境云气纹和西王母仙班图以减地浅浮雕刻饰，但它们只占图像很小的比例，其余主体形象则以高浮雕和圆雕的形式凸显出来，这样大大提高了主体图案的视觉效果，使其显得主次分明、重点突出。而山东汉阙多以剔地平级浅浮雕技法为主，

图 8-2　山东嘉祥县武氏祠阙

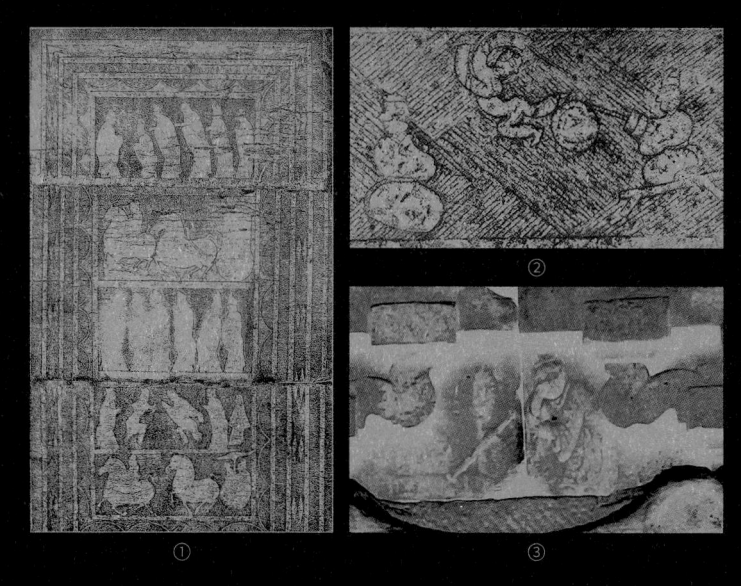

图 8-4　①嘉祥县武氏祠阙、②登封市少室阙、③雅安市高颐阙的图地处理对比

中心。河南登封市三阙以浅浮雕加阴线刻为主，其图像整体效果较为平整，但缺乏视觉重点。值得注意的是，巴蜀汉阙与山东、河南汉阙在图的轮廓线处理技法上有着明显差别：山东、河南汉阙主体图像的轮廓边缘通常是直接下刀，其竖截面呈垂线造型，线条规整而生硬。而巴蜀汉阙则是先刻出图的轮廓线，然后沿着轮廓线向外铲成逐渐倾斜的面，使其逐渐过渡，成为倾斜的圆滑边缘。巴蜀汉阙中大量的剔地浅浮雕图像尤其是巴地汉阙阙身侧面的青龙、白虎衔璧绶图尤为突出，皆使用了这种图像边缘处理技法。这样一来，图案在凸起过程中就会形成一个慢慢地浮现出来的过渡效果。这种图像雕刻技法的使用让巴蜀汉阙图像比山东、河南汉阙图像显然更为灵动、自然。

此外，巴蜀汉阙图像艺术在图地关系的处理上表现得非常简洁大气。通常我们把画面中实在的主体形象称为"图",把围绕、陪衬主体形象的物或虚拟背景、空间称为"地"。❻巴蜀汉阙图像中的主体形象造型通常饱满大气,对地的处理干净利索,没有任何凿纹,因而图的视觉效果非常醒目突出,不会产生山东、河南汉阙图像那种因地的大量方形线框或平行线凿纹所带来的视觉干扰(如图8-4所示)。

二、巴蜀汉阙图像艺术造型特点

汉代造型艺术的第一阶段为西汉初期七十多年,这是一个继承和准备阶段,初步呈现出静穆沉厚、古朴恭谨的风格;第二阶段为西汉武帝至东汉章帝时期,在第一时期基础之上,形成了阔大沉雄、生动开张的整体风格;第三阶段是完善阶段,有了典雅庄重、沉雄大气、铺张扬厉之美。❼巴蜀汉阙图像艺术与汉画像石(砖)一样,正是于第三阶段中最为盛行的墓葬造型艺术之一。鲁迅先生认为,汉画像石具有深沉雄大、质朴自然的艺术精神,那么巴地汉阙则是在汉画像石艺术精神的基础上,超越了其他地区的汉阙,达到了汉代图像造型艺术的顶峰,尽显率真恣肆之气;而蜀地汉阙图像艺术则略有差异,它是中国现存汉阙中最为雍容大气、雄浑典雅的图像造型艺术。

对于巴蜀汉阙图像造型,王子云先生在《中国雕塑艺术史》中谈道:"中国现存的东汉石阙雕刻艺术以巴蜀石阙最为突出,其特点是雕工将精力与才华多施在阙檐四角的意匠设计上,如绵阳平阳府君阙两只正在搏斗的猛虎,其激烈的气氛使欣赏者深受感染,四个负荷吃力的侏儒使阙身充满了力量和情趣,又如渠县沈府君阙的朱雀、玄武、青龙、白

图 8-5　绵阳市平阳府君阙力士角神图像造型

虎，造型精巧生动，是汉代浮雕中不可多见的佳作。"[8]巴蜀汉阙图像艺术所蕴含的这种力量和情趣，正是来自其经过变形夸张的造型所带来的强烈动感和活力。而山东汉阙的图像造型方正规整，边缘线呈严谨、理性的几何化倾向，故而透着一股明显的拘谨、静穆的沉重感；河南汉阙虽造型生动，线条优美灵活，多了几分浪漫、活泼的艺术趣味，但仍然远不及巴蜀汉阙图像造型的夸张舒展（如图 8-5 所示）。

　　造型的夸张变形包括对造型的强化与弱化两个方面，它是基于对形象结构的把握、对形的动态捕捉、对形的归纳提炼以及对造型角度的选择等多种造型观念之上的。[9]王子云先生所说的巴蜀汉阙负重侏儒正是阙楼四隅的角神，巴蜀工匠对那些力士角神、门吏角神发达暴突的肌肉、机警凶悍的神态、肥硕健壮的五短身材等典型特征进行了准确的把握，并进行了高度提炼，夸大强化，同时故意弱化或省略其手、邪兽首图案造型极为细腻精美，线条流畅锋锐，神情凌厉威猛。渠县汉阙的英雄戏虎图，其优美的形态归纳和精彩的瞬间动态捕捉，以及高高在上的角度定位，都体现出巴蜀工匠在图像造型方面深厚的艺术功力和丰富的创作经验。

巴蜀汉阙中的仙境云气纹、西王母仙班图和车马出行图皆采用了简洁、抽象的剪影造型形式，这似乎是中国古代绘画中"以形传神""以形表意"观念的早期体现。这类图像所占面积虽小，其外轮廓曲线飞动婉转，形体内部并无零碎的细节刻画，但视觉效果含蓄，意境深远，起到了良好的渲染作用，为观者留下了诡秘梦幻的艺术想象空间。尤其是巴地渠县的沈府君阙、蒲家湾无铭阙的仙境云气纹，云气中的仙人、仙禽、瑞兽等形象，形体清瘦轻盈，夸张生动，他们或飞腾、或奔跑、或游戏、或跪拜、或顾盼，让整个仙界充满了运动张力和蓬勃生机，这正是巴地汉阙豪放恣肆的艺术特征之所在。蜀地以雅安市

高颐阙的仙境云气纹和车马出行图为典型，云气造型柔美流畅，骏马挺胸耸腰，行进动态饱满大气。

在整体风格上，蜀地汉阙比巴地汉阙更显雍容大气，或许还因为蜀地汉阙高浮雕刻有双龙、狮子等具有强烈的庄重神秘、雄健威武之气魄的大型瑞兽图像。色伽兰认为："中国汉代石刻艺术的生气活力常体现于动物的威力，汉代大兽盖为长身之兽，胸大腰耸，筋力呈现。"[10] 而高浮雕的双龙、狮子图像在巴地汉阙和山东、河南汉阙均是没有的，这是蜀地汉阙沉雄大气的图像艺术风格塑造中的两个特殊视觉符号。

必须提及的是，蜀地汉阙普遍比巴地汉阙壮观、雄浑的原因还在于其整体造型的夸张。其中，雅安市高颐阙右阙主阙高度约 6 米，整体开间比进深宽约三四倍，给人以巍然耸立之势；绵阳市平阳府君阙与夹江县杨氏阙皆在 5.2 米左右，高大阔硕，令人震撼。其余几处蜀阙基本都接近 5.0 米。巴地渠县汉阙的高度均在 4.5 ~ 4.8 米，且阙身偏窄。此外，重庆忠县乌杨阙、丁房阙、千井沟无铭阙这三阙虽高达 7 米，但因其开间狭窄而显得瘦高挺拔有余，宏伟雄浑之气不足（如图 8-6、图 8-7 所示）。

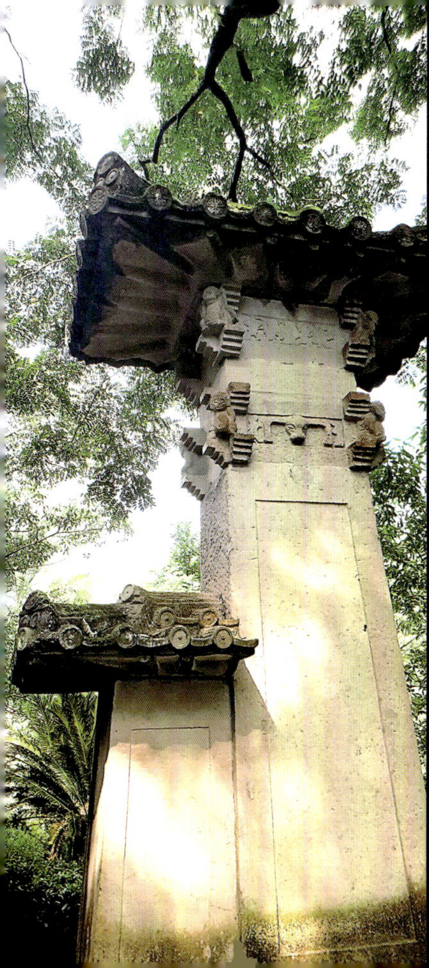
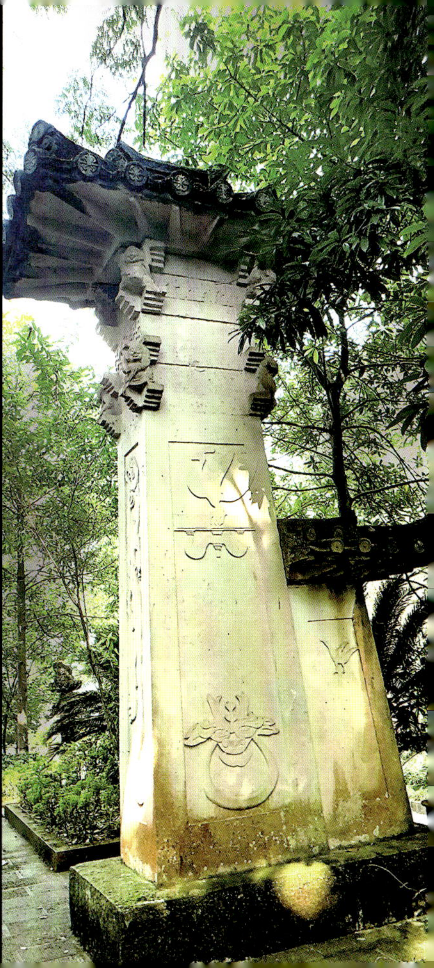

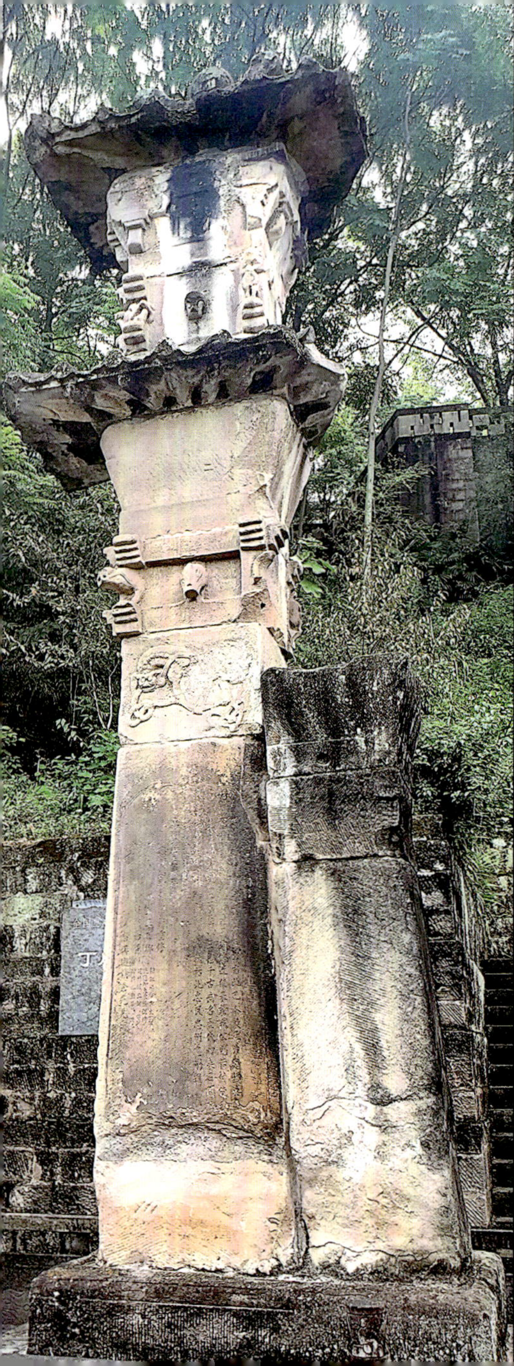
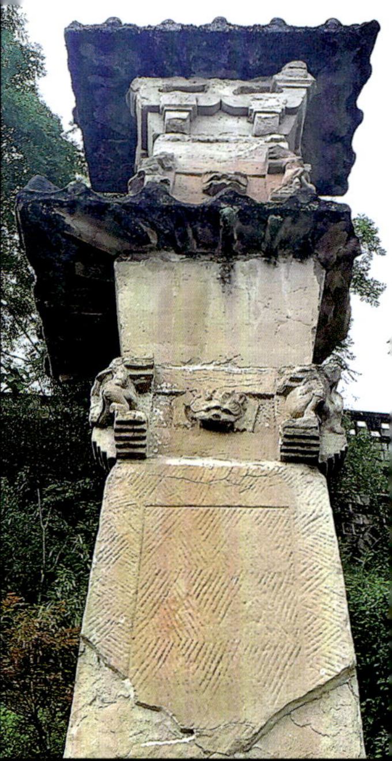
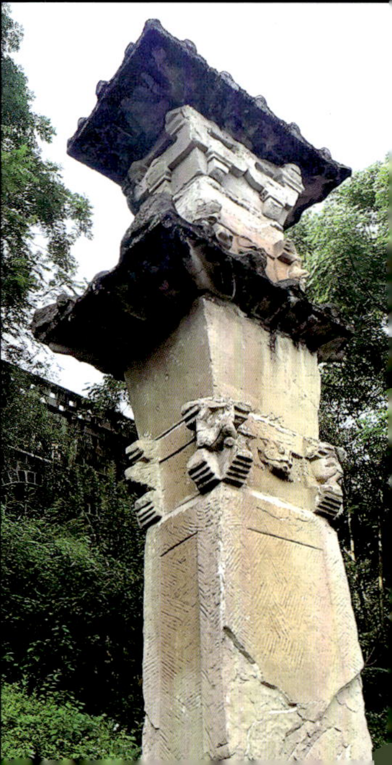

❶ 李东江. 雕塑 [M]. 沈阳：辽宁美术出版社，2018：53.

❷ 王子云. 中国雕塑艺术史：上 [M]. 北京：人民美术出版社，2011：96.

❸ 信立祥. 汉画像石综合研究 [M]. 北京：文物出版社，2000：33-36.

❹ 刘宗超. 汉代造型艺术及其精神 [M]. 北京：人民出版社，2006：58-59.

❺ [美] 巫鸿. 礼仪中的美术：巫鸿中国古代美术史文编 [M]. 郑岩，王睿，编. 郑岩，等译. 北京：生活·读书·新知三联书店. 2016：168.

❻ 郑军. 图形与创意 [M]. 上海：上海书店出版社，2006；126.

❼ 同❹：32-42.

❽ 同❷：120.

❾ 卜维勤. 美术技法大全装饰绘画基本法则 [M]. 成都：四川美术出版社，2000：12-13.

❿ [法] 色伽兰，[法] 郭鲁伯. 中国西部考古记·西域考古记举要 [M]. 冯承钧，译. 郑州：中州古籍出版社，2017：11.

第二节

巴蜀汉阙图像
时空混合构图模式

　　构图，即作品中艺术形象的结构配置方法，在中国传统绘画中称为"章法"或"布局"，或叫经营位置，具体是指绘画或设计时根据题材和主题思想的创作要求，把表现形象适当地组织起来，构成一个均衡协调的完整画面。中国传统绘画滥觞于东周时期，春秋、战国之际的青铜纹饰已经普遍出现了多层式、对称式与水平式二方连续排列的图式。战国晚期的帛画以宏大的生活场景构图奠定了传统绘画的基本样式。秦汉时期是中国古代绘画的第一个兴盛阶段，尤其是汉代大量的墓葬艺术，为我们研究彼时的构图形式提供了生动真实的资料参考。❶ 巴蜀汉阙图像艺术正是其中的重要实物之一。

　　巴蜀汉阙整体上采用了复合式构图形式，十分引人注目。它打破了汉画像石（砖）或雕塑艺术的单纯构图形式，跨越了绘画与雕塑之间的界限，将两者巧妙结合。这种雕绘结合的空间布局形式在洛阳烧沟西汉墓中已经出现，东汉以后演变为壁画与画像石，或高浮雕圆柱相结合的多种样式。❷ 巴蜀汉阙既承袭了东汉画像石的分层配置和独立配置两种图式，又创造了更为复杂的三维空间图像位置经营模式，即在分层构图基础上运用居中、对称、均衡、水平等多种独立式构图，以及发射式、四隅式等三维空间构图。巴蜀汉阙这种多维度空间图式并存的复合型布局不是随意而为，而是有其非常固定的设计章法。这种布局比山东、河南汉阙单纯的平面化构图形式要丰富复杂得多，且图像重点突出、主次分明、空间感强烈，视觉效果更具层次感和程序感（如图8-8所示）。

巴蜀汉阙图像布局整体上虽是以三维立体空间为主，但它仍是以平面分层配置法为基础的。分层配置法是东汉时期画像石最常见、最广泛的图像布局方法之一，即把石面用水平线分割成若干横向展开的画面，再分别布局。信立祥先生指出："这种图像分层配置法绝不是随意而为，而是严格按照当时人们的宇宙方位观念和尊卑伦理观念安排的，并且还需要考虑图像之间的时间顺序关系。"❸ 巴蜀汉阙皆是以墓主升仙过程中将出现的场景和所发生故事的时间先后顺序为依据，由下至上分层配置图像。以蜀地汉阙为例，其最下层通常刻有云气纹和车马出行图，描述的是墓主随车骑队伍从冥界出发赶往仙界的活动场景；往上一层是墓主进入了天禄、辟邪及角神镇守的阙楼；再往上的楼部中层刻有大量的明君贤臣等人间故事图像；楼部顶层是女仙启门图、拜谒献礼西王母图，顶层四隅配置双龙、双虎、仙人戏瑞兽、雄狮等图像。这种明确的分层构图折射出汉代巴蜀人浓厚的以天、地、人三位一体为基础的道家哲学思维，以及由此形成的宇宙观、时空观和社会等级观念。

具体说来，巴蜀汉阙图像分层配置法中用得最多的是居中独立式、左右对称式。总体上，巴地汉阙图像大多数为居

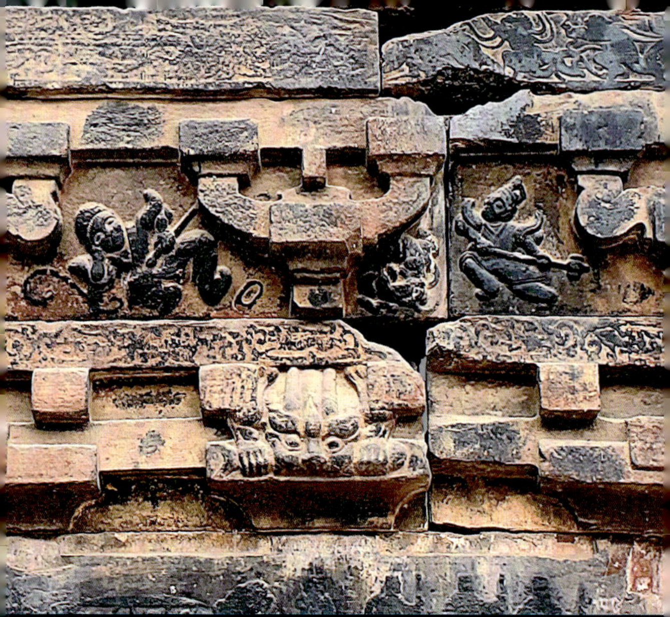

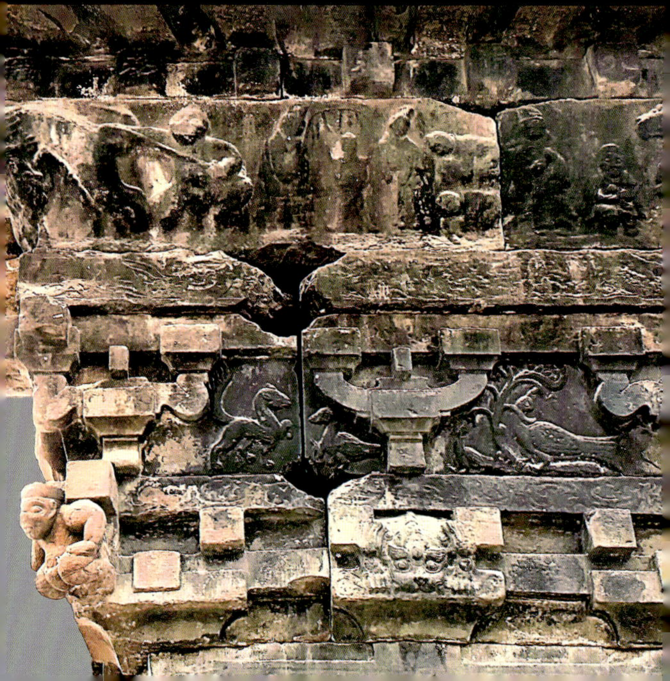

中独立图式，如天禄、辟邪兽首，仙人乘白鹿（翼龙），仙人六博，仙人取药等图案，皆独立刻饰于楼部拱间居中位置；而蜀地汉阙由于开间尺度宽阔，以两幅独立图案呈左右对称配置为主，如高祖斩白蛇图和博浪沙锤秦王图、九尾狐和三足乌等图案，皆左右对称布局于楼部拱间。以上两种图式并无实际的边框约束，均是巧妙利用拱间位置，构图简洁醒目，能够将人的视线快速引向主体图像，起到良好的聚焦作用。虽然巴地汉阙图像构图比蜀地的更为简练单纯、主体形象更为突出，但蜀地的左右对称布局图式比巴地汉阙要层次丰富、壮观大气很多。

就构图细节而言，巴蜀汉阙的仙境云气纹、西王母仙班图和车马出行图均采用了水平式二方连续构图形式。例如，渠县汉阙的西王母仙班图中，多以端坐于龙虎座上的西王母为中心，其左右两边排列羽人、仙禽、瑞兽、云气、仙草等图案；雅安市高颐阙、绵阳市平阳府君阙的车马出行图，以墓主所乘坐的轺车及马匹为中心，车马前为伍佰，车马后为骑吏，中间点缀树木、车盖等图案，通过多幅独立而又彼此延续的车马出行图在墓阙正面、背面的水平式二方连续排列。

除了上述三种图像之外，巴蜀汉阙其余图像则是在三维空间意识基础上，对二维空间中的多种常见构图形式进行了整合，并有了在二维、三维空间之间灵活转换的布局创新。这主要体现在：巴蜀汉阙的云气纹、西王母仙班图或车马出行图，其所在的石层为二维空间，往上一层通常便转换为由天禄、辟邪兽首、角神构成的三维空间，这些图像既处于同一水平石层，又于纵深方向上以阙楼为中心呈离心式发射状排列。此种具有创新性的复合型空间构图，不仅增强了汉阙的平衡稳定、威严神秘的气势，而且使天禄、辟邪及角神等装饰图像散发出一种向外扩张的强大威慑力；再往上一层，又转换为二维空间构图；最后到楼部顶层，转角处装饰的英雄戏虎、双龙、双虎、雄狮等图像又变成三维空间图像布局形式。巴蜀汉阙的这种多维空间图像布局图式，充分展示了巴蜀工匠缜密精细的设计构思，以及杰出的创造力和惊人的想象力。

❶ 李松. 中国美术史先秦至西汉 [M]. 北京：中国人民大学出版社，2013：238.

❷ 同❶：285.

❸ 信立祥. 汉代画像石综合研究 [M]. 北京：文物出版社，2000：41.

第三节

巴蜀汉阙图像的
视觉程序结构

巴蜀汉阙图像布局形式皆是在汉代人特有的墓葬空间意识和等距离散点透视观念支配下所形成的图像配置法则。对于这一问题，我们首先要了解汉代巴蜀地区墓葬形制和汉代人的方位观念，以及由此所形成的空间划分模式和透视观念。

巴蜀汉阙中，雅安市高颐阙和芦山县樊敏阙的墓葬形制保存相对完好，尤其是雅安市高颐阙，其石兽、石阙、颂碑、神道、墓等组成要素基本完好，它是目前中国保存最为完好的汉代葬制实体（如图 8-9 所示）。据古籍记载及考古发现可知，东汉以来已形成了完备的墓葬体系。郦道元《水经注》对东汉弘农太守张伯雅墓地的记载："二石阙，夹对石兽于阙下，冢前有石庙，列植三碑……碑侧树两石人，有数石柱及诸石兽矣，旧引绥水南入茔域，而为池沼，沼在丑地，皆蟾蜍吐水，石隍承溜。池之南又建石楼，石庙，前又翼列诸兽。"[1] 据此，东汉时期的墓葬空间结构大致为：以一双石阙作为进入茔域的界限标志，与两阙之间的连线相垂直的轴线为神道，阙前或阙后的神道两侧立有辟邪、天禄或

墓葬
祠堂
颂碑（一通或两通）
辟邪
阙

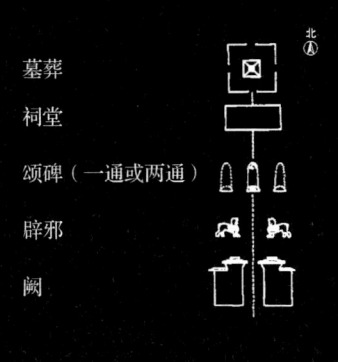

图 8-9　嘉祥县武氏祠（上）、雅安市高颐阙（下）的墓葬形制

其他石像，阙后或阙前的神道两侧或神道居中立有颂碑，颂碑后面为祠堂，神道尽头为墓葬所在，其地上为封土，地下有墓室。

信立祥先生认为：汉代的地下墓室和地上墓阙、祠堂，三者相互依存，共同组成一个完整的墓葬体系，因而不能割断三者之间的有机联系来单独片面地研究其中某一要素。三者在墓域中分别代表不同的宇宙空间，地下墓室代表着鬼魂世界，墓地门阙代表着仙界入口，祠堂代表着人间世界，墓主从地下墓室到墓地祠堂或者门阙，距离非常遥远，必须依靠车马进行长途跋涉，先进入墓阙夹峙的神道才能到达。[2]"如天之门在西北，升天之人，宜从昆仑上"[3] "天阿者，群神之阙也"[4]。因此，巴蜀汉阙图像艺术表现的重点是描绘墓主灵魂从地下鬼魂世界经过天阙到昆仑仙界的不同空间的转换。

汉代墓葬方位模式与现代地图学中的方位结构有着本质性差异，它是按照汉代人对墓葬方位的认知而设计的，不是以观者视角进行的单纯的上北下南、左西右东的判断，而是以墓葬建筑本身或者死者视角来确定方位。[5]学者秦臻亦指出："汉代墓葬设计、布局和题材都和一个假定的死者角度出发的目光相关联。"[6]在汉代这种以实物自身来判断方位的理念不仅存在于墓葬体系中，而且存在于天象观测、礼仪文化等方面。[7]巴蜀汉阙中，渠县汉阙的四神图像所象征的宇宙空间结构尤为典型。根据汉代天象图中的空间秩序与宇宙方位划分规律，渠县汉阙所属的墓葬空间体系是以站立于神道尽头的坟墓处，且面朝石阙的墓主作为参照中心，墓主的头上方或前方为朱雀位，脚下方或背面为玄武位，左手边为青龙位，右手边为白虎位，以四神分别指代南、北、东、西四方。因此，渠县汉阙的阙门上方刻朱雀，下方或背面刻玄武或铺首衔环；墓主左手边的石阙即为左阙，属阳、为奇，所以刻青龙衔璧绶图和双角辟邪兽首图，一阳一阴以表阴阳平衡；墓主右手边的石阙即为右阙，属阴、为偶，故而刻白虎衔璧绶图和独角天禄兽首图，一阴一阳以示阴阳调和。

巴蜀汉阙中的车马出行图以蜀地汉阙为典型，它看似是平面化的二维图像，实则包含了非常典型而复杂的汉代墓葬三维空间划分观念。巫鸿先生通过对山东的苍山汉墓、嘉祥县武氏祠石室，四川成都羊子山1号汉墓等墓葬中的车马出行图的研究指出："车马出行图是一种象征着死后旅行的两个阶段，第一个阶段起自祖庙而止于墓葬，第二个阶段起自墓葬，然后被期望着离开墓葬而抵达天堂。这两个阶段的转换是通过车马方向从面向墓内到面向墓外的变化而完成的，

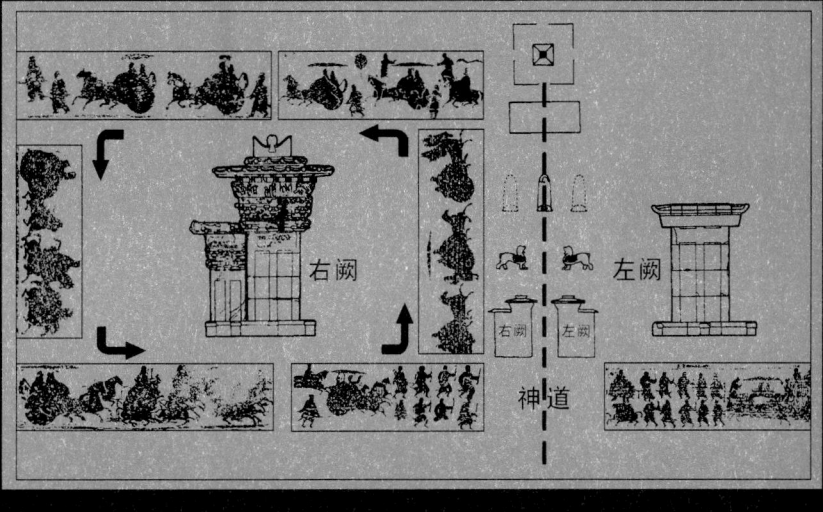

图 8-10　雅安市高颐阙左、右阙车马升天队伍行进方向图解

它是一种双向旅行。"[8] 蜀地汉阙的车马出行图皆以两阙之间的神道为轴心，石阙正面的车马队伍均向神道方向行进，表示墓主灵柩入坑以后，随车马队伍从冥界出发，驶入神道，朝着象征仙界入口的阙向上腾飞奔；而石阙背面的刚好相反，其车马队伍背离神道方向行进，这表示车马队伍经过长途跋涉，开始驶离神道，到达仙界。这种图像程序设计了一个从冥界到天界的完整空间结构（如图 8-10 所示）。

由上可知，巴蜀汉阙是以墓主的视角来确定宏观上的图像方位，并且随着墓主升仙活动的展开，其视点不断移动，故而其微观上的方位划分亦是动态的、灵活的。这导致了其在的小宇宙，在此空间中，各种图像皆要以墓主升仙求药的行进轨迹来确定图像方位，同时，它必须与其他墓葬空间中的构成要素相互依存，彼此参照，因此，汉阙既要有它自身的空间方位划分标准，又要被纳入整个墓葬体系的空间方位划分模式中，从而形成复杂、交叉、错叠的空间形态。

对于每一座汉阙来说，其具体方位又是以它本身作为参照中心的，据此，我们就不难理解，为何渠县汉阙阙门上的朱雀均朝着两阙之间的神道方向展翅而舞，而其楼部的乘着白鹿（翼龙）的仙人却皆朝着左边飞腾，因为当观察者面对汉阙时，其眼里所看到的左边恰好是阙的右边，右边即白虎位，它指向的是西方昆仑仙界。可见，这一图像视觉程序描述的是墓主先由朱雀接引进入仙界神道，然后再由骑鹿（龙）仙人带领着前往西方昆仑仙界，这是一个路途遥远，既西行又飞升的求仙过程，这些图像按照升仙程序，遵循着固定的时空布局规律，在汉阙上构建了一个相对独立的，跨越了天界、冥界、人间的微型宇宙空间。当然，本书为了方便论述，除了以墓主视角来确定左阙、右阙之外，阙上具体的方位依然是按照阙前观察者的视角来阐述的。

蜀地汉阙虽未像巴地汉阙那样严格按照四神方位的规则去刻饰四神图像，但亦是典型的体现天、地、人三位一体的汉代宇宙空间观念之杰作。从蜀地汉阙下部的车马出行图和仙境云气纹，到中部的天禄、辟邪及角神形象，再到楼部中间的人间明君、贤臣、义士等著名历史人物故事图，最后直至顶部的各种昆仑仙界场景，仙人、仙禽、瑞兽等图像，建造者通过隐喻的象征手法，构建了一个完整、理想的地下、人间、天上的虚拟宇宙世界。有学者认为汉代图像艺术中的宇宙秩序，是人的社会秩序的象征表现，是天地相通的巫术观、天人合一的哲学观、天人感应的历史观、君权神授的政治观、尊天听命的命运观以及不死升仙的宗教观和天谴祥瑞的吉凶观等各种社会观念的综合体现。❾这一论述很符合蜀地汉阙的图像视觉程序结构特点。

虽然在蜀地汉阙中，历史人物故事图像占有非常大的比重，但此类题材的图像始终不会出现在阙楼顶层的任何位置，而是刻于楼部中层，而阙楼顶层所刻图像皆为与升仙有关的图像，如女仙启门图、方士持节拜谒献礼西王母图、仙人戏瑞兽图等，蜀地汉阙这种明确、稳定的图像空间秩序表明，蜀地汉阙非常强调人在宇宙空间中的主体地位，但人又绝不能凌驾于神仙之上，这亦反映了蜀地深受中原文化封建等级观念的影响。《逸周书》载："天道尚右，日月西移；地道尚左，水道东流；人道尚中，耳目役心……天道曰祥，地道曰义，人道曰礼。知祥则寿，知义则立，知礼则行。"❿可见，天、地、人三位一体的道家思想与君权神授、尊天听命的儒家思想的合流，是巴蜀汉阙独特的空间结构布局和图像方位秩序的重要影响因素之一。

值得注意的是，渠县赵家村西无铭阙楼部顶层左侧面刻有一幅图像，漫漶严重，从其拓片看，图中一树，树下一女子作摘物状，一男子正向其躬身跪拜，男子身后立一侍从手捧物。有学者猜测此为"秋胡戏妻图"。⓫本书认为这一猜测有待商榷。其依据是：在巴蜀汉阙图像的视觉程序结构意识里，阙楼顶层是刻饰仙人或仙景的位置，因此该阙顶层所刻的女仙启门、拜谒献礼西王母、英雄戏虎、车马出行送别等图像皆与升仙有关，而"秋胡戏妻图"讲述的是一个汉代凡间女子忠于爱情的贞烈故事。因此，此图像不大可能出现于顶层，它很可能是一幅"西王母赐药图"，图中的树或为扶桑，女子或是西王母。在古人的树木信仰中，扶桑的果实能使人生命延长而成仙，扶桑是一种具有神秘力量的神树，它被看作是生殖和繁衍子孙的原始母神，与不死和重生的原始信仰有关，它是昆仑仙界神树的象征。[12] 因此，该图表现的可能是西王母摘取扶桑果实，赠予求仙者，赐予长生不死的神力。

❶ 郦道元. 水经注 [M]. 成都:巴蜀书社,1985:374.

❷ 信立祥. 汉代画像石综合研究 [M]. 北京:文物出版社,2000:324.

❸ 黄晖. 论衡校释 [M]. 北京:中华书局,1990:319.

❹ 陈广忠. 淮南子译注 [M]. 长春:吉林文史出版社,1990:115.

❺ 王倩. 汉画像石西王母图像方位模式研究 [M]. 镇江:江苏大学出版社,2018:21.

❻ 秦臻. 图画天地——沈府君阙的视觉程序与象征结构 [J]. 古代墓葬美术研究,2017(1):100.

❼ 同 ❺:25-27.

❽ [美] 巫鸿. 礼仪中的美术:巫鸿中国古代美术史文编 [M]. 郑岩,王睿,编. 郑岩,等译. 北京:生活·读书·新知三联书店,2016:271-272.

❾ 朱存明. 汉画像宇宙象征主义图式及美学意义 [J]. 文艺研究,2005(9):60.

❿ 黄怀信,张懋镕,田旭东. 逸周书汇校集注 [M]. 上海:上海古籍出版社,2010.

⓫ 张孜江,高文. 中国汉阙全集 [M]. 北京:中国建筑工业出版社,2017:346.

⓬ 王志刚,臧之筠. 汉画像石树形图像的艺术特色与价值研究 [M]. 长春:东北师范大学出版社,2017:126.

第四节

巴蜀汉阙图像等距离散点透视构图法

前文论述了巴蜀汉阙的三维空间图像布局是以汉画像石分层配置法为基础，其图像中的空间透视亦多使用汉画中的散点透视构图法。透视是绘画、艺术设计、摄影等专业领域皆需运用的重要手法之一。透视手法，可以有效地反映客观世界或表达主观感受。汉画像石主要使用散点透视和焦点透视这两种构图法来观察空间和表现对象，但焦点透视构图法仅出现在东汉晚期的山东地区的少数汉画像石中，未见于巴蜀汉阙中。

散点透视构图法是指观察者的视点不固定在同一点上，而是根据时空变化和造型需要进行自由移动，并把那些在不同变化中所看到的对象按照一定目的和方法，有机组合在同一画面中，以产生一个综合性的透视效果，因此也可称为动点透视。❶ 中国古代传统绘画把这种滥觞于先秦时期卷轴式楚帛画中的在平面上表现纵深空间距离的处理方法又称为"远近法"。❷ 信立祥先生称其为等距离散点透视法，即从同一方向用等距离的视点去捕捉所有对象，并将其绘制在同一画面上。根据视点变化又可细分为底线横列法、底线斜透

图 8-11　渠县赵家村东无铭阙仙人骑鹿图

视法、等距离鸟瞰斜侧面透视法、上远下近的等距离鸟瞰透视法等四种空间透视构图方法。❸ 散点透视构图法对汉画像石的空间构图影响巨大,且被后世直接继承,成为中国绘画区别于西方绘画的一大重要艺术特点。

　　在巴蜀汉阙中,散点透视构图法主要集中运用于那些横向面积较宽的卷轴式图像中。这些图像主要运用了底线横列法和鸟瞰斜侧面法这两种散点透视构图方法。底线横列法是汉画像石中最基本、最重要的空间透视构图法,即观察者的视点始终处于同一水平线上的横向左右移动状态,不考虑对象的空间纵深位置,只将其横向排列于画面同一底线上。巴蜀汉阙中的仙境云气纹、西王母仙班图等图像即是运用底线总体上，与蜀地汉阙相比，渠县汉阙运用了更多的底线横列法，这使渠县汉阙的图像平面化特征更加明显。笔者认为这并非是底线横列法的弱点，这可能是设计者有意抛弃对三维空间的立体表现，使空间纵深感对观者的视线干扰被弱化，使观者能够快速聚焦于同一横列底线上的主体对象身上，从而达到突出图像的目的。有学者指出："散点透视构图法是因意象造型需要而生，它以多变的视点，自由组合和随意取舍，满足了艺术家们的自由创作表现，这种崇尚立象以尽意的主观造型是西方理性、机械、刻板的焦点透视无法实现的。"❹可见，巴蜀汉阙图像艺术已包含了意象造型的中国传统绘画观念。

等距离鸟瞰斜侧面透视法即在底线斜向透视基础上将视点提高，不仅使图像有沿纵深方向排列的同类对象的侧面轮廓线，而且使其上部轮廓线也整齐重叠，从而使画面的三维空间得到明确体现，汉画像石中的车马出行图多运用了这一种散点透视法。❺通过这种透视方法，图像中的对象的底部不处于同一底线上，而是随着鸟瞰视点的移动而产生高矮错落的效果。例如，雅安市高颐阙右阙主阙正面的车马出行图（如图 8-12 所示），就观察者的角度而言，图中轺车前面上方的四个开道伍佰的空间位置感觉比下方的四个开道伍佰的位置更近。蜀地汉阙其余几幅车马出行图的构图方法亦大抵如此。显然，这种鸟瞰斜侧面透视法对图像空间进深的表现，比底线横列法更有优势。它克服了图像的横向尺寸不够宽阔的客观局限性，能够最大限度地增强画面的空间层次感。它对三维空间结构的交代有助于增强活动场景的气势。

但我们会发现，蜀地汉阙的车马出行图中往往并不是只采用某一种散点透视法，而是运用了两种或两种以上的空间

图 8-12　雅安市高颐阙车马出行图

图 8-13　雅安市高颐阙右阙子阙背面车马出行图

图 8-14　雅安市高颐阙周公辅成王图拓片

透视构图法。例如，雅安市高颐阙右阙子阙背面的车骑图（如图 8-13 所示），主要采用了底线横列法，使人、轺车、马处于同一底线上，又以鸟瞰斜侧面透视法处理车前两骑吏在空间进深中的前后位置关系。这种综合性的透视构图方法在蜀地汉阙其他图像中应用亦颇为广泛。例如，高颐阙中的周公辅成王图（如图 8-14 所示），图中最左边为周公，年幼的成王立于周公、鲁公之间，这三人是以底线横列法进行构图的，余下的四名侍从则以鸟瞰斜侧面透视法在纵深方向作并列跪拜状。如果以西方焦点透视法的逻辑思维来看，这样的画面空间透视是违反客观透视规律的，是不合常理的，但这不正是西方近现代艺术设计所说的矛盾空间构成的典范作品吗？

❶ 王天禄. 论中国传统绘画的透视取向 [J]. 贵阳师专学报（社会科学版），1996（4）：58.

❷ 王祖龙. 丹磨色美夸原质——楚绘画的艺术史意义 [J]. 长江大学学报（社会科学版），2005（1）：4.

❸ 信立祥. 汉代画像石综合研究 [M]. 北京：文物出版社，2000：47-50.

❹ 同❶：59-60.

❺ 同❸：50.

第五节

巴蜀汉阙图像艺术特征差异及原因分析

前文已经论及，巴蜀汉阙在图像题材上的一个重要差异是：双龙图和双虎图是蜀地汉阙中最为常见的图像母题之一；而巴地的渠县汉阙中，虽然青龙衔璧绶图、西王母龙虎座图，以及青龙图、仙人乘翼龙等图像中亦含有龙的因素，但始终不见有双龙图的出现。除此之外，巴蜀汉阙在图像题材上最明显的差异之一，是蜀地汉阙的著名历史人物故事图像要比巴地汉阙多很多。蜀地汉阙如高颐阙、绵阳市平阳府君阙、芦山县樊敏阙、德阳市司马孟台阙等阙刻饰有10余幅高帝斩白蛇图、博浪沙锤秦王图、周公辅成王图、季札挂剑图、师旷鼓琴图等。对贤良君臣、仁义之士之类的历史人物故事图像的重视、强调，使蜀地汉阙图像艺术呈现出浓厚的中原礼教文化色彩和强烈的治国参政意识。巴地渠县汉阙中仅有3幅这样的图像。渠县汉阙有着数量惊人的神仙题材类图像，这使渠县汉阙在整体上洋溢着一股奔放不羁、铺张扬厉的艺术气息。

艺术精神不仅是创作主体的情感流露，更是不同地域、国家、民族的深刻文化内涵的艺术转化形式。古代巴蜀文化毕竟是由巴蜀地区的地域性文明延续发展而来,在它融入汉文化共同圈的过程中,依然保留着地域文化的特殊性。艺术形式是艺术精神的载体和实践形态,艺术精神则是艺术形式的灵魂和形成根据,而巴蜀汉阙图像艺术虽以中原文化的艺术形式为载体,却体现着汉代巴蜀人内在的艺术精神。巴蜀人借助汉阙文化,根据各自不同的艺术创造准则、审美标准和基本信念,以不同的精神风貌创造出艺术风格不同、各具特色的汉阙图像艺术。

有学者认为,一个民族的民族性格和民族文化的形成主要与该民族所处的自然地理环境和社会环境有关,古代巴人、蜀人的性格差异成因亦是如此;[1]巴、蜀虽然相邻,但二者在经济基础、上层建筑、意识形态及文明等方面存在一定的差异,巴文化和蜀文化是两种不同性质、不同品位的文化。[2]经济基础对地域民族文化的形成影响尤为深刻。秦汉以前,川东大巴山及三峡地区以渔猎经济为主,而蜀地成都平原以灌溉农业经济为主,在这两种经济基础上发展起来的巴文化与蜀文化具有不同的个性特征,因此,巴、蜀两地虽然同处于四川盆地,但其汉阙图像艺术风格存在着明显的差异。这种差异不仅体现在雕刻技法和造型法则等外在艺术形式上,而且折射出巴文化与蜀文化所包含的迥然不同的艺术精神和审美尺度。

巴、蜀两地汉阙图像艺术的差异可谓是由巴人、蜀人迥异的民族性格和地域文化所决定的。巴人长期在险山恶水、大国争斗的夹缝之中求生存,逐渐形成了朴直敦厚、刚勇重义、乐观豁达的民族文化性格。[3]正如《华阳国志》所言的"其民质直好义、土风敦厚,有先民之流""俗素朴,无造次辩丽之气""天性劲勇""剽勇"[4]。又如《隋书》所载:

"至汉高发巴、蜀之人，定三秦，迁巴之渠率七姓，居于商、洛之地，由是风俗不改其壤。其人自巴来者，风俗犹同巴郡。"❺这种桀骜的民族性格造就了豪放、扬厉的巴賨艺术精神。此外，汉代巴地深受道家思想影响而受儒家思想濡染相对较少，因此更多了几分逍遥洒脱的文化性情，故而渠县汉阙的图像艺术体现出造型舒展铺张，线条轻快灵活，充满动感和活力的艺术特点，尤其是那些驱邪镇鬼的天禄、辟邪、角神、双虎等图像，普遍比蜀地汉阙的图像更为威猛刚健、狰狞恐怖，充满了力量感和威慑力，体现了巴人尚武的民族精神，并多了几分远离高堂庙宇的率真不羁、粗野旷达的山林气息。

除此之外，巴地汉阙图像艺术还洋溢着浓烈的意气风发、开拓进取的精神，这应是深受汉代巴賨社会的精神风貌影响所致。秦汉以降，巴人结束了长期迁徙、动荡的生存状态，生活相对稳定和平，巴地人才辈出。《华阳国志》载"自时厥后，五教雍和，秀茂挺逸。英伟既多，而风谣旁作。故朝廷有忠贞尽节之臣，乡党有主文歌咏之音"❻ "其德操仁义、文学政干，若任文公、落下闳、冯鸿卿、庞宣孟、玄文和……播名立事，言行表世者，不胜次载者也"❼。在此种时代背景下产生的渠县汉阙图像艺术，必然饱含着斗志昂扬、自信乐观的艺术感染力。

蜀地土地肥美，物产丰饶，在平原文明的滋养下，蜀地形成了典型的烂漫、追求奢靡、崇尚神仙的社会风尚和民族性情。《华阳国志》称蜀人"俗好文刻"，文，即华而不实，喜欢浪漫幻想。❽因此，作为中国昆仑仙宗思想的发源地之一，汉代蜀地既保留了浪漫好仙之古风，又遗传了三星堆、金沙遗址等透出的神秘、大气、威严的古蜀艺术基因，从而使蜀地汉阙图像艺术呈现出尊贵华美、诡异浪漫，想象力和创造力惊人的艺术气质。此外，学界普遍认为蜀地接受外来文化的影响要远比巴地多，中原文化向蜀地的播染、渗透可上溯到二里头文化时期，秦灭巴蜀后，蜀文化接受了许多秦文化因素。[9]秦汉之际，刘邦为汉王，蜀地进一步受到了楚文化和中原文化的洗礼。西汉初年，文翁为蜀守，兴农业，倡文教，蜀文化慢慢融入汉文化统一体中，成都平原西汉中期墓葬中的蜀文化因素已基本消失。[10]因此，汉代蜀地受中原儒家思想影响更深，以致蜀地汉阙艺术呈现出浓郁的人伦礼教色彩，而且其图像造型明显比巴地汉阙的柔和圆润，线条更细腻规整。其深沉厚重、儒雅静穆之气与千里之外的山东汉阙竟然很有几分相似。

前文已提及，蜀地汉阙比巴地汉阙更雄浑壮观，华美大气，原因之一是其优越的地理环境。成都平原周边地势平坦，便于巨石的运输和汉阙的建造。不过，蜀地汉阙高大阔硕的造型风格在中国汉阙中也属少见，这很可能与古蜀大石文化有关。《华阳国志》载："蜀有五丁力士，能移山，举万钧。每王薨，辄立大石，长三丈，重千钧，为墓志，今石笋是也。"[11]蜀人的大石崇拜最初来自对蜀王蚕丛氏所居之地岷山的崇拜，是人类早期大山崇拜的一种表现形式。[12]段渝、谭洛非亦认为"大石崇拜在蜀人的宗教体系中是一种颇为特殊的崇拜形式"。[13]童恩正先生认为"川西民族树立大石的习俗来源恐怕与蜀族的石棺葬俗有关"[14]。现在成都市内的五块石、支矶石、天涯石、石镜等地名，应当是东周至秦汉时代的四川大石文化遗物。[15]因此，蜀地汉阙高大阔硕的造型风格可说是古蜀大石崇拜在汉代葬俗中的遗风和缩影。人们或以此来象征墓主的尊贵地位和显赫身份。

母题及视觉符号研究

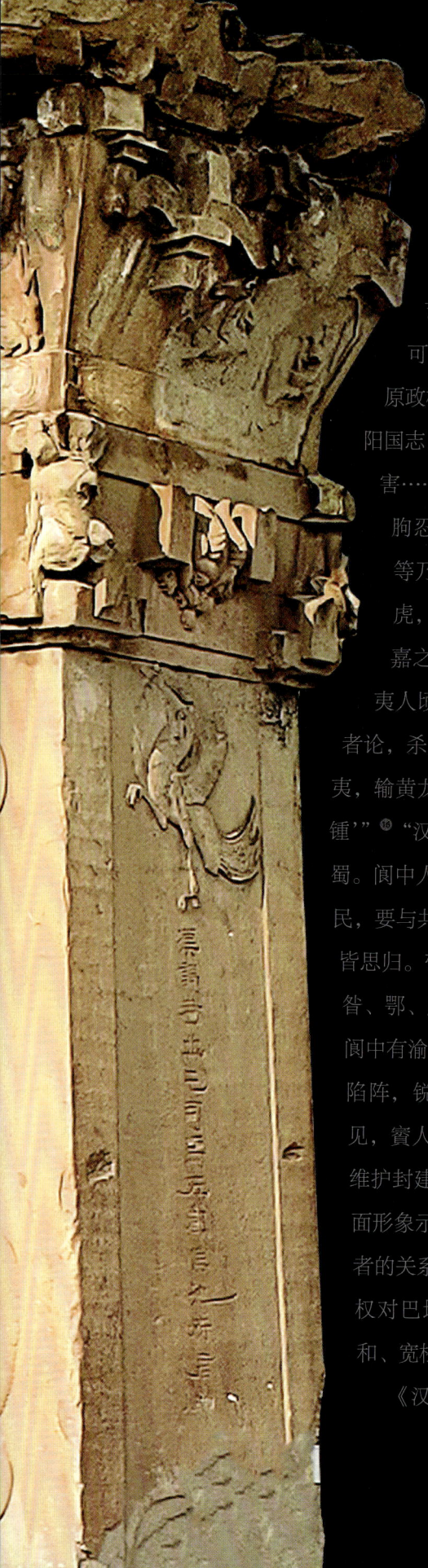

巴地、蜀地汉阙图像艺术风格存在差异的原因可能与秦汉时期巴、蜀与中原政权不同的政治关系有关。《华阳国志》载"秦昭襄王时，白虎为害……秦王乃重募国中……胸忍夷廖仲药、何射虎、秦精等乃作白竹弩于高楼上……射虎，……白虎大响而死。秦王嘉之……王乃刻石为盟，要复夷人顷田不租、十妻不算，伤人者论，杀人雇死僦钱。盟曰：'秦犯夷，输黄龙一双；夷犯秦，输清酒一锺'"[16]"汉高帝灭秦，为汉王，王巴蜀。阆中人范目……说帝，为募发賨民，要与共定秦。秦地既定……賨民皆思归。帝嘉其功，复除民罗、朴、昝、鄂、度、夕、龚七姓不供租赋。阆中有渝水，賨民……初为汉前锋陷阵，锐气喜舞。帝善之"[17]。可见，賨人自归附秦汉以来，皆是以维护封建帝国统一、为民除害的正面形象示人，这使賨人与大汉统治者的关系较为融洽、密切，中原政权对巴地的统治政策亦是较为温和、宽松的。

《汉书·南蛮西南夷列传》

"秦惠王并巴中，以巴氏为蛮夷君长，世尚秦女，其巴氏爵比不更，有罪得以除爵。"⑱由此可知，秦灭巴后，对巴地采取了"大姓统治、以夷制夷"的羁縻政策，秦承认原巴地首领在巴賨地区的统治管理地位。秦汉以来，中原政权虽加强了对巴地的管理，但对其宗教及民间习俗应该是基本承认的，巴賨民众的思想相对比较自由，这种较为独立自由的精神风貌赋予了巴地汉阙不拘绳墨、豪放洒脱的精神。

而同一时期，蜀地与秦汉帝国的关系却并不那么和谐。秦灭蜀后，郡县制与分封制在蜀地并行。秦同样以羁縻政策对原蜀地首领加以笼络，三封蜀侯，然而皆叛，秦先后三次平定蜀地之乱，遂进一步加强了对蜀地的管控。此后直至汉代，蜀地受中原政权的控制比巴地明显要强很多，受中原文化的影响自然比巴地深刻许多。蜀地汉阙刻有大量历史人物故事类的图像题材的特点，与山东汉阙的非常一致，其图像内容明显浸染着汉代儒家文化所倡导的封建伦理纲常思想。这似乎亦揭示了秦汉时期蜀地受中原文化同化的进程比巴地更快，其汉化程度更深的发展状态。综上所述，两汉时期，巴蜀地区在进一步融入汉文化圈的进程中，其原有的"西南夷"民族文化因素虽然早已式微，但是巴蜀工匠在吸收中原文化时，依然顽固地保留了巴蜀人那根深蒂固的地域文化特质和民族艺术精神，从而使巴蜀汉阙图像艺术以"仙""道"的独特的艺术风格来区别于山东、河南汉阙图像艺术。而因巴地与蜀地明显的自然环境、社会环境差异形成的不同的文化性格，如巴人尚武、蜀人喜文等，数千年来在川渝地区一直存在。这使巴地汉阙图像艺术饱含质朴豪放、刚健扬厉的文化精神，粗犷淳素，富有生机活力，而蜀地汉阙图像艺术则洋溢着温婉浪漫、雍容大气的艺术气息，更为沉雄尊贵、宏伟壮观。

❶ 刘固盛. 古代巴、蜀人的性格差异及成因[J]. 西南师范大学学报（哲学社会科学版），1998（5）.
❷ 朱世学. 巴蜀文化的差异性探析[J]. 重庆三峡学院学报，2011（2）：128.
❸ 姜约. 论巴族群的文化性格[C]. 巴文化研究第三辑，2018（12）：46.
❹ 常璩. 华阳国志译注[M]. 王启明，赵静，译注. 成都：四川大学出版社，2007：5-11.
❺ 魏徵，令狐德棻. 隋书[M]. 北京：中华书局，1973：843.
❻ 同❹：12.
❼ 同❹：16.
❽ 同❶.
❾ 宋治民. 蜀文化与巴文化[M]. 成都：四川大学出版社，1998：259-264.
❿ 蔡靖泉. 蜀国与蜀文化——兼论蜀文化与楚文化的关系[C]. 巴蜀文化研究第三辑，2006（5）：33.
⓫ 同❹：84.
⓬ 邹礼洪. 古蜀先民大石崇拜现象的再认识[J]. 西华大学学报（哲学社会科学版），2004（2）：13.
⓭ 段渝，谭洛非. 灌锦清江万里流：巴蜀文化的历程[M]. 成都：四川人民出版社，2001：62.
⓮ 童恩正. 古代的巴蜀[M]. 成都：四川人民出版社，1979：77.
⓯ 董其祥. 巴史新考续编[M]. 重庆：重庆出版社，1993：78.
⓰ 同❹：9-10.
⓱ 同❹：11.
⓲ 班固. 汉书[M]. 北京：中华书局，1962.

在当今新时代，中国人民在中国共产党的领导下，在从近代以后的深重苦难走向新的光明征程中，深刻认识到要实现中华民族伟大复兴离不开对中华优秀传统文化的弘扬与传承，且要坚定历史自信、文化自信，坚持古为今用、推陈出新。因此，当代艺术设计工作者理应作为中华优秀传统文化忠实的传承者和创新者，在艺术设计中注重对巴蜀汉阙图像艺术的借鉴吸收与创新应用，推动古代巴蜀文化的创造性转化与发展，赋予巴蜀地方文化在新时代的蓬勃生机和旺盛活力。

巴蜀汉阙图像艺术是汉代巴蜀文化中的一颗闪耀着璀璨光芒的艺术明珠，体现了巴蜀文化与中原文化的融合、碰撞。从中我们可以管窥到汉代巴蜀先民特殊的民族性格、精神信仰、社会风尚、审美意识等各方面的发展状况和整体面貌。巴蜀汉阙图像艺术不仅为当代人研究巴蜀地区的绘画、雕刻、建筑等艺术，以及巴蜀地区与其周边乃至南亚地区的艺术交流状况等提供了宝贵资料，还对当今巴蜀地区的艺术设计个性化发展具有重要的启迪和借鉴价值。

第九章 巴蜀汉阙图像艺术在现代艺术设计中的应用研究

第一节 巴蜀汉阙图像艺术在当代艺术设计中的应用意义和探索法则

深入研究巴蜀汉阙图像艺术，从中吸取古代巴蜀艺术中的有益养分，并结合现代设计手法，将其灵活巧妙地应用于当代艺术设计中，一方面有助于大大提升巴蜀地区艺术设计作品的文化价值和意蕴内涵，弘扬巴蜀人开拓进取、豁达包容的艺术精神；另一方面对于有汉阙分布的川渝城市的人文环境的塑造，以及城市旅游特色定位等，皆具有重大的文化战略指导意义。此外，这对于大力发展巴蜀地区与汉阙文化有关的博物馆本土文化创意设计产业、加强巴蜀文化宣传力度、提高巴蜀文化自信力、推动当今巴蜀地区文化建设，均有着积极的理论探讨价值和设计实践意义。

当代艺术设计是一门独立的艺术学科，它是将艺术之美融入与人们日常生活紧密相关的设计中，是现代社会发展进程的物质功能与精神功能完美结合的必然产物。艺术设计的精神功能大多数时候是以物质为载体，通过商品交易或其他方式进入人们的日常生活中，因此，本土传统文化需要依托当代艺术设计进行传承发展。当代的美、英、法、德、日、韩、泰等国家，将本土文化资源作为艺术设计创意的立足

第九章 巴蜀汉阙图像艺术在现代艺术设计中的应用研究

图 9-1　渠县的中国汉阙文化博物馆

点，创造出大批优秀作品，很好地保护、传承、弘扬了自己的本土艺术资源，同时取得了令人瞩目的经济效益。2015年以来，北京、上海、广州、深圳、天津以及苏杭地区已率先开始了文化创意产业园建设，有的还进行了博物馆文化创意产品设计开发，从而极大地提升了该地区文化产业及旅游产品的本土文化内涵及精神品质。❶

　　同样，将巴蜀汉阙图像艺术与现代艺术设计结合为新时代背景下巴蜀文化的新型传播提供了思路。这不仅是对巴蜀传统艺术的传承弘扬，更是对巴蜀本土文化的时代创新。通过当代的环境艺术设计、视觉传达设计、服装与服饰设计、展示设计、三维动画设计、产品设计等艺术设计，将巴蜀汉阙图像艺术的内涵之美传递给消费者。例如，川东达州市及渠县等地将白虎、汉阙等文化元素应用于文化广场、楼塔、博物馆建筑以及大桥、公园、步行街等环艺设计作品中（如图9-1所示）。此外，还可以将汉阙图像艺术应用于川渝城市中的垃圾桶、座椅、地砖、栅栏、路灯等景观小品设计，这样能够让异地游客对巴蜀汉阙文化产生独特、深刻的印象，

图 9-2　汉阙造型路灯

从中得到艺术熏陶和情感濡染（如图 9-2、图 9-3 所示）。

对于巴蜀汉阙图像艺术的借鉴应用，首先，设计者必须紧紧抓住巴蜀文化的重要特征和整体个性。谭继和先生认为："四川创意产业应以神奇、神秘、神妙的巴蜀文化为创意主要内容。巴蜀文化是有悠久而独立的始源、连续发展五千年从未间断，以神奇、神秘、神妙为特征的文化，是多元一体的大中华文化中唯一含有黄河与长江两条主体文化龙的地域原生型文化。这三大特征显示出巴蜀人独特的文化想象力和文化创造力。"❷ 的确，浪漫好仙、诡秘玄幻的艺术气质正是巴蜀汉阙图像艺术的重要特征之一。除此以外，它充满了开放包容、自信热情的艺术精神，这就决定了以巴蜀汉阙图像艺术作为表现对象的艺术设计作品的风格应该定位为神秘、浪漫，而又充满乐观豁达、积极向上的精神，而不能因其为汉代墓葬艺术而显得死气沉沉，毫无生气。

其次，巴蜀汉阙图像艺术在当代艺术设计中的应用，必

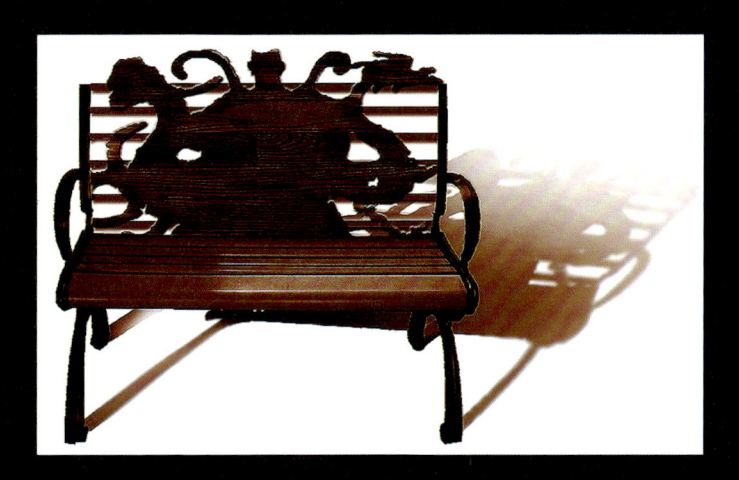

图 9-3 汉阙中的西王母图像造型座椅

须兼具文化内涵和设计创意的双重特征。艺术设计作为人类文化的重要组成部分，创造性是其重要本质特征之一，它已经成为经济发展和市场竞争的有效手段。对于艺术设计衍生品，按照加工和创意结合的程度，可分为简单复制品、高端复制品和解读文化内涵后再创造的创意产品这三类。❸ 因此，设计者应根据部分学者或古文物爱好者的纪念、收藏、研究等特殊需求，将其图像原形进行少量的简单或高端复制，形成雕塑、拓片、画册、照片等艺术衍生品形式。大多数时候，设计者仍需要经过艺术设计，将其转变成具有创造性的艺术设计作品，将时代元素融入其中，为巴蜀汉阙图像艺术注入新时代的活力，这样才能拉近古代巴蜀文化与当代人的距离。

最后，巴蜀汉阙图像艺术设计作品必须满足当代人的精神、物质的双重需求。对于消费者来说，购买艺术衍生品除了实用价值的考虑外，很大程度上亦源于其艺术审美和知识探寻的心理需求驱动，即文化创意产品的审美价值和情感价值。例如，2020年，有学者对三星堆博物馆开发的旅游产品设计进行问卷调研，从游客的意见反馈看，其缺陷第一是千篇一律、司空见惯，第二不符合个人审美，第三是无使用价值。此外，旅游纪念品轻巧便携且实用很重要。❹ 巴蜀汉阙图像艺术设计需注意将设计作品的审美功能与实用功能完美结合，既满足当代人渴望了解和欣赏巴蜀汉阙图像艺术的精神需求，又要让其能够融入当代人的衣食住行之中。只有这样，巴蜀汉阙文化及其艺术精神才会在当代得以广泛传播与弘扬。

❶ 钟蕾,李杨.文化创意与旅游产品设计[M].北京:中国建筑工业出版社,2015:8-51.

❷ 谭继和.四川创意产业发展战略与巴蜀文化[J].四川省情,2007(10):23.

❸ 陈冬亮,梁昊光.中国设计产业发展报告 2014—2015[M].北京:社会科学文献出版社,2015:24.

❹ 陈静彤,王丹萍,彭云杰.基于三星堆文化的旅游纪念品设计[J].成都工业学院学报,2020(2):94.

第二节

巴蜀汉阙图像艺术在视觉传达设计中的造型研究

鉴于现代艺术设计所涉及门类太过庞杂，本书仅尝试对巴蜀汉阙图像艺术在视觉传达设计中的应用加以讨论。视觉传达设计是艺术设计的重要方向之一，即是根据特定目的，为了创造性地构成并传达视觉信息所进行的设计，通过视觉图像媒介表现、完成传达信息的目的，是对视觉环境进行管理、构成，并以综合的立场创造出与人类最为匹配的视觉传达的创造性活动。❶ 视觉传达设计在当今人类社会中应用广泛，包括广告设计、包装设计、书籍装帧设计、VIS 设计、多媒体动画设计、网页设计、印刷设计、影像设计、视觉环境设计、展示设计、导向系统设计、UI 设计等各种领域，因此，对优秀的民族、地域艺术资源的发掘与保护、传承与创新已经离不开视觉传达设计的参与。利用视觉传达设计创作具有巴蜀文化特色的创意作品，这应该成为巴蜀地区艺术设计创意产业的发展优势。正如学者认为的，四川创意产业只有以巴蜀文化作为主体，才有特色，才有唯一性，才彰显个性，才有前途……如果脱离巴蜀文化，就终会落得游谈无根，难以立足。❷

巴蜀汉阙图像艺术中，其高超的图形造型能力尤其值得我们学习。图形、文字、色彩是视觉传达设计的三大基本构成要素，其中以图形最为重要。图形设计最基本的问题为图形的单元形，即基本形的创造问题，这恰恰是一个非常考验设计者专业素养的重要问题；图形造型，是对原有图形的概括提炼，单元形的减缺或添加、单元形之间的位置关系等问题，简言之，即单元形的解构问题。这是现代西方构成知识体系中最基础的理论问题之一，而早在两千年前的巴蜀工匠就已经做出了精彩的回答。例如，在巴蜀汉阙中的仙境云气纹、西王母仙班图、车马出行图等浅浮雕图像中，巴蜀工匠们擅长以线条塑造简洁、明了的几何面，以剪影式的抽象形态营建出富有意蕴的画面；又如，巴蜀汉阙中的四神和角神图像，其造型夸张、遒劲有力，充满了生命活力。因此，我们可借鉴这种造型手法，在对原形进行分解之后，再进行高度提炼，舍弃烦琐的细枝末节，将其概括为极简的抽象几何形态，以象取意。

单元形的重构是在单元形创造基础上的群组问题，即平面构成中的骨格形式问题。这是以图形为主的标志设计中的常用手法之一。所谓骨格，即图形单元元素之间构成的基本法则，通过骨格排列单元形，有助于图形成为有规律、有秩序的构成。❸ 标志设计中的图形骨格问题首先要考虑的是单元形之间的位置关系，它主要包括以水平、垂直、斜线等镜像形式进行并列、分离、反转、透叠、复叠等情况的排列；其次是需要确定以哪一种整体骨格进行单元形的重构，常见的有重复、近似、渐变、特异、密集、分割、肌理等构成形式。例如，巴蜀汉阙的双龙图中，一条龙即为一个单元形，取其昂首挺胸、蜿蜒游走之势，先将两条龙水平镜像进行单

图 9-4　芦山县樊敏阙西王母适形造型

元形群组,再通过交叠相扣手法使其形成一个紧密完整、充满张力的复合图像。这种古老的单元形重构手法对现代标志图形设计具有举一反三、触类旁通的启迪作用。

　　接下来,我们要讨论的是如何借鉴巴蜀汉阙图像艺术中的造型观念和造型法则。巴蜀汉阙多将图像刻饰于楼部栌斗或斗拱之间,有的甚至占据整个侧面,如天禄、辟邪兽首、刘邦斩白蛇图与博浪沙锤秦王、九尾狐与三足乌、季札挂剑图、师旷鼓琴图以及西王母端坐龙虎座(如图 9-4 所示)等图案皆属此类。此外,渠县汉阙中的青龙、白虎衔璧绶图案,皆以阙身侧面为图框,进行竖向造型。这表明巴蜀工匠在适形造型方面拥有丰富的实践经验和灵活的设计能力。

型法则之一。例如,"中国·达州"标志设计即是适形造型的典型案例(如图9-5所示)。该标志采用巴賨文化遗址出土的青铜军乐器虎钮錞于上的巴人白虎图腾形象作为单元形,白虎的外轮廓呈流畅的S形,两虎以左下角到右上角的斜线为对称轴进行翻转重构,在整体上围合成一个近似菱形的外形。菱形是一种缺乏稳定感的几何图形,具有积极活跃的性格属性,这就赋予了该标志设计强烈的动感和活力,充满灵动、开张的艺术气质,其意蕴使人回味无穷。

图9-5 "中国·达州"适形造型标志设计

此外,巴蜀汉阙中还运用了一种特殊的图形造型手法——借形造型或借线造型,即是两个形具有共用形或共用线的造型特征,它们之间共存共生、不可分离。借形造型,用英国美学家克乃夫·贝尔的话来说,即是"有意味的形式",它不仅要求形象简练、独特、鲜明,而且要求所塑造的形象打破视觉常规,大胆融入主观想象,采用寓意、象征、夸张、变形等表现手法,引人进入无限遐想的艺术天地。❺ 借形造型、借线造型的经典之作是产生于几千年前的中国太极图,它以简洁的S形线条分割圆形,一阴一阳相联相生、互相转化,通过共用线的有限形式传达出万物相生相灭、运动变化不息的无限意象。❻ 此外,三鱼争头、三兔共耳等传统图案,亦体现了中国古代先民不同凡响的造型设计智慧。

在巴蜀汉阙的"射侯射雀图"中,常有猴、鸟攀爬或静立于拱上,甚至还有蜂窝置于拱上,这些图像中的斗拱

图9-6 达州市巴文化标志设计

既是建筑构件，又是大树枝干，这显然是借形造型手法巧妙运用的典范，它是巴蜀工匠细致入微的生活观察能力、丰富的艺术想象力、主观能动的艺术创造力的综合体现。借形造型手法还可衍生出利用汉字具有象形文字的特点，使文字图像化或图像文字化，这种手法亦可谓借字造型。如"巴文化·达州"标志设计作品（如图9-6所示），设计者利用巴賨文化遗址出土的先秦巴人印章作为主要造型，印章轮廓似龙（蛇）纹，印章中央是一人雄踞于一只白虎之上，人和虎巧妙构成一个"达"字。该标志设计应用了典型的适形造型和借字造型的图形设计手法，巧妙的图形设计与独具匠心的奇思妙想令人赞叹。

综上所述，巴蜀汉阙图像艺术拥有典型的中国传统图形造型特征，它让我们看到了汉代巴蜀地区的良工巧匠们不仅具备高超的雕刻技艺，而且具备在单元形的解构与重构，以及适形、借形、借线等造型方面的设计思维和灵活应用能力。这对于现代平面设计来说，可以为设计者提供启发性的创作灵感，尤其是在图形标志设计中融入这些图形造型思维，能够极大地增强设计作品的中国文化内涵，充分展现中国传统艺术的特色和魅力，从而凸显设计作品的民族身份。

第九章 巴蜀汉阙图像艺术在现代艺术设计中的应用研究

❶ 刘文庆. 视觉传达设计：第2版 [M]. 北京：清华大学出版社，2019：3.

❷ 谭继和. 四川创意产业发展战略与巴蜀文化 [J]. 四川省情，2007（10）：23.

❸ 殷实. 基础构成设计 [M]. 上海：东方出版中心，2018：8.

❹ 卜维勤. 美术技法大全装饰绘画基本法则 [M]. 成都：四川美术出版社，1996：9.

❺ 同 ❹：10.

❻ 曾权清. 有限形式与无限意象——从现代设计角度谈谈太极图 [J]. 艺术与设计（理论版），2007（10）：19.

第三节

巴蜀汉阙图像艺术在博物馆文创产品设计中的应用研究

博物馆文创产品，是在博物馆实体商店或者电商平台销售的，创新性提取、运用馆藏文物的文化艺术元素设计、制作的，融观赏性、纪念性、实用性为一体的特殊商品。[1] 博物馆开发的文创产品是富含博物馆精神内容和时代设计创意的文化衍生商品，是当代全球背景下文化创意产业兴起的必然产物。它存在的主要意义在于辅助与延伸博物馆的教育传播功能，并为博物馆带来经营性收入，扩宽其资金来源渠道。

一、国内外博物馆文创产品发展简述

自 17 世纪以来，现代博物馆从最初的文物收藏展览场所和曾经的国家权威教化工具，逐渐演变为以教育服务大众为根本宗旨的公共文化机构和城市的重要文化地标，在满足民众精神文化需求方面发挥着日益显著的作用。20 世纪经济全球化背景下，文化创意产业经济的兴起给现代博物馆创新管理模式、增强文化传播力、融入社会经济生活带来了新

契机。[2]20世纪70年代以后，美、日、韩及欧洲国家率先进行了现代博物馆文化创意产业的探索，这成为国家产业结构升级与博物馆核心功能由"收藏、展示、研究"向"传播、教育"转型的重要推手。其中，美国大都会博物馆、英国大英博物馆、法国卢浮宫等一批世界知名博物馆在文创产品开发理论和实践上均取得了较为丰富成熟的、足资借鉴的研究成果。

21世纪初，我国台湾地区的台北故宫博物院在文创研究领域已卓有成效。我国大陆地区以北京故宫博物院、上海博物馆、南京博物院、苏州博物馆等较大城市的博物馆作为领头羊，率先开始了积极探索之路，并陆续从多学科、多角度取得了较为丰硕的研究成果，同时带来了良好的社会影响和经济效益。自2007年党的十七大提出"大力发展文化产业，激发全民族文化创新创造活力"以来，国家先后发布、实施了一系列推动与加强博物馆开发文化产品的政策，对博物馆文创产业发展给予了大力支持和政策引导。2015年《博物馆条例》的出台，掀起了我国博物馆文创产品设计研究热潮。其中，北京故宫博物院凭借故宫文化，苏州博物馆立足江南特色文化，湖南省博物馆依托马王堆文化，广州西汉南越王博物馆利用南越及岭南文化，秦始皇兵马俑博物馆利用秦俑文化，均开发设计出品类丰富，具有民族特色、地域特色的文化创意产品。博物馆文化创意产品受到越来越多的参观者和消费者的关注、喜爱和认同，同时达到了博物馆对传统地域文化更有深度地传播、推广的目的。

从整体上看，我国博物馆文化创意产业虽然进入了迅猛发展的黄金机遇期，但其文创产品开发仍然处于研究探索的初级阶段，仍存在着不少问题和不足，还有很大的提升空间。尤其是我国西部地区大量的中小型城市博物馆，还没有跟上时代潮流，大胆迈出文创产业的探索步伐，新型的文化创新和文化传播意识还明显滞后。我国博物馆文化创意产业整体上呈现出严重的地区和馆际不平衡的发展态势。经调查发现，目前我国博物馆创意产品设计层面普遍存在的主要问题之一，即是存在大量同质化设计，地域文化特色不明显，缺少不同地区的博物馆的品牌识别性。❸

二、巴蜀地区博物馆的汉阙文创产品设计现状

我国川渝地区博物馆的文创产品开发起步虽晚，但也有少数发展较快的。例如，四川博物院的文创产品具有非常浓郁的巴蜀文化特色，其设计原型多来自巴蜀地区出土的汉代陶俑及张大千绘画作品等文物元素；成都武侯祠博物馆2001—2007年进行了商品文化品牌的倾力打造，开发了上百种富有三国文化气息的文创产品，既传播了三国文化品牌，又带来了良好的社会效益和经济效益❹；成都金沙博物馆亦设计了一些吸引消费者的优秀文创产品。可见，古巴蜀文化资源是川渝地区博物馆最为重要的文创产品设计构思来源之一。

巴蜀汉阙作为重要的巴蜀汉代文化遗存之一，其丰富的文化内涵和优秀的造型艺术绝不亚于国内其他地区乃至世界任何其他国家和地区的艺术品。渠县不仅因其汉阙数量最多而获得了"中国汉阙之乡"的美誉，而且拥有中国首座以汉阙文化为主题的博物馆——中国汉阙文化博物馆。2001年，重庆忠县乌杨阙被发现，经考古复原之后，陈列于中国重庆三峡博物馆的馆内大厅中庭，成为该馆最耀眼的镇馆之宝。

中国西南地区最大的综合性博物馆——四川博物院的"四川汉代陶石艺术馆"入口处,巍然伫立着雅安市高颐阙的仿制模型。此外,巴蜀汉阙的部分残件、图像等,还以实物、纸质拓片和精美照片的形式被陈列、展示于众多巴蜀地区的博物馆中,这些都是巴蜀地区博物馆发展汉阙文创产业的一大绝对优势。巴蜀汉阙文化的丰富性和独特性,足以支撑巴蜀地区博物馆的汉阙文创产品的设计开发。

而巴蜀汉阙中,只有少部分汉阙的散落构件和残件、残片被运至博物馆,经修复后陈列展示或保存于川渝各地的博物馆,其余大多数汉阙因其体量巨大,为不可移动文物,只能就地建亭或建院保护。这决定了参观者要想一次性领略所有的巴蜀汉阙的风采,就需要花费大量时间,在这些汉阙之间辗转奔波。如果通过博物馆对巴蜀汉阙进行文创产品的设计开发,则可使那些无法亲自前往汉阙所在地的众多参观者,通过博物馆欣赏或购买到汉阙文创产品,这不失为一种便捷的汉阙文化传播方式。遗憾的是,调研发现,巴蜀地区的博物馆并没有发展以汉阙文化为主题的文创产品设计,换言之,巴蜀汉阙艺术没有依托现代文创产品去延续博物馆的传播教育功能,没有以巴蜀汉阙文创产品作为宣传载体,来建立一条与参观者进行交流、沟通的情感纽带,无法真正满足人们深入了解巴蜀汉阙文化的精神文化需求。

总之,目前巴蜀地区博物馆均未能利用其极为丰富的巴蜀汉阙文化资源来进行文创产品开发,未能利用博物馆充分发挥艺术教育和知识教育的重要作用,无法达到提高人们的文化艺术修养、提升文化自信力、增强文化软实力的最终目的。在全球创意经济兴起、文创产业成为各国或各区域的重要经济支柱的时代背景下，我们有必要对巴蜀地区博物馆汉阙文创产品设计这一问题进行研究及讨论。

三、巴蜀地区博物馆汉阙文化创意产品的开发理念探索

对博物馆文创产品进行开发与营销，是文化教育与商业行为的巧妙衔接，是博物馆善用自身资源，增强自身创收能力，推广博物馆教育，实现文化事业与文化产业融通、社会效益与经济效益双赢的关键一环。❺

狭义的博物馆文创产品是指以博物馆藏品为创意元素生产的有形产品，如文具盒、书包、折扇、钥匙扣等学习、生活用品；广义的博物馆文创产品既包括文物复仿制品、传统工艺美术品等没有新增附加值的旅游纪念品，也包括博物馆开发的 App、陶艺、剪纸、游艺等参与性活动，音乐剧表演等无形产品。目前，学界从艺术设计学角度对博物馆文创产品设计进行了较为深入的研究探索，并取得了一些值得借鉴的经验成果。基于这些成果与经验，本书以博物馆文创产品的狭义定义为出发点，对巴蜀地区博物馆汉阙文创产品的开发理念进行探讨。

首先，对汉阙图像艺术发掘和利用，需要注意树立巴蜀汉阙文化品牌意识的开发理念。异地游客作为博物馆最为重要的参观群体之一，他们在游览巴蜀地区时，必然会被巴蜀的历史文化、文物古迹、风土民俗等所吸引。他们在购买巴蜀地区博物馆文创产品时，会挑选最具有巴蜀文化代表性的产品，将其作为旅游纪念或馈赠亲友的特殊礼物。因此，只有当巴蜀汉阙文创产品被赋予了深厚的巴蜀文化内涵，具有

独特的识别性，让参观者从中体验到个性化的巴蜀汉阙艺术风格的魅力，才会激发起他们的购买欲，从而最终产生购买行为。所以，巴蜀地区的博物馆必须高度重视地域文化品牌的开发，立足于巴蜀汉阙文化，充分挖掘、利用巴蜀汉阙建筑造型及图像艺术等，打造具有地域文化识别性的巴蜀汉阙文化文创产品品牌。

例如，中国台北故宫博物院和南京博物院都拥有自身独特的文创产品品牌标识，它们的手机链、钥匙扣、服饰、电子信息产品等文创产品都印有其品牌标识，使之与相类似的其他产品区分开来，体现了其独创性，使得观众印象深刻，这同样也可成为最好的宣传工具和表现手法。❻如果川东的达州博物馆、渠县博物馆，重庆的三峡博物馆，以及蜀地的四川博物院、成都博物馆、雅安博物馆等位于巴蜀汉阙分布地区的川渝博物馆，能够树立起统一的巴蜀汉阙文化品牌意识，相互结为合作联盟，进行具有巴蜀汉阙艺术特色的文创产业开发，通过巴蜀汉阙文创品牌产品的交易、流通来推动巴蜀地域的文化传播，延续博物馆的教育功能。这样一来，巴蜀汉阙文创产品就完全有可能成为中国汉阙文化宣传的杰出品牌代表。

其次，汉阙文创产品需要树立为博物馆参观主体人群服务的设计理念。2019年，猎豹用户研究中心调研显示，参观博物馆的主要人群年龄在18～40岁，占比接近九成，且以学生和职场人士为主，另外，女性带孩子去博物馆比男性高出11.31%。❼这表明，在当今的新博物馆时代，随着博物馆功能由陈列、展示到传播、教育的巨大转变，其服务目的已经随之转变为满足这些参观主体人群的精神需求。这就要求汉阙文创产品设计在保持巴蜀艺术地域性的文化内涵的同时，还应紧密结合时代特征，适当融入当代审美思潮，为汉阙文化注入新鲜的血液，这样才能吸引儿童、少年、青壮年等博物馆参观主体人群对汉阙艺术文创产品的注意力，才能激发其购买欲，使汉阙文化有机会进入当代人的日常生活，从而达到满足人们渴望了解汉阙文化的精神需求的目的，这应是博物馆文创产品的重要设计理念之一。

目前，国内外有一些知名博物馆为参观主体人群设计了不少经典的文创产品，例如，大英博物馆的小黄鸭系列纪念品，我国的台北故宫博物院的翠玉白菜系列纪念品，北京故宫博物院的故宫雪趣马克杯，苏州博物馆的山水间文具及手机置物座等，这些文创产品让古老的历史文化不再那么严肃、沉闷，与现代社会产生了联系，深受年轻人喜爱。我们需要了解博物馆参观主力军的审美情趣和时尚趋势，适当开发一些符合其审美、实用等需求的小巧的、便携的文创产品，可以是青少年感兴趣的地球仪、笔袋、文具盒、书包、字帖、笔记本等学习用品，以及玩具、闹钟、徽章、手表、纪念币、卡通动漫产品，也可以是适合成年人的雨伞、折扇、胸针、化妆镜、台灯、围巾，以及汽车摆件、U盘、T恤、打火机、手机壳、钥匙扣、烟灰缸、水杯等用品，让各个年龄段的参观者都能够挑选到自己心仪的文创产品。

最后，汉阙文创产品设计需要找到与当代文化元素的最佳融合点。对传统文化的传承是博物馆文创产品开发的根本立足点。文创产品开发必须遵循文化性与时代性相结合的原则。[3]因此，汉阙文创产品设计既要利用当代年轻人喜爱的流行元素，让汉阙艺术活起来，又要注意把握好一个"度"的问题，即在分析两者是否具有某些共性的基础上，去巧妙融入，而不是一味跟风，盲目追求符合潮流文化的视觉效果。例如，当前世界范围内，年轻人群中流行一股"可爱文化"浪潮。他们喜欢在生活中寻找某些保留着儿童时代特征的物品，如夸张、可爱、简洁、幽默、个性化的造型和图案。[9]但有学者指出，当前中国的博物馆过度研发卡通动漫萌派文创产品，在占领市场的同时，无法有效传达正确的历史观和高雅的文化意蕴。[10]

四、巴蜀汉阙图像艺术在博物馆文创产品中的设计法则

当代全球各知名博物馆多利用与名家、帝王、动物、植物、风景等绘画名作或经典图案有关的古代图像，以及古代墓葬艺术等雕塑资源进行文创产品开发。设计者通过提取其中的典型元素，加入当今时尚元素，为这些古代艺术品赋予了新的灵气和活力。各大博物馆的优秀的文创产品为巴蜀汉阙图像艺术文创产品设计提供了宝贵的借鉴经验。

（一）对不同类型的汉阙图像及视觉符号进行个性化创新设计

独特和创新是文创产品的核心灵魂和价值所在，地域文化特色和艺术风格的多样性又造就了文创产品的差异性。巴蜀汉阙文创产品设计要做到这一点，就需要在设计之前，深入分析巴蜀汉阙与其余地区汉阙在建筑、书法、图像等方面的艺术特征的主要区别，从而避免出现同质化现象；在设计细节上，还须对巴蜀汉阙中不同类型的图像及其视觉符号的

艺术特征进行具体分析，根据其自身的个性特点进行区别设计。巴蜀汉阙文创产品的设计手法不应千篇一律，只有外在"形"的转换，没有内在"意"的延续和扩展。

前文已提及巴蜀汉阙图像艺术主要包含了画像石、浮雕、圆雕这三大造像类型，其中，画像石类的图像主要有仙境云气纹、西王母仙班图、车马出行图等图像，其最典型的艺术特征是呈二方连续纹样排列状的构图形式。其优美流畅的线条艺术以及侧面剪影式的造型，应是连环画、剪纸、版画等中国民间装饰性绘画艺术的早期雏形。因此，我们既要充分利用其平面化特点，又不能完全照抄照搬其原有的构成形式，可打破这类图像原有的稳定、平静的横向水平构图，使其沿着文创产品如鼠标垫、餐具、保温杯、帽子、雨伞、灯罩等载体的某处边缘，排列成环形边缘纹样，同时还可将这类图像中的某一核心图案提取出来，单独放置于部分载体的中心位置，起到画龙点睛、突出重点的作用（如图9-7所示），从而使这些古老的汉阙图像以充满活力和动感的放射状构图形式，传递出巴蜀汉阙文化特有的浪漫洒脱、蓬勃进取、自信活泼的艺术精神。

对于那些高浮雕类型的巴蜀汉阙图像，可以利用其图地高差明显的造型特点，将其附着在立体造型的载体上，并赋予它们某种特殊的实用功能和寓意。三星堆博物馆的一款双耳玻璃杯文创产品设计可为我们提供一些借鉴。它以三星堆青铜面具为设计元素，巧妙地应用了借形造型的表现手法，将青铜面具的双耳设计成玻璃杯的把手。巴蜀汉阙高浮雕中最为引人注目的辟邪、天禄等图案，可以设置成台灯或雨伞、书夹、耳机等物品的开关按钮或造型，还有英雄戏虎、双龙、双虎等高浮雕图案亦可通过恰当的变形处理，设计为

第九章 巴蜀汉阙图像艺术在现代设计中的应用研究

图 9-7 雨伞、折扇、台灯等巴蜀汉阙文创产品设计

造型别致的茶壶或水杯、餐具等物品的防烫把手。总之，只有当巴蜀汉阙图像元素具有创新性的艺术设计形式，成为当代人在衣食住行中经常接触的一部分时，才会让购买者能以一种崭新的、有趣的方式去体验巴蜀汉阙图像艺术。

  巴蜀汉阙中的圆雕类型图像主要包括角神和汉阙建筑造型本身，我们可将其巧妙设计成本身具有很强的立体感的笔筒、台灯等文创产品。四川博物院以其馆藏汉代说唱俑作为设计元素，推出一套茶席文创产品，体现了深厚的汉代巴蜀传统文化底蕴。其中，茶壶的壶钮立着说唱优人；茶海将笑面陶俑化作捏手，防烫且诙谐有趣；香器巧妙地以说唱优人手握之处插线香。整套产品将优人说唱状态自然流露的神韵融入茶席器物，兼具实用性与趣味性，体现了川人诙谐幽默的艺术精神。可见，对于巴蜀汉阙中有些并非圆雕类型的图像元素，同样可借其造型巧妙构建产品的神秘玄幻的艺术意境。例如，对于仙人持节乘白鹿（翼龙）、仙人六博、女仙启门等浮雕图案，我们可将其置于微型的喷雾流水鱼盆、花盆、香薰炉等载体中，或将其设计成载体上的盖钮，用以营造如临瑶池仙境一般的意境。

  总之，进行文创产品设计时，我们要想利用巴蜀汉阙中不同类型的汉阙图像元素,不但需要牢牢把握巴蜀汉阙图像艺术神秘灵动的整体气质,还必须在对其具体造型特点进行深入解析之后,给予灵活的创新设计,不能简单地生搬硬套,不能一刀切,这样才能在对巴蜀汉阙图像艺术完成"形"的转换的同时,又进一步实现其"意"的延续和扩展的目的。

(二)注重对汉阙文化意蕴和象征寓意的表达

文创产品是对古代文化达意与传神的设计表达。设计者不仅需要其形态极尽所取元素的表意特征,而且能使购买者由此作品感受到文化元素深层的意义甚至历史底蕴。[11]大英博物馆负责创意产品开发工作的约翰·罗伯特亦表示:"我们遵循的原则是,避免因为新潮设计而使衍生品带有廉价的消费质感、丧失文化的本性品格。"[12]可见,对于巴蜀汉阙文创产品设计,固然需要强烈的创新意识,但前提是对巴蜀汉阙文化及其文物本身保持一种严谨审慎的创作态度,将解构后的汉阙图像视觉符号经过某种骨架或造型的功能转换,再进行其原有内在意蕴的延续诠释,做到上承巴蜀汉阙文化精髓,下接当代文化地气。我们的设计不能脱离具体的汉阙图像内涵,任意地将某些元素天马行空地植入某一当代物质载体中。

博物馆文创产品兼具文化产品和创意产品的双重特征,多数以物化的形式满足人们的精神消费需求。它本身是具有较高文化附加值的设计性创意消费品。从艺术衍生品的分类视角来看,博物馆文创产品大多数都属于"解读文化内涵后再创造的创意产品"[13]。目前,我国博物馆文创产品与设计来源元素的文化内涵结合度不高，不少文创产品是生搬硬套、简单挪用一些古代文物元素，缺乏文化深度。因此，巴蜀汉阙文创产品需要遵循"内涵设计"的原则：一方面，汉阙文化产品本身应该具有巴蜀文化的深度，而非仅从产品外观上来传达文化信息；另一方面，要找到巴蜀汉阙艺术与文创产品的最佳契合点，设计中应先有"文"，再有"创"，即巴蜀汉阙文创产品首先要具备"汉阙文化灵魂"，之后再进一步结合现代人的审美和实用需求加以创新。

例如，对于巴蜀汉阙中大量祥瑞符号、仙界场景等题材类图像，首先需要紧紧把握其设计开发点——它们是巴蜀人浪漫好仙的艺术精神与令人惊叹的艺术想象力的杰作，其艺术风格浪漫神秘而又缥缈逍遥，具有典型的汉代巴蜀墓葬文化内涵，因此，它们适合应用于那些富有生活情趣、具有高雅格调的文创产品中，如茶具、香薰炉、烛台、灯罩、地毯、花瓶、果盘、装饰雕塑等满足精神需求的物质载体。又如，我们可将巴蜀汉阙中那些仙人戏异兽的图案与手机座巧妙结合，其别致的造型亦能带给人们几分逍遥浪漫、轻快愉悦的感受。当然，在以上文创产品基础上，通过一定的夸张变形，还可融入适当的可爱的萌派轻松风格，这样既保留了巴蜀汉阙的文化意蕴，又巧妙结合了现代元素，同时还能达到让当代人在轻松、愉悦中体会到巴蜀汉阙图像艺术背后所蕴含的地域文化韵味和历史价值的目的。

（三）实现装饰功能与实用功能的完美结合

从国内外知名博物馆的热销文创产品看，其绝大多数具有实用功能，做到了文创产品设计装饰性与实用性的高度融合，这是最为重要的文创产品设计原则之一。当今学者一致认同在文创产品设计中，应该从用户感受出发，细心观察用户的情感与喜好特征，总结其美学需求，在和文化结合的同时，设计出符合用户需求的美学性产品，从而让文创产品的用户拥有一种温柔、乐观、愉悦、享受的美好感受。[14]

因此，巴蜀汉阙图像艺术文创产品既要具有修饰环境、增添生活情趣的审美属性，又要融入人们的现实生活，具备实际操作和使用的实用功能，要成为集艺术与生活于一体的文化创意产物。例如，巴蜀汉阙中有大量仙人异士、仙禽瑞兽等图像，如果在文创产品设计中仅是将其简单复制，这样的产品虽具有一定的汉阙文化意义和装饰性，却很可能由于缺乏实用功能而逐渐被束之高阁，被人遗忘，无法真正融入现代人的生活。但如果我们将其应用于具备实用功能的文房镇纸、插笔座、电话号码挪车牌、汽车香水吊饰，以及可拆卸或折叠的微型置物架、画笔架、挂衣架、梳妆镜、雨伞等各种文创产品中，这些古老的巴蜀汉阙图像艺术就被赋予了一定的现代生活实用价值。与那些只有装饰功能而没有实用功能的博物馆文化衍生品相比较，它们会更加受人青睐。

要实现巴蜀汉阙文创产品的装饰性与实用性的高度统一，设计中既要灵活运用现代设计手法，又要紧密结合现代材料与先进加工工艺，设计出材质新颖、造型简约优美、形象生动、具有简易的可操作性或便利性的巴蜀汉阙图像文创产品。设计者还可借助3D扫描与打印技术等当代前沿科技，使巴蜀汉阙图像艺术在文创产品设计中"起死回生"；还可借助高度发达的互联网技术，将其传播至世界的各个角落，扩散和发挥中国汉阙文化的影响力，让热爱或研究古代巴蜀文化的人们能够迅速获得心仪的巴蜀汉阙文创产品，并便捷地学习了解中国汉阙文化。网络是当今文化建设战略中必不可少的传播途径之一。

（四）通过互动环节的设置，增强参观者对汉阙文化的情感体验

文创产品设计最重要的任务是让中国文化精髓能够深入人的心灵，因此，在文创产品中，巧妙设置一些趣味性、益智性的互动环节，增强消费者的情感体验就显得尤为重要。目前，在其他艺术设计前沿领域，设计者已非常重视人的主动参与阅读、使用、交流等互动环节的植入问题。例如，德国莱比锡"世界最美的书"中国获奖作品《不裁》，其让人瞩目的创意点正是阅读互动情景的设计：该书需要读者抠下前环衬中的一枚刀形书签，边裁边看，读到哪里就裁到哪里，这样的设计带给读者独特的有延迟的、有期待的阅读心理享受。互动情景设计对人产生强大的心理诱导和暗示，同时使设计更准确地表现作品的气质，又充分表现设计师独具的设计表现风貌。⑮巴蜀汉阙图像艺术作为一种汉代墓葬艺术，它本身与当代没有文化交集，其文创产品设计就必须主动制造两者的文化交集。如果文创产品始终游离于与消费者的互动情景之外，沦为呆板、静止的摆设，那么必然就会使汉阙图像艺术的感染力大打折扣。

我们在进行文创产品设计时，针对儿童、青少年等参观群体，可利用巴蜀汉阙特有的榫卯、垒积结构，设计能够拆卸的巴蜀汉阙建筑造型的存钱罐、台灯、笔筒等文创产品，让孩子们结合说明书，亲自动手拆装汉阙立体模型，

从而深入了解巴蜀汉阙的建筑结构和图像位置布局规律；还可利用巴蜀汉阙中不同身份的人物服饰图像资源，设计能够进行服饰穿脱的小型玩偶娃娃系列，使孩子们在有趣的过家家一样的服饰装扮游戏中学习到巴蜀地区独特的汉代服饰文化；此外，还可以将汉阙图案设计成拓印、剪纸、拼图等类型的文创产品，参观者只要结合说明书，自己亲自动手，使用文创产品中配好的纸张及工具进行拓印、剪镂、粘贴等操作，就能够制作出巴蜀汉阙的图案拓片、剪纸或连环画等艺术衍生品。

总之，这种富有参与性的互动环节设置，为消费者提供了一定的手工制作乐趣，让人通过或拆或装、或穿或脱、或拓或剪等实践活动，产生一种特别的心理期待，这将会最大程度地调动消费者积极性，使其主动参与了解巴蜀汉阙文化的情感体验，使汉阙图像艺术呈现出鲜活灵动的表现力和感染力，带给人们真实的艺术创作体验和生动的情感享受。这有助于实现博物馆对巴蜀汉阙艺术的传播、教育目的。

（五）注重巴蜀汉阙文创产品设计开发的主题性与系列性

在文创产品设计中精准把握主题，意味着能使文创产品对文化内涵和精神意蕴进行正确诠释与高度体现，这对于帮助消费者正确、深刻地理解某一文化具有非常重要的教育指导意义。例如，大英博物馆设计的木乃伊棺材文具盒、阿努比斯毛绒玩具狗、埃及艳后玻璃杯、罗塞塔石碑鼠标垫等文创产品经典而有趣，深受参观者喜爱。与其说大英博物馆销售的是纪念品，不如说它销售的是与古埃及墓葬文化主题有关的历史故事和异域风情。同样，巴蜀汉阙图像艺术最核心的主题思想是升仙，其中的仙境云气纹、西王母仙班图、仙人骑白鹿（翼龙）、九尾狐、三足乌、角神、女仙启门、拜谒献礼西王母、仙人戏异兽（翼马）等图像，皆是表现巴蜀汉阙升仙主题的素材。如果以这些素材为主题，设计系列产品，那么它们将是巴蜀墓葬文化的典型代表作品。

巴蜀汉阙中还有大量的如荆轲刺秦王、董永侍父、季札挂剑、师旷鼓琴、高祖斩白蛇、博浪沙锤秦王、周公辅成王等图像。这些图像不是对升仙信仰主题的表现，而是对墓主美好思想品格的充分表达，因此，此类图像并不能用以表达巴蜀汉阙的升仙主题思想，但却可以作为表现汉代巴蜀民众的道德评判、社会风尚、价值取向等思想意识的视觉符号。巴蜀汉阙中还有大量的射猴射雀、四神、双龙、双虎等图像，设计者可使用这些图像，推出吉祥文化主题系列文创产品。此外，设计者还可以从汉代巴蜀服饰文化角度，将巴蜀汉阙图像中的各种人物形象进行筛选，使其成为一个极有挖掘潜力的独立主题。因此，巴蜀汉阙文创产品按照不同的划分标准可以形成不同的主题，每个主题可由若干个单个产品形象组成一个完整的系列，即一个主题就是一个系列化的文创产品设计。

主题性与系列化的关系是密不可分的。目前系列化设计被广泛应用于艺术设计各个领域中，其本质是一种突出企业与品牌个性的差异化策略。例如，大英博物馆将古埃及狮身人面斯芬克斯、古罗马战士、北欧维京海盗、美洲印第安人等不同国家、民族的古代文化中的经典造型，与20世纪70年代英国流行文化元素——小黄鸭相结合，打造出了该馆的拳头产品之一——小黄鸭系列文创产品。设计者即是通过对小黄鸭元素的系列化设计，形成视觉上的不断重复和强调，从而产生视觉上的力量感和冲击力。巴蜀地区博物馆同样可以尝试利用某些经典的巴蜀汉阙图像元素来设计出丰富多样的系列化产品。例如，我们可以将巴蜀汉阙中威猛雄健、充满动感和活力的英雄戏虎图像，以及神情机警、蹲坐值守的角神形象应用于印章的印钮设计中，将其设计成系列印章文创产品。这样的文创产品必然有格外强烈、独特的视觉效果，具有非常突出的巴蜀汉阙文化代表性。

系列化亦是包装设计中必须遵循的重要原则之一。巴蜀汉阙文创产品除了需要考虑产品形象主题上的系列化，还应注意其包装设计的系列化，通过其统一的、整体的效果，强化其品牌形象，从而加深消费者对巴蜀汉阙文创产品品牌的整体印象。设计者要实现包装设计的系列化，就需要在包装设计的创意，图形、文字、色彩，商标、标志设计等方面进行统一、整合。例如，将巴蜀汉阙建筑形象概括为简洁的几何体，将其作为某一巴蜀汉阙文创系列产品的外包装造型，这一系列产品中的包装仅作大、小、高、矮等的变化，这样就会形成强烈的视觉重复效果。对于巴蜀汉阙中同一图像元素的系列化设计，则可在系列包装的图形设计中应用相同的表现手法。文字在包装设计中亦十分重要，汉隶八分体是巴蜀汉阙书法艺术的一大特色，如果设计者能将其豪放洒脱的风格整合进巴蜀汉阙文创产品的商标、标志、广告语等文字设计中，一定会收到意想不到的视觉效果。此外，在色彩的系列化设计中，应注意摆脱巴蜀汉阙石质本身的色彩单一的束缚，根据不同的主题思想选择相应的色彩。例如，在巴蜀汉阙文创产品系列化设计中，可选择深咖啡色、灰巧克力色、米黄色、粉灰色等低明度、中纯度的暖色系作为图案色彩，以体现巴蜀汉阙文化古朴、悠远的深厚意蕴，或以青灰色、紫灰色、黑灰色等中明度、中纯度的冷色系来传达巴蜀汉阙文化神秘、庄严的艺术气息。

总之，主题性和系列化的高度统一，是明确巴蜀汉阙文创产品思想主题，强化产品视觉效果，突出品牌个性的重要设计法则。系列化设计强调产品整体的面貌和风格。在统一而又多样的设计原则指导下设计文创产品，可使巴蜀汉阙文创产品呈现出巴蜀文化的群体美、规则美，并产生强大的视觉冲击力和艺术感染力。以上仅就巴蜀博物馆汉阙图像艺术的文创实体产品设计法则进行了讨论，除此之外，设计者还需多关注在当代博物馆文创产业发展过程中出现的多样化发展趋势，紧跟时代设计趋势，围绕博物馆文化资源和文物 IP 进行更为广义的文创产品设计开发。例如，可以开展巴蜀汉阙文创产品的博物馆应用类 App、数字体验项目、动漫游戏、时尚展览、游艺教育活动、影视综艺节目、综合休闲设施、主题餐厅等产品的开发。虽然目前广义上的博物馆文创产品在开发数量、开发程度和产业规模上还不如博物馆实体文创产品，但随着互联网技术的快速发展以及博物馆和其他行业的深度融合，博物馆文创产品在未来可成为重要的文创发展方向。❶

目前，与其他大中城市博物馆利用馆藏资源或本土艺术资源开发文创产品的现状相比较，巴蜀地区博物馆对于以巴蜀汉阙文化为主题的文创产品的设计开发问题还未引起人们的关注，还属于冷门的研究。巴蜀地区汉阙艺术资源的开发利用工作还任重而道远，我们需要解放思想，拼力追赶。本书认为，随着中国博物馆文创产业的进一步飞速发展，社会经济水平和国民素质的不断提高，对中国传统的、民族的、地域的本土文化重视的不断升级，以巴蜀汉阙文化为主题的博物馆文创产品设计研究付诸实践将指日可待。

① 陈凌云. 博物馆文化创意产品开发研究 [M]. 上海：上海社会科学院出版社，2019：87.

② 同 ①：1.

③ 同 ①：136.

④ 白晶. 博物馆衍生商品的开发与营销模式研究 [D]. 南京：南京艺术学院，2013：51.

⑤ 同 ④.

⑥ 卢梦梦. 博物馆创意性文化产品的开发研究——以南京博物院为例 [D]. 南京：南京艺术学院，2012.

⑦ 猎豹用户研究中心. 博物馆观众调研报告 [EB/OL]. https：//www.tmtpost.com/4213616.html.

⑧ 同 ⑥.

⑨ 同 ⑥.

⑩ 同 ①：226.

⑪ 钟蕾，李杨. 文化创意与旅游产品设计 [M]. 北京：中国建筑工业出版社，2015：59.

⑫ 薛帅. 英国博物馆衍生品：注重标志性元素提取. [EB/OL]. http：//www.cssn.cn/gj/gj_gwshkx/gj_wh/201701/t20170118_3389366.shtml，2017-01-18.

⑬ 同 ①：91.

⑭ 周承君，何章强，袁诗群. 文创产品设计 [M]. 北京：化学工业出版社，2019：55.

⑮ 张森. 交流·阅读文稿·互动——书籍整体设计伊始的两个重要环节 [J]. 艺术设计研究，2007（2）：16—17.

⑯ 同 ①：92.

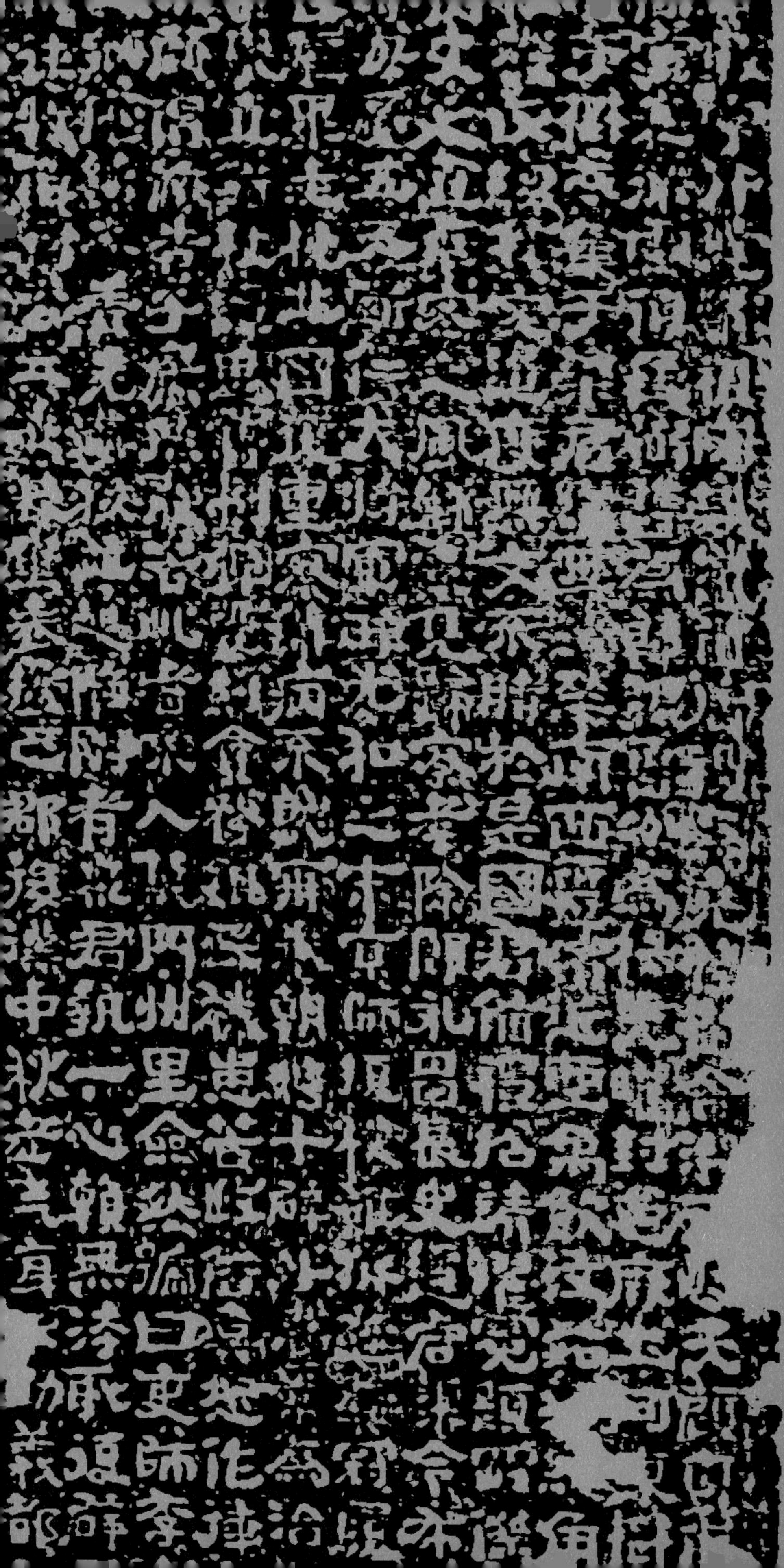

参考文献

[1] 常璩. 华阳国志译注 [M]. 王启明, 赵静, 译注. 成都: 四川大学出版社, 2007.

[2] 徐文彬, 谭遥, 龚廷万, 等. 四川汉代石阙 [M]. 北京: 文物出版社, 1992.

[3] 张孜江, 高文. 中国汉阙全集 [M]. 北京: 中国建筑工业出版社, 2017.

[4] 王子云. 中国雕塑艺术史 (上) [M]. 北京: 人民美术出版社, 2011.

[5] 夏征农. 辞海 (中) [M]. 上海: 上海辞书出版社, 1979.

[6] 班固. 白虎通义 [M]. 北京: 中国书店出版社, 2018.

[7] 梁思成. 中国雕塑史 [M]. 北京: 中华书局, 2014.

[8] 班固. 汉书 [M]. 马王山, 胡抽琳, 注析. 太原: 三晋出版社, 2008.

[9] [法] 色伽兰, [法] 郭鲁伯. 中国西部考古记·西域考古记举要 [M]. 冯承钧, 译. 郑州: 中州古籍出版社, 2017.

[10] 蒙文通. 巴蜀古史论述 [M]. 成都: 四川人民出版社, 1981.

[11] 段渝. 巴蜀文化史 [M]. 成都: 四川人民出版社, 2012.

[12] 范晔. 后汉书 [M]. 北京: 中华书局, 1965.

[13] 高文. 四川汉代画像石 [M]. 成都: 巴蜀书社, 1987.

[14] 王子今. 秦汉边疆与民族问题 [M]. 北京: 中国人民大学出版社, 2011.

[15] 地方志编纂委员会. 忠县志 (民国) [M]. 成都: 四川辞书出版社, 1994.

[16] [美] 巫鸿. 礼仪中的美术: 巫鸿中国古代美术史文编 [M]. 郑岩, 王睿, 编. 邓岩, 等译. 北京: 生活·读书·新知三联书店, 2016.

[17] [美] 巫鸿. 传统革新: 巫鸿美术史文集卷一 [M]. 郑岩, 编. 上海: 上海人民出版社, 2019.

[18] 王保国. 中原文化与中国文化的形成 [M]. 上海: 上海古籍出版社, 2008.

[19] 刘宗超. 汉代造型艺术及其精神 [M]. 北京: 人民出版社, 2006.

[20] 袁庭栋. 中华文化通志·地域文化典·巴蜀文化志 [M]. 上海: 上海人民出版社, 1998.

[21] 中华文史论丛 [M]. 上海: 上海古籍出版社, 1979.

[22] 梅海泉. 汉阙之乡: 渠县 [M]. 成都: 四川人民出版社, 1994.

[23] 四川省渠县志编纂委员会. 渠县志 [M]. 成都: 四川科学技术出版社, 1991.

[24] 乐史. 太平寰宇记 [M]. 北京: 中华书局, 2014.

[25] 李艳峰, 曾亮. 中国南方古代僚人源流史 [M]. 昆明: 云南大学出版社, 2016.

[26] 李大师, 李延寿. 北史 [M]. 北京: 中华书局, 2013.

[27] 马幸辛. 川东北考古与巴文化研究 [M]. 成都: 西南交通大学出版社, 2011.

[28] 罗洪忠. 赛入故里: 一幅用赛入文化碎片拼成的图 [M]. 上海: 学林出版社, 2012.

[29] 谭红. 巴蜀移民史 [M]. 成都: 巴蜀书社, 2006.

[30] 董其祥. 巴史新考 [M]. 重庆: 重庆出版社, 1983.

[31] 董其祥. 巴史新考续编 [M]. 重庆: 重庆出版社, 1993.

[32] 四川省文物考古研究院, 渠县博物馆. 城坝遗址出土文物 [M]. 上海: 上海古籍出版社, 2014.

[33] 卜友常. 汉代墓葬艺术考述 [M]. 上海: 上海三联书店, 2015.

[34] 韩丛耀. 中华图像文化史图像论 [M]. 北京: 中国摄影出版社, 2016.

[35] 雷圭元. 图案基础 [M]. 成都: 人民美术出版社, 1963.

[36] 雷圭元. 雷圭元图案艺术论 [M]. 上海: 上海文化出版社, 2016.

[37] 陈之佛. 陈之佛全集 [M]. 南京: 南京师范大学出版社, 2020.

[38] 熊发松. 巴渝旧志研究 [M]. 成都: 四川大学出版社, 2019.

[39] 邵伯温. 邵氏闻见录 [M]. 北京: 中华书局, 1983.

[40] 高国藩. 中国巫术通史 (上册) [M]. 南京: 凤凰出版社, 2015.

[41] 黄景春, 徐蒙蒙. 仙 [M]. 上海: 上海辞书出版社, 2014.

[42] 于春松. 仙与道: 神仙信仰与道家修身 [M]. 海口: 海南出版社, 2016.

[43] [美] 李约瑟. 中国科技史第五卷化学及相关技术第二分册炼丹术的发现和发明: 金丹与长生 [M]. 周曾雄, 译. 北京: 科学出版社, 2010.

[44] 四川省文物考古研究院, 宣汉罗家坝 [M]. 北京: 文物出版社, 2015.

[45] 司马迁. 史记 [M]. 北京: 中华书局出版社, 2013.

[46] 何星亮. 中国少数民族图腾崇拜[M]. 北京: 五洲传播出版社, 2006.

[47] 王小盾. 四神: 起源和体系形成[M]. 上海: 上海人民出版社, 2008.

[48] 马建章, 金崑. 虎研究[M]. 上海: 上海科技教育出版社, 2003.

[49] 袁珂. 山海经校译[M]. 上海: 上海古籍出版社, 1985.

[50] 程万里. 汉画图像[M]. 南京: 东南大学出版社, 2012.

[51] 杨铭. 土家族与古代巴人[M]. 重庆: 重庆出版社, 2002.

[52] 应骥. 巴人源流及其文化[M]. 昆明: 云南大学出版社, 2007.

[53] 吕思勉. 秦汉史[M]. 上海: 上海古籍出版社, 1983.

[54] 王明. 抱朴子内篇校释[M]. 北京: 中华书局, 1985.

[55] 段玉裁. 说文解字注[M]. 上海: 上海古籍出版社, 影印经韵楼藏版, 1981.

[56] 张道一. 汉画故事[M]. 重庆: 重庆大学出版社, 2006.

[57] 孙作云. 中国古代神话传说研究: 下[M]. 开封: 河南大学出版社, 2003.

[58] 贺西林. 古墓丹青[M]. 西安: 陕西人民美术出版社, 2001.

[59] 葛洪. 神仙传[M]. 谢青云, 译注. 北京: 中华书局, 2017.

[60] 常书鸿. 新疆石窟艺术[M]. 北京: 中共中央党校出版社, 1996.

[61] 黄婉峰. 汉代孝子图与孝道观念[M]. 北京: 中华书局, 2012.

[62] 邹清泉. 北魏孝子图像研究[M]. 北京: 文化艺术出版社, 2007.

[63] 唐甄. 潜书[M]. 康熙王闻远刻本, 济南: 齐鲁书社, 1995.

[64] 刘济民. 三峡诗话[M]. 武汉: 湖北人民出版社, 2014.

[65] 信立祥. 汉代画像石综合研究[M]. 北京: 文物出版社, 2000.

[66] 王倩. 汉画像石西王母图像方位模式研究[M]. 镇江: 江苏大学出版社, 2018.

[67] 杨卫华, 程波涛. 门神[M]. 北京: 中国社会出版社, 2010.

[68] 韩非. 韩非子[M]. 高华平, 等译注. 北京: 中华书局, 2015.

[69] 任者春, 郭玉峰. 齐鲁文化与社会主义核心价值体系研究[M]. 济南: 山东人民出版社, 2014.

[70] 杨絮飞. 中国汉画造型艺术图典·神仙[M]. 郑州: 大象出版社, 2015.

[71] 黄晖撰. 论衡校释[M]. 北京: 中华书局, 1990.

[72] 陈广忠. 淮南子译注[M]. 长春: 吉林文史出版社, 1990.

[73] 扬雄. 法言义疏[M]. 陈仲夫, 点校. 北京: 中华书局, 1987.

[74] 沈括. 梦溪笔谈[M]. 长沙: 岳麓书社, 1998.

[75] 〔日〕安居香山, 中村璋八, 纬书集成[M]. 石家庄: 河北人民出版社, 1994.

[76] 孙希旦. 礼记集解[M]. 北京: 中华书局, 1989.

[77] 董仲舒. 春秋繁露[M]. 北京: 中华书局, 1976.

[78] 洪兴祖. 楚辞补注[M]. 北京: 中华书局, 1983.

[79] 潘攀. 汉代神兽图像研究[M]. 北京: 文物出版社, 2017.

[80] 赵守正. 管子注译: 下册[M]. 南宁: 广西人民出版社, 1987.

[81] 王念孙. 广雅疏证[M]. 上海: 上海古籍出版社, 1983.

[82] 王明. 抱朴子内篇校释[M]. 北京: 中华书局, 1985.

[83] 王充. 论衡[M]. 上海: 上海人民出版社, 1974.

[84] 沈福伟. 中西文化交流史[M]. 上海: 上海人民出版社, 1985.

[85] 梁思成. 梁思成全集: 第七卷[M]. 北京: 中国建筑工业出版社, 2001.

[86] 陈明达. 《营造法式》辞解[M]. 天津: 天津大学出版社, 2010.

[87] 陈桥驿. 水经注校释[M]. 杭州: 杭州大学出版社, 1999.

[88] 邢义田. 古代中国及欧亚文献、图像与考古资料中的"胡人"外貌[M]. 北京: 文物出版社, 2000.

[89] 孙诒让. 周礼正义[M]. 汪少华, 点校. 北京: 中华书局, 1987.

[90] 张春新, 蜀世祥. 发髻上的中国[M]. 重庆: 重庆出版社, 2011.

[91] 朱绍侯. 军功爵制考论[M]. 北京: 商务印书馆, 2008.

[92] 李东江. 雕塑[M]. 沈阳: 辽宁美术出版社, 2018.

[93] 卜维勤. 美术技法大全装饰绘画基本法则[M]. 成都: 四川美术出版, 2000.

[94] 李松. 中国美术史先秦至西汉[M]. 北京: 中国人民大学出版社, 2013.

[95] 郦道元. 水经注[M]. 成都: 巴蜀书

社，1985．

[96] 黄怀信，张懋镕，田旭东．逸周书彙校集注[M]．上海：上海古籍出版社，2010．

[97] 王志刚，臧之筠．汉画像石树形图像的艺术特色与价值研究[M]．长春：东北师范大学出版社，2017．

[98] 魏徵，令狐德棻．隋书[M]．北京：中华书局，1973．

[99] 宋治民．蜀文化与巴文化[M]．成都：四川大学出版社，1998．

[100] 段渝，谭洛非．濯锦清江万里流：巴蜀文化的历程[M]．成都：四川人民出版社，2001．

[101] 童恩正．古代的巴蜀[M]．成都：四川人民出版社，1979．

[102] 钟蕾，李杨．文化创意与旅游产品设计[M]．北京：中国建筑工业出版社，2015．

[103] 陈冬亮，梁昊光．中国设计产业发展报告：2014—2015[M]．北京：社会科学文献出版社，2015．

[104] 刘文庆．视觉传达设计：第2版[M]．北京：清华大学出版社，2019．

[105] 殷实．基础构成设计[M]．东方出版中心，2018．

[106] 陈凌云．博物馆文化创意产品开发研究[M]．上海：上海社会科学院出版社，2019．

[107] 周承君，何章强，袁诗群．文创产品设计[M]．北京：化学工业出版社，2019．

[108] 飞岭广路：中国古代交通史论集[M]．北京：中国社会科学出版社，2015．

[109] 段渝．巴蜀文化研究：第三辑[C]．成都：巴蜀书社，2006．

[110] 陈文武，杨华．巴人时代的美术寻源[C]//巴蜀文化研究集刊4．成都：巴蜀书社，2008．

[111] 王平，何易展．罗图语研究——以罗家坝遗址和城坝遗址出土器物为例[C]//四川文理学院巴文化研究院，四川文理学院秦巴文化产业研究院．巴文化研究第一辑．成都：四川大学出版社，2017．

[112] 陈卫东，周科华，岩渠与賨城——渠县城坝遗址的考古发现与研究[C]//四川文理学院巴文化研究院．四川文

理学院秦巴文化产业研究院．巴文化研究第二辑．成都：四川大学出版社，2018．

[113] 王朋．巴族崇虎文化考[C]//文化研究第三辑．成都：四川大学出版社，2018．

[114] 刘弘．西南地区用杖习俗研究[C]//巴蜀文化研究集刊5．成都：巴蜀书社，2009．

[115] 王传明．也谈汉代"半启门"图[C]//考古学集刊22．北京：社会科学文献出版社，2019．

[116] 邢义田．汉代画像中的"射爵射侯图"[C]//中央研究院历史语言研究所集刊．台北：惠文电脑排版有限公司，2000．

[117] 余莞莹．试论宣汉罗家坝朱砂葬——兼论巴人与丹砂的渊源[C]//四川文理学院巴文化研究院．四川文理学院秦巴文化产业研究院．巴文化研究第二辑．成都：四川大学出版社，2018．

[118] 桑大鹏，唐萌，王晓蕾．论巴人巫术观念与法术操作方式对道教的影响[C]//四川文理学院巴文化研究院．四川文理学院秦巴文化产业研究院．巴文化研究第二辑．成都：四川大学出版社，2018．

[119] 姜约．论巴赛群的文化性格[C]//巴文化研究第三辑．成都：四川大学出版社，2018．

[120] 蔡靖泉．鄨国与蜀文化——兼论蜀文化与巴文化的关系[C]//巴文化研究第三辑．成都：巴蜀书社，2006．

[121]〔韩〕金秉俊．巴蜀文化中的昆仑山文化因素与早期中外关系[C]//巴文化研究第三辑．成都：巴蜀书社，2006．

[122] 曾超．巴人尚武精神研究[D]．北京：中央民族大学，2005．

[123] 张晓杰．汉代巴蜀吹笛胡人形象研究[D]．北京：中央民族大学，2012．

[124] 袁雪萍．汉代铺首衔环研究[D]．南京：东南大学，2012．

[125] 卜友常．南阳小西关发现的汉代嫦娥奔月画像石研究[D]．杭州：中国美术学院，2006．

[126] 秦榕．中国猿猴意向与猴文化源流论[D]．福州：福建师范大学，2008．

[127] 白晶．博物馆衍生商品的开发与

营销模式研究[D]．南京：南京艺术学院，2013．

[128] 石拓．中国南方干栏及其变迁研究[D]．广州：华南理工大学，2013．

[129] 卢梦梦．博物馆创意性文化产品的开发研究——以南京博物院为例[D]．南京：南京艺术学院，2012．

[130] 俞伟超．东汉佛教图像考[J]．文物，1980（5）．

[131] 侯忠明．东汉《冯焕阙》及其隶书艺术考略[J]．艺术考古，2009（1）．

[132] 李同宗．渠县汉阙的文化解读[J]．达县师范高等专科学校学报（社会科学版），2004（2）．

[133] 侯忠明．四川渠县汉隶书艺术研究[J]．中国书画，2010（3）．

[134] 何应辉．《中国书法全集·秦汉刻石卷》编纂札记[J]．中国书法，1994（5）．

[135] 龚廷万，龚玉．关于汉阙研究尚待商榷的问题[J]．四川文物，2011（3）．

[136] 韩建华．中国古代城阙的考古学观察[J]．中原文物，2005（1）．

[137] 刘庆柱．汉长安城未央宫布局形制初论[J]．考古，1995（12）．

[138] 段清波．古代阙制研究——以秦始皇帝陵三出阙为基础[J]．西部考古，2006（1）．

[139] 陈绪春．巴蜀汉代石阙艺术比较研究[J]．民族艺术研究，2015（2）．

[140] 段渝．尧舜巴文化与巴楚文化的形成[J]．华中师范大学学报（人文社会科学版），2004（6）．

[141] 朱浒．大象有形垂鼻镭圆——汉代中外交流视野中的大象图像研究[J]．故宫博物院刊，2016（6）．

[142] 谭继和．古蜀人文化想象力的"创新"[J]．西华大学学报（哲学社会科学版），2009（6）．

[143] 张晓杰．汉代巴蜀吹笛胡人形象的造型特征与文化意涵[J]．雕塑，2014（1）．

[144] 林移刚．狮子入华考[J]．民俗研究，2014（1）．

[145] 刘自兵．对三峡地区汉晋时期墓葬所出陶楼的认识[J]．湖北民族学院学报（哲学社会科学版），2005（4）．

[146] 姜生．汉阙考[J]．中山大学学报（社会科学版），1997（1）．

[147] 钟坚. 四川芦山出土汉代石刻楼房 [J]. 文物, 1987 (10).

[148] 范鹏, 李大地. 川渝地区汉代"半开门"画像的发现与研究——兼论其所反映的升仙过程 [J]. 长江文明, 2015 (1).

[149] 赵修渝, 杨静. 重庆文化的特点 [J]. 重庆大学学报（社会科学版）, 2011 (2).

[150] 蔡运生. 古蜀人与道教 [J]. 中国道教, 1995 (1).

[151] 付俊敏, 刘宁. 圈养白化孟加拉虎繁殖期行为时间分配的研究 [J]. 绿色科技, 2014 (4).

[152] 彭武一. 古代巴人廪君时期的社会和宗教——兼及土家族与古代巴人的渊源关系 [J]. 吉首大学学报（社会科学版）, 1982 (1).

[153] 杨昌鑫. 九歌源于土家族殇（丧）歌考——九歌原型考 [J]. 土家学刊, 1997 (2).

[154] 崔浩. 汉画中猴形象初探 [J]. 文物鉴定与鉴赏, 2019 (5).

[155] 孙长初. 汉画像石"铺首衔环"图像解析 [J]. 南京艺术学院学报（美术与设计版）, 2006 (3).

[156] 吴卫. 蠹扈鸟驮碑考窥 [J]. 求索, 2005 (4).

[157] 梁英梅. 汉代羽人形象试探 [J]. 四川大学学报（哲学社会科学版）, 2004 (S1).

[158] 常星军. 中国古代旄节述论 [J]. 许昌师专学报（社会科学版）, 1997 (S1).

[159] 王志强. 蜀汉重臣李福当是平阳府君阙墓主 [J]. 巴蜀史志, 2019 (5).

[160] 幸晓峰. 四川汉阙与《师旷鼓琴》[J]. 文史杂志, 2009 (2).

[161] 方萌. "师旷鼓琴"给人的启示 [J]. 齐鲁艺苑, 1981 (1).

[162] 张光直. 濮阳三蹻与中国古代美术上的人兽母题 [J]. 文物, 1988 (11).

[163] 王维一. 汉画像石上的龙、凤形象比较研究 [J]. 文物鉴定与鉴赏, 2018 (7).

[164] 孙狄. 汉画像石及龙穿璧图形的象征意义 [J]. 美术教育研究, 2012 (1).

[165] 何志国. 论汉代西王母图像的两个系统——兼谈四川西王母图像的特点和起源 [J]. 民族艺术, 2007 (1).

[166] 冯洪怡, 冯兰兰, 冯新英. 《礼记》中的凤凰原动物考证 [J]. 农业考古, 2006 (4).

[167] 霍巍. 神兽西来——重庆忠县新发现石辟邪及其意义初探 [J]. 长江文明, 2008 (1).

[168] 于志飞, 王紫薇. 力擎栭栱辨角神 [J]. 文史知识, 2016 (12).

[169] 贝蕾. 四川汉代力士雕刻造型释源 [J]. 巴蜀史志, 2011 (2).

[170] 刘欣怡. 川渝地区汉代墓阙"角神"题材研究 [J]. 西江月, 2014 (5).

[171] 宋震昊. 略论南朝石柱上的露髻力士 [J]. 东南文化, 2011 (6).

[172] 黄剑华. 汉代画像中的门吏与持械人物探讨 [J] 中国文物, 2012 (1).

[173] 刘文锁. 巴蜀"胡人"图像札记 [J]. 四川文物, 2005 (4).

[174] 任树民. 从"猴文化"看汉藏同根同源的历史踪迹 [J]. 西藏艺术研究, 2004 (2).

[175] 〔法〕石泰安, 耿昇. 汉藏走廊的羌族 [J]. 西北民族研究, 1986 (1).

[176] 秦榕. 猴祖崇拜之正面的猴神——中国猴文化研究之二 [J]. 福建论坛（社科教育版）, 2007.

[177] 李景江. 论半人半兽神的心理根源 [J]. 民族文学研究, 1987 (5).

[178] 宋艳萍. 西汉持节制度考 [J]. 东方论坛, 2017 (6).

[179] 李立. "鸠杖"考辨 [J]. 深圳大学学报（人文社会科学版）, 2008 (2).

[180] 杨斌, 邹丹. 浅论重庆地区出土的汉代铜鸠杖首 [J]. 文物鉴定与鉴赏, 2018 (14).

[181] 罗二虎. 东汉墓"仙人半开门"图像解析 [J]. 考古, 2014 (9).

[182] 吴雪杉. 汉代启门图像性别含义释读 [J]. 文艺研究, 2007 (2).

[183] 徐畅. 弱马温、马上封侯与射爵——汉画像中的细节内涵 [J]. 中国国家博物馆刊, 2017 (10).

[184] 秦臻. 图地天地——沈府君阙的视觉程序与象征结构 [J]. 古代墓葬美术研究, 2017 (1).

[185] 朱存明. 汉画像宇宙象征主义图式及美学意义 [J]. 文艺研究, 2005 (9).

[186] 王天禄. 论中国传统绘画的透视取向 [J]. 贵阳师专学报（社会科学版）, 1996 (4).

[187] 王祖龙. 丹磨色美夸师原质——楚绘画的艺术史意义 [J]. 长江大学学报（社会科学版）, 2005 (1).

[188] 刘固盛. 古代巴、蜀人的性格差异及成因 [J]. 西南师范大学学报（哲学社会科学版）, 1998 (5).

[189] 朱世学. 巴蜀文化的差异性探析 [J]. 重庆三峡学院学报, 2011 (2).

[190] 邹礼洪. 古蜀先民大石崇拜现象的再认识 [J]. 西华大学学报（哲学社会科学版）, 2004 (2).

[191] 彭金祥. 从罗家坝等川东考古遗址谈巴贾文化 [J]. 广西社会科学, 2011 (7).

[192] 王建伟. 《牧誓》之"彭"与賨人歌舞 [J]. 四川文物, 1998 (5).

[193] 王煜, 师若予、郭凤武. 雅安芦山汉墓出土摇钱树座初步研究——再谈摇钱树的整体意义 [J]. 中国国家博物馆刊, 2016 (5).

[194] 曾权清. 有限形式与无限意象——从现代设计角度谈谈太极图 [J]. 艺术与设计：理论版, 2007 (10).

[195] 陈静彤, 王丹萍, 彭云杰. 基于三星堆文化的旅游纪念品设计 [J]. 成都工业学院学报, 2020 (6).

[196] 谭继和. 四川创意产业发展战略与巴蜀文化 [J]. 四川省情.2007 (10).

[197] 龚钢. 汉画像石的羽人造型释疑 [J]. 社会科学辑刊, 2010 (4).

[198] 张焘. 交流·阅读文稿·互动——书籍整体设计伊始的两个重要环节 [J]. 艺术设计研究, 2007 (2).

[199] 猎豹用户研究中心. 博物馆观众调研报告 [EB/OL]. https://www.tmtpost.com/4213616.html, 2019-12-16.

[200] 薛帅. 英国博物馆衍生品：注重标志性元素提取 [EB/OL]. http://www.cssn.cn/gj/gj_gwshkx/gj_wh/201701/t20170118_3389366.shtml, 2017-01-18.

后记

　　在实地调研、考察期间和撰写、修改稿件期间，笔者遇到了各种意想不到的实际困难和学术瓶颈，但有幸得到了基层文物管理者们的理解、支持与专家、前辈们的专业指点，在此向他们表示衷心的感谢。同时，笔者也感恩家人、朋友、同事、领导的陪伴关心与精神鼓励。尤其感谢电子科技大学出版社的各位编辑老师，他们为本书的出版付出了大量的宝贵时间和辛勤汗水。

　　巴蜀汉阙图像艺术的研究，是笔者深感兴趣的学术研究课题，故而笔者从最初就立志要做到研究工作的深入全面、尽善尽美。然而，当笔者全身心投入研究工作之后，才发现该课题所涉及的内容和知识之深广复杂，已经远远超出原有的认知和想象。尽管笔者付出了大量的时间，耗费了大量的心血和精力，但仍然感觉书中还存在着不妥之处。本书仅可算作是引玉之砖，谨请各位专家批评指正。书中部分图片摄于博物馆（非实物）或取材于博物馆官网，并经笔者后期加工处理，因无法联系到相关图片版权所有者，故请相关图片版权所有者联系笔者或出版社，以便酬谢。